幼儿游戏与玩具

姚 伟 主编

国家开放大学出版社·北京

图书在版编目（CIP）数据

幼儿游戏与玩具／姚伟主编. —北京：中央广播电视大学
出版社，2010.12（2019.4 重印）
中央广播电视大学教材
ISBN 978 - 7 - 304 - 05037 - 5

Ⅰ.①幼… Ⅱ.①姚… Ⅲ.①婴幼儿-游戏-电视大学
-教材②婴幼儿-玩具-电视大学-教材 Ⅳ.①G613.7②G614

中国版本图书馆 CIP 数据核字（2010）第 255250 号

幼儿游戏与玩具

姚 伟 主编

出版·发行：国家开放大学出版社（原中央广播电视大学出版社）
电话：营销中心 010 - 68180820　　　　总编室 010 - 68182524
网址：http：//www.crtvup.com.cn
地址：北京市海淀区西四环中路 45 号　　　邮编：100039
经销：新华书店北京发行所

策划编辑：许 岚　　　　　　　　版式设计：何智杰
责任编辑：吴国艳　　　　　　　　责任版式：张利萍
责任印制：赵连生　　　　　　　　责任校对：王 亚

印刷：北京宏伟双华印刷有限公司　　印数：76001～79000
版本：2011 年 1 月第 1 版　　　　　2019 年 4 月第 15 次印刷
开本：185mm×230mm　　插页：12 页　　印张：14.5　　字数：270 千字

书号：ISBN 978 - 7 - 304 - 05037 - 5
定价：25.00 元

前言

　　游戏是幼儿最喜欢的活动，玩具是幼儿成长的伙伴。《幼儿园教育规程》规定"幼儿园以游戏为基本活动"。深刻认识幼儿游戏的性质、价值，掌握指导幼儿游戏的策略与方法，是幼儿园教师专业素养的重要组成部分。《幼儿游戏与玩具》是为中央广播电视大学学前教育专业（专科起点本科）同名必修课程编写的文字主教材。本教材在借鉴国内外有关游戏研究的先进理论与实践研究的基础上，结合广播电视大学现代远程开放教育教学与学习的特点，注重理论与实践的紧密结合，努力使教材能有效帮助学生理解知识、获得能力，实现专业成长。

　　本教材主要体现以下特点：

　　1. 满足学生需要，注重理论与实践紧密结合

　　广播电视大学的教育具有以学生自主学习为中心的远程开放教育的特点，本教材充分考虑学生的实际需要，分析学前教育实践中存在的问题，有针对性地突出教学重点；深入挖掘教育实践中的成功经验，在满足本科教学理论深度的基础上，突出与学前教育实践的联系，既让学生获得有关游戏与玩具的专业理论知识，也使其在教育实践中观察、指导和评价幼儿游戏的能力得到提高。

　　2. 通过多种方式，使教材成为学生专业成长的有效工具

　　本教材的每一章在开始正式学习之前，都设有学习目标与要求、学习重点与难点、学习建议、本章导读。"学习目标与要求"介绍本章学习的目的与要求，"学习重点与难点"使学生在学习时有所侧重，"学习建议"是对学生学习方法的建议，"本章导读"是把本章的主要知识进行梳理，使学生对本章内容有总体了解。

　　本教材在每一章学习内容之后，设有本章回顾，包括内容小结、关键词、思考练习和推荐阅读书目，"思考练习"用多种方式帮助学生复习巩固应掌握的知识，尤其突出引导学生利用所学理论分析教育实践中的现象和问

题。"推荐阅读书目"是经过认真选择的、有针对性的拓展阅读材料，学生通过阅读学习参考书目中的内容，加深对所学知识的理解，扩展自己的专业视野。

本书由东北师范大学姚伟、张宪冰、崔迪，浙江广播电视大学曹玉霞，长春师范学院李雪编写，具体编写情况为：第一章（张宪冰）、第二章（姚伟、崔迪）、第三章（崔迪、张宪冰）、第四章（姚伟、李雪）、第五章（姚伟）、第六章（曹玉霞）。

本书在编写过程中借鉴和引用了许多国内学者的研究成果和优秀幼儿园教师的实践智慧，尤其是我国当代幼儿游戏研究的开拓者刘焱教授的研究成果使我们受益匪浅。在此，对各位学者和优秀幼儿园教师表示诚挚的谢意！同时亦恳请成果被遗漏了标注的朋友给以谅解，在此表示深深的歉意。

由于作者水平和时间等因素的限制，教材中一定存在各种各样的问题，恳请各位学者和教师提出宝贵的修改意见！

在本书即将付梓出版之际，衷心感谢中央广播电视大学的胡若予老师，她认真的工作态度、宽容的胸怀和令人敬佩的专业素养让我们学习很多，也让教材编写过程成为一个快乐交往的过程。

主编　姚　伟

2010 - 10 - 24

目 录
CONTENTS

第一章

游 戏 概 述

⊙**学习目标与要求**

　　1. 了解游戏的含义和游戏理论的新进展。

　　2. 掌握经典游戏理论的主要观点。

　　3. 重点掌握精神分析学派游戏理论、认知发展学派游戏理论和社会文化历史学派游戏理论的主要观点与评价。

⊙**学习重点与难点**

　　掌握精神分析学派游戏理论、认知发展学派游戏理论和社会文化历史学派游戏理论的主要观点与评价。

⊙**学习建议**

　　在理解幼儿游戏含义的基础上，配合阅读文献，理解各种游戏理论的主要观点，并结合对幼儿游戏的观察与分析，加深理解，进行评价。

⊙**本章导读**

　　游戏是人类社会广泛存在的一种社会活动现象，它不仅存在于儿童世界，而且也存在于成人的生活。游戏一直是很多社会学家、心理学家和教育学家的研究对象。不同的理论从不同的视角解读游戏的起源、游戏的特点和游戏的意义，这些理论有利于我们从多角度理解游戏和幼儿游戏的含义。随着时代的发展，对游戏的研究也呈现出新的特点。

第一节　游戏的含义

由于游戏是一类行为的总称，所以游戏的定义是复杂多样的。游戏包括的行为范围很广泛，一种游戏的定义可能会适合某种游戏却不适合其他游戏。同时，游戏具有想象和真实、自由和约束、紧张和放松、过程和结果等多种相互矛盾的特性，这又增加了给游戏下定义的困难性。

为了比较准确地把握游戏的含义，我们可以从不同的研究视野和角度来对游戏含义进行分析和阐释。

一、语言学中的游戏含义

游戏是生物在进化过程中出现的现象，很多动物喜欢游戏。但是，当游戏进入了人类社会，人类游戏具有社会属性和文化属性。人类游戏的历史与人类社会的历史一样久远悠长，游戏是人类社会的活动现象，是一种社会文化现象。游戏在人类的起源不仅是生物进化的要求，更是人类社会发展的要求，同时游戏也积淀了人类社会的文化，反映着不同阶段和不同地区的社会文化内涵。

语言是文化的构成要素，语词不仅仅是抽象的符号，更是文化与观念的载体，因此从语言学的视角理解游戏有助于我们理解游戏的社会和文化属性。人们在游戏过程中创造了游戏一词，用来指称他们所进行的这种活动，展现人们对游戏活动的认识与理解。

（一）外文中的游戏含义

荷兰文化史学家和语言学家约翰·赫伊津哈（Johan Huizinga）在《游戏的人》一书中，对包括希腊语、梵语、日语、拉丁语、汉语、日耳曼语、英语等十几种语言在内的游戏概念的词源作了较为详细的分析。他的分析表明，人们有多种游戏本能，有对游戏活动的多种表达。在希腊语中，游戏有三种含义：一是指适合于儿童的活动，指玩某种东西；二是轻松自在的意思；三是琐碎、无价值的意思。梵语中游戏有四种含义：动物、儿童、成人的游戏；与风浪有关的活动；跳跃、舞蹈、戏弄等活动；清闲的、不费力的活动。荷兰生物学家、心理学家拜敦代克（Buytendijk，1933）对游戏一词也作过词源学的分析，并且试图解释该词所表达的过程的典型特征。他分析认为，游戏与走来走去的运动有关，游戏具有自发性与自由自在的特点，游戏和快乐有关。从上述表达中可以看出，游戏在语言学的词源上与"快速轻捷的运动"有关，游戏具有轻松、紧张、结果难卜、有程序地轮换、自由选择、自由动作等属性。

在现代欧洲语言中，游戏所覆盖的领域相当广泛，游戏广泛用于某些轻松的行为和运动，既包括儿童各种各样的游戏，也包括成人的竞技、比赛、娱乐、赌博、典礼仪式、戏剧表演、音乐舞蹈、玩笑幽默等在内的各种各样的活动。① 在现代英语中，游戏泛指小孩的假装活动、成人的各种体育活动、玩笑幽默和艺术活动等。游戏，常用"play"与"game"两个词来表示。"game"主要指有规则的游戏，包括代代相传的民间游戏，也包括竞技体育运动，如奥林匹克运动会的英文是 the Olympic Games。"play"一词更为常用，是一类行为的总称，包括小孩子的角色游戏到舞台表演、玩笑幽默等。据统计，1972 年出版的《韦氏新世界词典》中关于游戏有 59 个定义，"play"所指向的游戏活动的行为特征是一方面不要求沉重的工作，另一方面使人愉快和满足。

（二）中文中的游戏含义

中文中对游戏一词有几种表达方式，主要有"玩"、"游"、"嬉"、"遨"等。"玩"指玩赏、戏弄、研习和忽视之意，多指在手中摆弄和玩赏。在古代汉语中有两层含义：一是研习之意，《易·系辞上》提到"是故君子居则观其象而玩其辞，动则观其变而玩其占"；二是忽视之意，《左传·僖公五年》提到"寇不可玩"，后引申出一种不认真、不严肃的态度，如"玩物丧志"。"游"指流动之意，引申为飘动、飘荡，表示行走、游玩、交游来往，也表示游荡，如《梁书·康绚传》提到"游波宽缓"，表达了游玩之意。"游"也通"蝣"，《尚书·大禹谟》提到"罔游于逸"，游有逍遥、优游之意。"嬉"指游戏、玩耍，如陆游《园中作诗》提到"花前自笑童心在，更伴群儿竹马嬉"。"嬉"常与"戏"连用，表示游戏之意，如《广雅》提到"嬉，戏也"。"遨"通"敖"，指遨游、游逛，如《后汉书·刘盆子传》提到"而犹从牧儿遨"，《史记·律书》提到"自年六七十翁，亦未尝至市井，游敖嬉戏如小儿状"。②

从汉语对游戏的解释，可以窥见游戏有以下几层含义：第一，游戏是一种供人们在休息、闲暇时娱乐的活动或运动，有随心所欲的意思；第二，游戏有不认真、不严肃等意思，有玩世不恭之意。

中西方文化中盛行的游戏有所不同。在西方文化中，游戏多是指力量型、运动技能

---

① 刘焱：《儿童游戏通论》[M]，67 页，北京，北京师范大学出版社，2004。
② 邱学青：《学前儿童游戏》[M]，6 页，南京，江苏教育出版社，2008。

型的对抗性游戏；在东方文化中，例如在我国，力量型、运动技能型的对抗性游戏相对较少，个人技能技巧型游戏较多，智力游戏（如七巧板游戏、华容道）和文字游戏高度发达和盛行，同时，我国还有独特的筵宴游戏，如酒令等。在现代社会，随着文化交流的频繁，不同文化下儿童游戏的区别在减少，但仍然存在某些差异。如西方国家非常重视儿童亲近自然、动手操作的游戏，如玩土、玩水和玩沙等游戏；在我国则非常重视以玩具为中介的游戏，家长更推崇规则游戏。

尽管世界上有多种语言在表达游戏的含义时存在一定的差别，但从语言学中对游戏的解释可以看出，各种游戏的含义有着明显的相似之处。第一，游戏的本义都与运动或动作有关。在古代汉语中，游戏的"游"字最早用来表示随风飘逸、飘荡之意，这与外语中游戏的语义起源是相似的。第二，游戏活动不同于工作，其特点是"逸"，是一种轻松、松散、休闲、自在的娱乐活动，没有沉重的任务负担。

二、教育学中的游戏含义

游戏频繁地发生在儿童期，是儿童的重要生活方式和学习方式。游戏伴着儿童发展，儿童在游戏中获得成长，因此人们往往把儿童的游戏看做是游戏的最纯粹形式。儿童游戏研究也逐渐成为儿童研究和游戏研究的重要内容，并引起心理学家和教育学家的关注。

儿童游戏最初在家庭中进行，游戏的形式主要是荡秋千、斗蟋蟀、捉迷藏、过家家等体育游戏和角色游戏。19世纪初，随着公立学前教育机构的成立，儿童游戏开始在专门教育机构中进行。无论是在家庭教育还是在专门的教育机构中，游戏都伴随着儿童的生活，促进着儿童的成长。因此在教育理论领域，教育学家非常关注儿童游戏的问题，对儿童游戏的含义进行了解释和剖析。

（一）早期思想家对游戏含义的理解

古希腊哲学家柏拉图（Plate）是"寓学习于游戏"的最早倡导者。他把儿童游戏看做是一项单独的行为类别，认为游戏是幼儿的重要活动，主张在游戏中更好地了解每个孩子的天性。古希腊哲学家、教育家亚里士多德（Aristotle）认为游戏是幼儿应有的活动，游戏可以为作业做准备。罗马教育理论家昆体良（M. F. Quintilianus）认为游戏可以使儿童因学习而疲劳的脑子得到积极的休息，游戏的目的在于培养儿童特有的资质，这种资质足以作他将来活动的基础，所以应该加以奖励。他甚至提出这样的希望，对儿童来说，应通过游戏学习。捷克教育家夸美纽斯（Comenius）在《母育学校》中提出，儿童爱好活动是极有利的，因为儿童还不能从事真的工作，而我们就应和他们共同游戏。应为他们找些玩具以代替真的工具……这些东西可帮助他们自寻其乐，并可锻炼身体的健康，精神的活泼和肢体的敏捷。

（二）近现代教育家对游戏含义的理解

英国教育家洛克（Locke）认为儿童应多做体操与游戏，这样不仅对身体健康有利，而且也让儿童试验自己的能力，知道自己能做什么，不能做什么。法国思想家卢梭（Rousseau）提出要让儿童远离折磨他的书本，在游戏中，在与自然融为一体的实际生活中度过他的童年。他认为，对于孩子来说，工作与玩耍乃是一回事，他的游戏就是他的工作。我国明代重要的教育家王守仁在论述童蒙教育时指出，要顺应儿童乐于嬉戏的性情进行诱导。他认为儿童的性情总是喜欢嬉戏，害怕拘束与禁锢，所以对儿童的教育必须依据这个特点来进行，才能使儿童的学习日有长进。这个阶段的教育学者对游戏的理论与早期学者并没有明显的区别，着重于从游戏对儿童的作用角度来理解游戏的含义。

对于游戏含义的系统、深刻理解始于游戏在教育实践上的真正尝试。1816 年英国空想社会主义者欧文（Owen）创办世界上第一个公立学前教育机构新兰纳克学校，自此游戏开始进入学前教育领域。19 世纪以后，幼儿园的产生和发展以及学前教育理论的逐步确立，要求人们去研究和探索科学有效的学前教育教学的理论和方法，儿童的游戏受到教育家们前所未有的关注。在欧文所创办的幼儿学校里，把游戏看做是儿童活动的主要方式，大量地开展儿童的户外活动和游戏，儿童在愉快中获得知识和能力。他较早地开始了游戏在学前公共教育中的实施，但是他没有专门研究儿童的游戏。

世界上第一个系统研究儿童游戏，并把游戏作为幼儿园教育基础的教育家是 19 世纪德国著名的幼儿教育家福禄倍尔（Frubel），被后人称为"幼儿教育之父"，他的著作有《人的教育》（1826）、《慈母游戏和儿歌》（1843）和《幼儿园教育学》（1861）。福禄倍尔认为游戏是幼儿期儿童生活的一个要素，是幼儿内在本质的外部表现。游戏作为幼儿独特的自发活动，是发展幼儿自动性的最好的活动形式；它不仅对于幼儿的生活与发展具有极其重要的意义，而且也构成了幼儿教育的基础。游戏是儿童认识世界的工具，是快乐生活的源泉，是培养儿童道德品质的手段，在游戏过程中最能表现或发展儿童的积极性和自动性。他在《人的教育》一书中指出：儿童早期的游戏，不是无关重要的。它是非常严肃的，而且是具有深刻意义的。……儿童早期的各种游戏，是一切未来生活的胚芽；因为整个人就是在游戏中，在他最柔嫩的性情中，在他最内在的倾向中发展和表现的。福禄倍尔认为，为了发展儿童的积极性、创造性和自动性，必须应用各种游戏、作业和练习。游戏在学前教育体系中占有独特的地位，它既是组成儿童生活的一个重要方面，也是学前教育中的一个手段。福禄倍尔的游戏理论也有一定的局限，他从神秘的宗教观出发，把游戏解释为儿童内部本能的表现，即儿童通过游戏来表现内在的"上帝的本源"，忽视了游戏的社会性。

20 世纪美国的哲学家和心理学家杜威（Dewey）认为，活动理论是游戏教学的哲学基础，为儿童游戏在教育实践中的运用指出了新方向。游戏是幼年期儿童主要的活动方式，儿童在游戏中获得经验，形成对周围世界的认识与理解。儿童现有的生活经验就有价值，教育不应是为未来生活做准备，对于儿童来说，游戏就是他的生活。德可乐利（Decroy）是 20 世纪比利时的心理学家和儿童教育家，他对游戏理论的贡献很大。他认为，学校只有培养真正适应社会生活的儿童，才算达到了教育的目的。根据这一思想，他为学前儿童制作了一套专门发展感知觉的游戏体系。他的游戏教学不仅发展了儿童的感官，还发展了儿童的思维。乌申斯基（Ushinsky）是俄国的教育学家，他在 19 世纪生理学和教育学的基础上，尝试建立儿童游戏的理论。他认为，游戏对于儿童的发展具有重要的作用，对于幼儿来说，游戏比学习有更重大的意义。现实生活是游戏的内容源泉，游戏具有社会性。学前儿童的基本特性是渴望独立活动和认识周围世界，游戏是以儿童的想象力、求知欲和独立活动的欲望为基础产生的。乌申斯基运用心理学分析游戏的教育作用，尝试对游戏做出科学的解释。我国学者陈鹤琴对学前儿童游戏进行了研究，他认为，儿童之所以游戏与两方面的因素有关，一是与儿童的身体发展有关，二是与儿童好动的天性和游戏能够带来快感有关。游戏有益于儿童的身体、智力和道德的发展，要发展儿童活泼的精神，必须让儿童进行游戏。游戏就是儿童的生活，学前儿童教育尤其应当通过游戏来进行。从儿童身心发展的角度考察儿童游戏的原因与游戏的意义是陈鹤琴关于儿童游戏研究的核心思想。教育学家从教育实践中观察儿童游戏、分析儿童游戏，并且结合儿童心理学理论，共同概括出他们对游戏的理解。与早期学者相比，近现代学者对游戏的分析更为系统和深刻。

（三）当前对幼儿游戏含义的理解

在已有学者对游戏含义分析的基础上，目前我国学者获得了对儿童游戏的比较一致的认识：游戏是学前儿童喜欢的、主动的活动，是学前儿童创造性反映现实生活的活动。

1. 游戏是幼儿有目的、有意识、积极的反映活动

游戏是一种活动，游戏是人的活动。人是有意识的、有语言的高等动物，人类的活动具有意识性和目的性。游戏的性质是自觉的、有意识的、有目的的活动。儿童出生以后就生活在丰富多彩的现实社会中，他们在与成人交往的过程中认识了许多事物，学到许多知识，积累了许多经验。儿童为满足自己生理和心理方面的需要，把在现实生活中获得的知识经验和印象，通过语言和行动在活动中反映出来，这种活动就是游戏。在游戏中幼儿积极地选择游戏内容，确定游戏主题、角色、发展游戏情节，实现自己的目的和愿望。

2. 游戏是幼儿现实生活的反映

儿童的游戏是儿童对自己的生活和经历的反映，有什么样的生活，就有什么样的游戏，因此说，游戏是儿童现实生活的反映。游戏的主题和内容都不是儿童凭空想象出来的，也不是儿童主观臆造的，更不是儿童头脑里固有的，而是儿童对周围现实生活的一种反映。在日常生活中儿童看到许多事物和现象，如人的行为、人与人之间的关系等，他们常常把印象深刻和感兴趣的事情和现象在游戏中反映出来，如孩子喜欢模仿爸爸、妈妈、司机、医生等的语言和动作。

不同文化背景中，成人的生活方式和生活价值观不同，在儿童的游戏中反映出不同的角色扮演和游戏情节。在美国儿童的角色游戏中，在"娃娃家"，装扮爸爸和妈妈的两个孩子，常常在给孩子做饭、喂饭之后，打电话叫临时保姆，然后"爸爸""妈妈"一起走出家门去购物或参加晚会；在中国孩子的"娃娃家"游戏中，"爸爸""妈妈"则是围着孩子转，给孩子做饭、喂饭、洗衣服、哄孩子睡觉等。

3. 游戏是在假想的情景中反映周围生活

儿童在游戏中所反映的现实生活并不是原封不动地再现现实生活，不是简单地、机械地、被动地反映生活，而是通过想象，积极地、能动地、再造性地反映生活。儿童凭着自己的生活经验，借助想象，运用游戏材料和玩具，用新的动作方式，创造性地反映现实生活。正如艾尔康宁指出的，人类游戏是在直接的真实活动条件之外，再造人与人之间的社会关系的活动。如"医院游戏"、"娃娃家游戏"和"商店游戏"等都是儿童通过模仿和想象，以物代物，以人代人，在假想的情景中创造性地反映着现实生活。

4. 游戏是幼儿主动的、自愿的、愉快的活动

游戏符合儿童生理和心理发展的需要和发展水平，是适应儿童内部需要而产生的。儿童期正处在身心迅速发展时期，他们的体力日趋增强，思维能力、想象能力有了一定的发展，语言交往能力和活动能力逐渐增强，对周围的事物感兴趣，对活动感兴趣，在

游戏活动中也表现得更积极主动。儿童在游戏活动中能表现出他们的能力，实现着他们在现实生活中想实现而没有实现的愿望。例如，每个孩子都希望像成人一样独立，像老师一样掌控班级局面，像警察一样指挥交通，所以，在游戏中几乎每个孩子都希望扮演老师和警察，而不首选学生和司机。无论扮演什么角色，儿童都能在创造中获得愉快。游戏能满足幼儿的需要，能给幼儿带来极大的快乐和满足。因此，游戏是幼儿主动的、自愿的、积极的、愉快的活动。

5. 游戏是幼儿最喜欢的活动

游戏是幼儿最喜欢的活动，他们除了吃饭、睡觉、盥洗等活动外很多时间都在游戏，他们的学习、劳动都离不开游戏，他们做的每一件事都带有游戏的色彩。对于他们来说，游戏就是生活，生活主要是由游戏构成的。正如苏联教育家马卡连柯（Makarenko）所指出的，在童年时期，游戏是一件正当的事，儿童甚至在做重要工作的时候，也应当经常做游戏。儿童对游戏非常爱好，成人应当满足儿童的这种爱好，不仅要给儿童充足的游戏时间，而且要把游戏渗透在儿童的整个生活里。

总之，学前儿童游戏是学前儿童有目的、有意识、积极的反映活动，是学前儿童现实生活的反映，是在假想的情景中反映周围生活，是学前儿童主动的、自愿的、愉快的活动，是学前儿童最喜欢的活动。

三、幼儿游戏与成人游戏的关系

游戏作为人类社会的一种活动现象，从幼儿的玩耍打闹，到成人的棋牌娱乐，甚至老逾古稀之年的幽默笑谈，无不诠释着游戏在现实生活中存在的广泛性及其独具的魅力。幼儿游戏与成人游戏都是个体在不同阶段所进行的游戏，它们之间存在着重要的联系和区别。

（一）幼儿游戏与成人游戏的联系

1. 都起源于人类的生产劳动或宗教活动

人类在劳动中汲取养料，丰富着自己活动的内容。许多远古的游戏最初可能来源于人类的生产劳动，例如，荡秋千游戏源于春秋时期人类平时训练攀越山崖和溪流能力的活动。春秋时期居住在今河北东部的山戎人大都勇猛强悍，善于攀登。齐桓公发兵北伐山戎时，途中看到当地人荡秋千，觉得很有趣，便把这种玩法带回了中原。传入中原后，这种玩法演变成为一种消遣娱乐性的游戏。三国两晋时流行的一种击壤游戏，是一种击打木板的游戏，最初很可能来源于人们在生产劳动休闲时随意抛土、击打的无心之举。另外，游戏在远古时代往往是有着某种神秘性和神圣性的、与部落生存相关的巫术祭奠活动。游戏的目的并不是为了自娱，而是为了敬神。例如，斗鸡、斗牛、赛马等赌博竞技活动在其发展之初是作为一种神圣的祭奠仪式来举行的，如果在竞技中获得胜利，则意味着神灵的降福，而许多民间节庆游戏往往也是来自于这种原始的祭奠仪式。所谓节庆游戏是指人们围绕特定的季节和节日展开的、有特定文化内容的娱乐活动，例如，放爆竹、元宵观灯、拔河、端午节赛龙舟等。这些节庆游戏往往来源于祭奠活动，例如赛龙舟活动的起源有各种传说，其中流传最广、影响最大的说法是为了拯救和纪念诗人屈原。[1]

幼儿游戏的来源也同样如此。追溯人类社会的历史，儿童的游戏同样普遍存在且源远流长。在对世界各地的村落遗址考古工作中，人们时常能发现那些小型的、模拟的类似原始人生活用具的最早的儿童玩具，如小石斧、小箭头等。即使在当代现存的原始民族或部落中，无论是北极的爱斯基摩人还是西非的潘格威人，无论是中国的鄂温克人还是美洲的印第安人，他们的孩子也都在玩类似的游戏。男孩子在玩打仗，玩渔猎；女孩子编小篮子、盖小房子，玩树枝做成的小人偶。

史料中不乏关于儿童游戏的记载。我国《史记·孔子世家》中说："孔子为儿嬉戏，常陈俎豆，设礼容"，描述了孔子在孩提时代做学习礼节的嬉戏。《列女传·母仪》中孟母三迁的故事，有孟子玩殡葬、买卖、学礼节的游戏叙述。《韩非子·外储说左上》中记载的一则古代儿童游戏，与今天孩子们所玩的"过家家"几乎一脉相承："夫婴儿相与戏也，以尘为饭，以涂为羹，以木为胾，然至日晚必归饟者，尘饭涂羹可以戏而不可食也。"在两千三百多年前的西欧，古希腊哲学家柏拉图所著的《理想国》中记载：儿童分两队，玩的蛎壳一面白，一面黑。玩时，一儿童丢蛎壳于两队间，视所出或白或黑，一队逃，一队追。这种可以称为"黑白对抗"的游戏十分类似于我国民间流传的"捉迷藏"游戏。

2. 产生的前提条件都是生存资料能够满足人类生存的需要

关于动物游戏的研究表明，动物是否游戏往往与它们的生存条件有关。在环境有害、食物匮乏的情况下，动物很少游戏；如果不为饥饿所迫，动物游戏会增加。例如，日本的灵长类动物研究者发现，在为一群野生的日本恒河猴创造了一种半驯化的生态环境后，它们的游戏行为有明显增加，这种倾向在年幼的猴子身上表现更为明显。在人类

---

① 刘焱：《儿童游戏通论》[M]，7页，北京，北京师范大学出版社，2004。

的生活世界中，我们往往把游戏归入"闲暇生活"的范畴，人类的游戏也需要以一定的物质条件为前提。人是自然的存在物，人类最基本的需要是机体的生理需要，只有当人类通过工作所获得的生存资料能够满足机体的生存需要以后，人类才可能游戏，这是人类无法摆脱的自然性。人类的日常生活状态是由于劳动和闲暇生活时间比例的不同而形成的。人们基本生活需要得到满足，闲暇生活时间就多，游戏时间就多。①

3．都比高等动物的游戏更高级

游戏并非是人类社会独有的活动现象，而是人类和一些高等动物共享的活动现象。不仅人类游戏，高等动物也游戏。游戏是动物在进化过程中出现的现象，游戏的数量和复杂性随着动物演化程度的加强而增加。动物的进化程度越高，就越是更多依赖于学习而不是本能行为来生存和适应环境。

人类游戏比高等动物游戏更为高级。首先，高等动物的游戏更多是生存和适应环境的本能行为，人类的游戏则更多是学习行为。高等动物的游戏更多是生存和适应环境的本能行为，主要受生存本能的支配，如小动物玩耍、抓咬等动作都是一种本能反应，这些动作是单调的、简单的重复，因此动物游戏的自然性是其主要特征。人类的游戏更多是学习行为，主要受思维和意识的支配，是有目的的行为，因此人类游戏的社会性和主体性是其主要特征。其次，人类拥有想象游戏这种高级的游戏形式。想象游戏，又称象征游戏或角色游戏，它是人类社会特有的一种高级游戏形式，它的活动过程需要人类的象征思维的参与，并且反映了人类的现实生活。儿童需要以某物或某人作为模型，然后用其他物品或人进行代替的想象活动，并且需要构想这些物品或人能反映的现实生活情景，最后才能进行游戏活动。这种游戏是动物无法进行的，是人类拥有的独特游戏形式。最后，人类创造了玩具这种独特的游戏工具。玩具是成人专门为儿童制作的、供儿童游戏之用的物品。最初的玩具只是生产工具或祭祀物品的模拟物，直到工业革命时期，才出现了现代玩具。现代玩具具有科学技术特性、消费品特性和想象特性，反映了现代社会科技和文化的发展，也改造了儿童游戏方式和生活方式。

（二）幼儿游戏与成人游戏的区别

1．游戏在幼儿与成人生活中的地位不同

在成人的生活中，工作是最主要的活动，游戏只是一种陪衬和调剂。游戏能够丰富成人的生活，使生活变得多姿多彩，通过游戏成人能够在工作之余获得快乐和轻松，能

---

① 刘焱：《儿童游戏通论》［M］，5页，北京，北京师范大学出版社，2004。

够与他人进行交流和沟通，能够发展身体的素质；成人可以主动地将在生活中感受的紧张和不安通过工作或其他方式，如旅游、听音乐和运动等进行排解。而在儿童的生活中，游戏是最主要的活动或基本的活动形式，也是调节情绪的最主要途径，游戏在儿童世界中的存在更为普遍，对儿童的魅力更为独特。联合国《儿童权利公约》第三十一条明确规定："缔约国确认儿童有权享有休息和闲暇，从事与儿童年龄相宜的游戏与娱乐活动，以及自由参加文化生活和艺术活动。"这就确定了儿童不仅有发展权、受教育权，而且有享受的权利。我国教育部 2001 年颁布的《幼儿园教育指导纲要（试行）》也提出幼儿教育应尊重幼儿的人格，尊重幼儿身心发展的规律和学习特点，以游戏为基本活动。可见，游戏是幼儿的权利，幼儿的生活是游戏的生活，游戏是幼儿的生命表现形态。

古往今来，任何时代、任何民族、任何国家、任何地区，没有不做游戏的儿童，没有不喜欢游戏的儿童。在时间上，游戏的历史与人类社会的历史一样古老而悠久，它贯穿人类社会发展的整个历史。在空间上，它遍及所有儿童生存的地域。自从有了儿童就有了游戏。哪里有儿童哪里就有游戏。儿童与游戏就像鱼儿离不开水，鸟儿离不开翅膀。我们可以看到，从繁华的都市到淳朴的乡村，从绵延的海滨到广袤的牧场，从古朴的街巷到雅致的公园，人们随处随时可看到孩子们在兴致盎然地做着各式各样的游戏。他们或玩布娃娃，当"爸爸""妈妈"，或捉迷藏玩追逐，或装扮"大灰狼"演故事，或搭积木建房子，或猜谜语，或唱儿歌，不一而足。正是孩子喜欢游戏，才使得无论豪华的大商场还是狭僻的小店铺，都始终不忘将那些花样翻新、大小各异的儿童玩具展列其中，并成为吸引孩子的最大亮点。游戏成为孩子们生活的一项重要内容。

2. 幼儿游戏与成人游戏的目的不同

游戏中的成人有着丰富的经验和确定的生活目标，其游戏的主要目的是为了休息或放松。幼儿缺乏生活经验，他们需要通过游戏来积累经验，并在尝试各种社会角色的游戏中获得发展。儿童的游戏行为可以提供有趣的暗示，告诉我们他们正在想什么以及他们是怎样思考的。当我们停下来观看游戏中的儿童，并猜想他们的脑里正在想什么，长大以后他们又会是什么样时，联想到我们自己的过去与现在，不禁感叹游戏给生命成长带来的力量。幼儿通过游戏来获得发展，感受当下的生活，为未来的生活奠定基础。

幼儿游戏促进幼儿认知、社会性、情感等方面的发展。

游戏有助于促进幼儿认知的发展。游戏是包含了多种认知成分的复杂的心理活动。它是儿童的最佳学习方式。正因为游戏本身包含了丰富的认知成分，所以它能促进儿童的认知发展，促进儿童的学习。首先，游戏能够促进幼儿智力的发展。游戏是促进儿童发展的有效手段，游戏中有动作、有情节、有玩具和游戏材料，符合儿童认知的特点，能唤起儿童的兴趣和注意力，激发着儿童积极的感知、观察、注意、记忆思维和想象等，在轻松愉快的氛围中实现儿童智力的发展。其次，游戏能够促进幼儿解决问题能力的发展。幼儿在操作游戏材料的过程中，可以发现他的动作和物体之间存在的相互作用和因果关系，为探索解决问题提供了可能性。游戏为儿童解决问题提供了轻松愉快的心理氛围。游戏具有愉悦性、自主性、趣味性、非生产性等特征，游戏降低了儿童对于成功的期望或对失败的担忧压力，能够使儿童不害怕失败，承受挫折的能力更强，更有毅力和坚持性。这是游戏有助于解决问题的一个重要心理原因。最后，游戏能够促进幼儿创造力的发展。游戏拓展了幼儿创造性想象的发展空间，在各种各样的游戏活动中，幼儿能够在与人和物的不断互动中主动地、独立地思考和想象，从而进行富有个性的创造。

游戏有助于促进幼儿社会性的发展。首先，游戏反映幼儿周围的现实生活，有助于幼儿的自我意识发展。幼儿在游戏中担当角色，体验现实生活中角色的感受，进而内化为自己的体验，加深对自己现实角色的理解，学会发现自我，发现自我与他人的差别。游戏让幼儿学会改变自己看问题的角度，逐渐克服"自我中心化"的观点和思维的片面性。其次，游戏有助于幼儿对社会角色的学习，发展社会交往能力。幼儿在游戏中既能利用假想情境自由地从事自己喜欢的活动，如过家家、打针等，又不受现实生活条件的制约；既能充分展开想象的翅膀，又能再现和体验成人生活的感受及人际关系。通过扮演成人角色，对成人行为态度进行模仿，幼儿在思想上了解了自己和自己同性别成人角色的关系，逐渐形成了性别角色的社会化。最后，游戏有助于幼儿形成良好的道德品质。游戏的规则是一种无形的约束力，有利于培养幼儿的自觉纪律。利用游戏的方式能够培养和巩固幼儿良好的道德品质，提高德育的实效，促进幼儿形成良好的个性品质。通过游戏，促使幼儿主动学习道德知识，发展道德思维，促进道德认知的发展。通过游戏，寓教于乐，培养幼儿积极、肯定性的道德情感。通过游戏，磨炼意志，培养幼儿良好的道德意志和品质。通过游戏，知行合一，培养幼儿良好的道德行为和习惯。

游戏有助于促进幼儿情感的发展。游戏世界是一个真正的童心世界，幼儿的喜、怒、哀、乐都能在游戏中得到淋漓尽致的展现，幼儿在游戏活动中获得的情感体验是深刻的主体性体验。首先，游戏能够丰富幼儿的情感体验。游戏的内容和形式丰富多彩、灵活多样，幼儿在游戏中通过扮演角色体验各种积极的情绪情感。幼儿在游戏中再现周围生活中人物的动作和语言，也体验着人物对周围环境的感情和态度。其次，游戏能够发展儿童的成就感和自信心。在游戏中，幼儿享有充分的自由，没有任何来自外界的压力和强迫，因此，孩子的情绪是放松的，而且还可以任意摆弄物体，表现人物的形象，反映自己对生活的认识。当幼儿利用游戏材料做出了成果时，会产生自豪感，享受到成功的快乐。如果失败了，在游戏中也不会产生任何负担，不会造成任何损失，可以重玩。因此，在游戏中学习解决疑难问题，可以使孩子觉得自己有能力去解决问题，增强自信心。最后，游戏能够发展幼儿的美感。游戏就是幼儿感受美、创造美的一种特殊审美活动。在游戏中，幼儿反映着自然和社会生活中的美好事物，表演着艺术作品中的美好形象，使用着艺术语言，进行着音乐和美术等艺术活动，装饰和美化自己的游戏环境。这些活动都有助于培养幼儿对自然、社会、艺术的审美能力，发展幼儿的美感。

3. 幼儿游戏与成人游戏的内容不同

成人游戏多为有竞争意味的规则游戏，例如打牌、赌马等，带有一定程度的功利性，成人游戏重视游戏的输赢结果以及游戏所带来的奖赏。儿童的游戏多为带有想象色彩的角色游戏，较少功利性。角色游戏作为幼儿期典型的游戏形式，是学前儿童按照自己的意愿，借助真实或替代的材料模仿和想象，通过扮演角色，创造性地再现周围社会生活的游戏。幼儿的角色扮演过程是对现实生活的想象过程，幼儿按自己的需要自发开展角色游戏，这种活动是重过程轻结果的，是一种非功利的活动。虚拟性或象征性是游戏的普遍特征，并以"假装"或"好像是"为标志或条件，给儿童提供了充分想象的自由和空间。这样儿童在游戏中不仅能自己假装成他人，而且可以"串演"多个角色或多人共同扮演一个角色。这有利于儿童想象力的发展特别有利于创造性想象的发展。如儿童在游戏中，枕巾可以当棉被，也可以当衣服；床可以当舞台，还可以当医院；棍子可以当马骑，椅子可以当马骑；可以当司机，也可以当警察等。这些游戏中的想象从舞蹈、动作到背景都极富创造性，甚至成人想象不到的儿童也能想象到。

当前在幼儿教育的领域存在着一些功利性的活动，例如，以游戏为纽带构成的庭院儿童文化逐渐消失，儿童与自然、社会和同伴接触的机会大大减少，以及家长对独生子女的溺爱，导致越来越多的儿童缺乏交往、沟通和合作能力。家长对儿童的期望越来越高，一些家长盲目强调儿童智力的过度开发，致使儿童身心负担过重，产生厌烦心理和失去对事物的好奇心和兴趣，失去了童年的快乐。角色游戏对于儿童的健康成长具有独特价值，首先，角色游戏能够使儿童充分发挥想象，在扮演角色的过程中幼儿获得丰富的情感体验，获得极大的快乐和满足，发展健康的心理。例如：在当"妈妈""爸爸"时，他们会自觉地关心照顾自己的"孩子"，这是家庭亲情的体验；在当"医生"时，他们会对病人细心周到，这是社会亲情的体验。这些情感的自然表露，说明儿童的情感真实、自然、纯洁，对塑造他们美好的心灵和高尚的品格有着极大的促进作用。其次，角色游戏提供了儿童社会能力发展的情境和与同伴互动的机会，儿童在游戏中不断加深对社会的理解，逐渐学会协调不同的观点，共同遵守游戏规则，解决同伴之间的问题与冲突，提高社会交往能力。

第二节　经典游戏理论

一直以来儿童游戏理论的研究受到生物学、心理学、文化学、人类学、逻辑学等多种学科的关注，由于研究者对于儿童游戏的观点不同，观察和思考的角度不同，就出现了各种不同的游戏理论派别。在 20 世纪初经典的游戏理论已经形成，到 20 世纪中叶以后，主要流行三个派别的游戏理论，即精神分析学派的游戏理论、认知发展学派的游戏理论和社会文化历史学派的游戏理论，它们对当代儿童游戏研究产生了深刻的影响。近年来又出现了游戏的觉醒理论和元交际理论。学习这些理论有助于了解国外儿童游戏研究的理论，有助于建设我国的游戏理论体系。

一、经典游戏理论的主要观点

儿童游戏作为一种社会文化现象，早在人类社会开始之时就已产生，但是作为童年期所特有的现象来研究，是在 19 世纪自然科学的三大发现，尤其是英国生物学家达尔文（Darwin）的生物进化论思想的直接影响下开始的。这一时期最早的游戏理论形态开始出现，即经典的游戏理论，它在人类的思想史上第一次严肃地思考并解释了儿童游戏出现的原因与意义。

（一）剩余精力说

剩余精力说的代表人物是德国思想家席勒（Schiller）和英国社会学家、心理学家斯宾塞（Spencer）。他们认为，生物有维护自己生存的能力，身体健康的儿童除了维持正常生活外，还有剩余精力，剩余精力需要发泄，游戏就是一种剩余精力的发泄方式。

席勒是在研究美学时，发现愉悦是美学活动和游戏共有的特征而对游戏有所研究。他在《审美教育书简》中首先提出人和动物有剩余精力，从游戏而得到快乐，并不在乎认识游戏的方法，只不过因为精力的使用和自由。斯宾塞从神经心理学的角度来解释剩余精力：由于神经中心在使用一段时间后就疲劳，需要休息，休息一段时间后，精力就不稳定，超过对各种刺激的反应，因而产生剩余精力。游戏是剩余精力的发泄。剩余精力说的主要观点是：第一，生物体都有维护自己的生存的能力，生物体进化得越高级，这种能力越强；第二，儿童除了一般生活活动（吃饭、洗手等）外，不需谋生，所以除了维护正常的生活外，还有剩余精力，同样高等动物除了维持生存所必须消耗的精力之外，也还有剩余精力；第三，儿童和高等动物的剩余精力必须要找到出路消耗、发散出去，否则就像不透气的蒸气锅要发生爆炸，于是就用自然的无目的的活动方式——游戏以获得快乐，所以就产生了游戏；第四，游戏就是儿童和高等动物对剩余精力的一种无目的的消耗。而低等动物的精力只能用于保存自己，无剩余精力，所以不存在游戏。因此，他们把人类的活动分成两种：一种是有目的的活动，被称为工作；一种是无目的的活动，被称为游戏即精力发泄。

（二）松弛说

松弛说的代表人物是德国学者拉察鲁斯（lazarus）和帕特里克（Patrick）。他们认为，游戏不是为了剩余精力的发泄，而是为了精力的恢复，儿童需要用游戏来恢复精力。

松弛说的主要观点是：第一，人类在脑力和体力劳动中都会感到疲劳，为了消除疲劳，恢复精力，就产生了游戏；第二，对于幼儿来说，由于身心发展水平的限制及生活经验的缺乏，而对复杂的外部世界难以适应，很容易产生疲劳，这就需要游戏来使其轻松一下，以便恢复精力；第三，游戏是童年期自发的、以本能为基础的活动，儿童在游戏中能够消除疲劳和恢复精力。

（三）前练习说

前练习说又称生活预备说，代表人物是德国哲学家格鲁斯（Gross）。他认为，在童年时代就要游戏，游戏提供了儿童准备参加严肃生活的途径，游戏是儿童未来生活最好的预备。

前练习说的主要观点是：第一，儿童有天生的本能，但本能不能适应将来复杂的生活，要有一个准备生活的阶段，在天赋本能的基础上进行练习，锻炼自己为生存竞争所必需的能力。第二，游戏是儿童对未来生活的无意识的准备，是练习本能的一种手段。童年的目的是能游戏、能进行本能练习，从而获得生活必需的适应力。如女孩子玩"娃娃家"，是为将来做妻子、做母亲、养育子女做准备；男孩子喜欢争斗、打仗、开车也是为将来尽责做准备的。格鲁斯是最早提出游戏期这一概念的。第三，越是高等的动物，将来的生活就越复杂，所以游戏期就越长。儿童不是因为年幼才游戏，而是因为他们要游戏，所以才给予他们童年。

（四）复演说

复演说的代表人物是美国心理学家霍尔（Hall）。他认为，游戏重演了人类进化的过程，重现了人类进化过程中祖先的动作和活动，游戏是人类遗传活动的表现。

复演说的主要论点是：第一，游戏是人类生物遗传的结果，儿童游戏是重现祖先生物进化的过程，重现祖先进化过程中产生的动作和活动。如孩子喜欢玩水、在地上爬、爬树、打仗等，就是反映了人类从原先的海洋生物渐渐演变为原始的爬行动物，再演变为较高级的动物猿猴，直至演变成为现在的人类所拥有的不同阶段的动作和活动内容。第二，游戏的发展过程同种族的演化过程相吻合，儿童通过游戏重演史前的人类祖先到现代人进化的各个发展阶段，在游戏中根除史前状态的动物残余，让个体摆脱原始的不必要的本能动作，从而为复杂的当代生活作准备。

二、经典游戏理论的评价

（一）经典游戏理论的贡献

1. 在人类思想史上第一次严肃地思考并解释了儿童游戏的原因与意义

虽然人们在历史上很早就注意到了儿童的游戏，在一些思想家、教育家的著作中也可以找到有关游戏的零星论述，但直到 19 世纪下半叶人们才开始真正尝试系统地解释游戏的原因与作用。随着 19 世纪自然科学三大发现的产生，人们观念的转变，学者们在研究哲学和美学时，探讨艺术的起源和人类的起源问题会涉及儿童游戏问题，因此才开始认真思考儿童游戏出现的原因和儿童游戏的重要意义，并将理论观点系统化，形成经典的游戏理论，从而使游戏成为独立的研究领域。

2. 从儿童生理的不同侧面对儿童游戏的原因与意义进行解释

经典的游戏理论从儿童生理发展的不同侧面对游戏产生的原因进行了解释，提出的理论对后来的游戏研究产生了重大影响。后来的游戏理论借鉴的主要思想包括：游戏使儿童能够改造现实；游戏有助于儿童美感和创造性的发展；游戏具有宣泄的作用；游戏具有阶段性；游戏具有假装的特征等。

3. 从人的一般本性和共性角度对儿童游戏的原因与意义进行解释

经典的游戏理论从人类的一般本性和共性的角度去分析儿童游戏的原因和意义，这是从人类学、哲学、社会学更高角度思考游戏的问题，是对游戏问题更高层次的把握。

4. 基本上肯定了游戏是儿童的一种重要活动，是儿童心理发展的重要力量

经典的游戏理论基本上肯定了游戏是儿童的一种重要活动，能够促进儿童的心理发展，这对于改变人们长期形成的轻视游戏的传统观念具有重要的意义。

（二）经典游戏理论的局限性

1. 受生物进化论的影响从本能的生物性角度解释游戏

经典游戏理论是在达尔文进化论的影响下产生的，都试图从人类的本性或本能中去寻找某些因素来解释游戏为什么存在，因此这些理论都带着浓厚的生物学色彩。

2. 以工作作为游戏的对立面解释游戏

尽管经典的游戏理论关注到游戏对于儿童发展的价值，将游戏作为独立的研究领域，但同时仍受到西方长期以来的游戏罪恶论的影响，将游戏与工作对立起来。

3. 主要是主观思辨的产物，缺乏科学的实验基础

经典的游戏理论用高度概括的方式从理论上论述了游戏对于儿童发展的重要性，对于游戏的看法是值得肯定的，但这些理论主要是主观思辨的产物，缺乏科学的实验基础，没有提出指导儿童游戏的实际建议。

第三节 精神分析学派游戏理论

精神分析学派的游戏理论，又称发泄论或补偿论。在现代西方心理学流派中，精神分析学派是最重视游戏问题的一个派别。精神分析学派的创始人弗洛伊德和后来的一些精神分析学家，都论述了儿童游戏问题。

他们普遍认为：第一，人类的原始冲动和欲望经常找不到出路会导致精神问题。精神分析学派认为，一切生物生存的基础都是一些与生俱来的原始冲动和欲望，这种冲动和欲望在动物界可以以赤裸裸的形式表现出来，如可以随意争抢。但在人类社会，由于受到社会道德规范的约束，这些原始的欲望和冲动不能随意、直接地表现出来，而是受到压抑，这种压抑如果经常找不到出路便会导致精神问题。第二，儿童有内在的需要和欲望要得到满足、表现和发泄。精神分析学派认为，儿童天生也有种种内在的需要和欲望要得到满足、表现和发泄，但是由于儿童所生活的客观环境不能听任儿童为所欲为，从而使儿童的内心产生抑郁，导致儿童的自私、爱捣乱、发脾气、怪癖等各种不良行为。第三，儿童在游戏中发泄情感、减少忧虑和发展自我力量。精神分析学派认为，儿童

在游戏中可以发泄情感、减少忧虑和发展自我力量，以应付现实环境，补偿现实生活中不能满足的欲望和需要，解决内在的心理矛盾和冲突，从而得到身心的愉快和发展。

一、精神分析学派游戏理论的主要观点

奥地利医生弗洛伊德（Freud）是精神分析学派的创始人，他首先提出了人格构成学说，认为本我受唯乐原则的支配，超我受道德原则的支配，自我受现实原则的支配，自我是调节本我和超我矛盾冲突的机制。儿童初生时完全受本我的支配，随着经验的积累，自我和超我才开始发展。在此基础上，弗洛伊德提出了游戏理论，认为游戏允许儿童自由地调节本我和超我的要求，帮助儿童发展自我的力量。

（一）儿童游戏的动机是心理生活的唯乐原则

弗洛伊德认为，过去的游戏理论都力图发现引起儿童游戏的动机，但是它们都没有把由于游戏而能获得愉快的动机放在突出的地位。他认为，驱使儿童去游戏的是儿童心理生活的唯乐原则，即游戏能使儿童获得快乐。游戏与其他心理事件一样，都受到唯乐原则的自动调节。唯乐原则体现在儿童的游戏中，表现为游戏能够满足儿童的愿望，掌握创伤事件和使受压抑的敌意冲动得到发泄。

（二）游戏能使儿童满足快快长大成人、做大人能做的事情的愿望

弗洛伊德认为，儿童的愿望就是快快长大成人、做大人能做的事情。这种愿望是儿童在现实生活中不可能实现的，因此就在游戏中寻求这种愿望的满足。游戏能为儿童提供一个安全的环境，能使儿童从现实的强制和约束下解放出来，补偿现实生活中不能满足的愿望。我们往往看到儿童在游戏中模仿成人的活动，"开医院"当医生；"过家家"当爸爸妈妈；"开汽车"当司机等，正是这种愿望的反映。儿童通过游戏模仿成人的活动、扮演成人的角色，满足想当成人、想做成人的事情的愿望。例如小孩子玩骑马的游戏，是因为他曾经有过对成人骑马活动的观察或听过有关骑马的故事。他玩这种游戏，正是出自他想如成人一样成为一个骑手的愿望，出自他对这种驰骋的快乐的向往。所以，儿童游戏的材料有许多是取自现实生活的，是与儿童自己的生活体验有关的。[①]

（三）游戏能使儿童掌握创伤事件和发泄敌意

弗洛伊德认为，游戏并非总是和愉快的体验联系在一起的，不愉快的体验也往往成

---

① 丁海东：《学前游戏论》［M］，257 页，济南，山东人民出版社，2001。

为游戏的主题。在游戏中儿童通过对他人或他物的伤害，把不愉快的体验进行转移，并且从不愉快体验的被动承受者转变为游戏的主动执行者，使自己想成为大人的愿望得到了满足，从中获得了愉快。在现实生活中，例如医生给儿童打针或做手术，这些动作使儿童感到疼痛、可怕，产生不愉快的体验。这种不愉快的体验使他紧张、焦虑和愤怒，但是在现实生活中他无从发泄，无法对医生施加报复。于是他把这种体验变成游戏，在游戏中通过对第三者（伙伴或玩具）的伤害，把这种不愉快的体验转嫁到一个替身的身上，为自己报了仇；同时他也从这种体验的被动承受者转变为这种游戏的主动执行者，使自己想成为大人（医生）的愿望得到了满足，从中获得了愉快。[①]

弗洛伊德认为这是一种强迫重复。强迫重复实际是唯乐原则的另一种表现形式，强迫重复现象的发生可能是由某种不愉快的紧张状态引起的，但是它的最终目的是要消除不愉快的紧张状态。在儿童游戏中出现这种强迫重复现象，原因在于儿童的自我发展还不完善，心理的防御机能还没有得到充分发展，还不能有效地抵御外界环境的伤害，所以许多事情是儿童在当时无法忍受的，自我往往被现实挫败。自我要奋力去掌握环境，使不可忍受的事情变为可以忍受的事情，这需要一个过程。在这个过程中，需要重现事件和重新体验，只有通过强迫重复，儿童才能逐渐掌握创造事件。[②]

（四）游戏的对立面不是严肃的工作而是现实

弗洛伊德认为，游戏的对立面不是严肃的工作而是现实。游戏能够满足儿童在现实生活中不能满足的愿望，能够使他逃避现实的强制和约束，为儿童发泄受压抑的、不能为社会所允许的冲动提供了一个安全的场所，也为儿童战胜现实、从被动的牺牲品转变为对环境或事件的积极主动的掌握者提供了途径。但是儿童通过游戏自由地表现自己愿望的时期是短暂的。随着儿童自我的发展和逻辑思维的发生，游戏就逐渐消失了，取而代之的是滑稽、幽默或创造性的艺术活动。游戏虽然为这些活动所取代，但它的动力特征依然存在于这些活动的潜意识的动机中。

弗洛伊德的游戏思想奠定了精神分析学派游戏理论的基调，20世纪以来的游戏理论几乎都受到他的影响，并且在其思想的影响下，游戏在临床诊断中得到了普遍的应用，逐渐发展成为专门的游戏治疗技术。

---

① 丁海东：《学前游戏》[M]，257页，济南，山东人民出版社，2001。
② 刘焱：《儿童游戏通论》[M]，101页，北京，北京师范大学出版社，2004。

二、精神分析学派游戏理论的评价

（一）精神分析学派游戏理论的贡献

1. 推动游戏理论与儿童心理发展理论的密切结合

精神分析学派的游戏理论将游戏研究与儿童发展理论密切联系起来，使游戏理论逐渐摆脱了美学的影响，成为发展心理学理论支配下的新的游戏理论，推动儿童游戏研究进入了一个新的发展阶段。后来的一些游戏理论学者都在不同程度上受到了这一学派的影响，尤其是弗洛伊德提出的变成大人、做大人能做的事情的儿童游戏动机的观点为人们广泛运用。

2. 普遍重视游戏对儿童社会性和情感发展的价值

精神分析学派的游戏理论通过大量的实践研究，让人们认识到游戏是重要的、具有发展意义的活动，是对儿童社会性和情感发展具有重要价值的活动。这具体表现为：通过游戏可以了解每个儿童的独特个性；游戏是儿童整合和建构生活经历和人格的重要方式；儿童在游戏中以自己的方式处理和解决他们在现实生活中遇到的问题；情绪情感是游戏的重要组成部分。

3. 促进游戏治疗技术和人格研究方法的发展

在精神分析理论的影响下产生并发展了一种游戏治疗技术，游戏治疗是以游戏为治疗手段帮助儿童处理恐惧、愤怒、敌意等情绪障碍的一种情绪治疗方法。精神分析学派的游戏理论认为，游戏可以帮助儿童释放紧张与焦虑，具有情感治疗功能，因此力图以游戏形式和情景为手段帮助儿童克服情绪障碍。20 世纪以来，游戏一直被看做是情绪治疗的有效手段而被应用于临床实践。

精神分析学派在游戏治疗中首先采用了娃娃游戏的方法。在儿童讲述娃娃故事的过程中，研究人员通过对儿童行为表现的观察，对儿童所讲述故事的分析以及与儿童的谈话中，可以记录到儿童人格方面的大量因素，如攻击性、深层的情绪障碍问题等。这种娃娃游戏最初主要是为游戏治疗服务，后来这种方法引起了研究人格发展的心理学家的注意，因此开始把它作为研究前言语儿童的人格因素的一种方法。

4. 强调早期经验对健康成年生活的重要性

精神分析学派的游戏理论强调早期经验对健康成年生活的重要性，强调游戏对儿童人格发展和心理健康的价值，游戏被看做是与童年的快乐和未来健康的成年人生活有关的活动。这对于促进人们重视儿童早期发展与教育，重视象征性游戏在儿童发展中的作用具有积极的意义。在精神分析学派思想的影响下，二十世纪四五十年代托儿所、幼儿园普遍重视儿童的象征性游戏，到六七十年代西方发达国家普遍重视儿童早期教育。

（二）精神分析学派游戏理论的局限性

1. 具有明显的临床诊断色彩

精神分析学派的一个显著特点是这个学派并非发端于心理学，而是发端于精神病学，它的创始人弗洛伊德并不是一个心理学家而是一个医生。所以这一学派关于游戏的理论具有明显的临床诊断色彩，游戏理论来源于对于个别儿童的研究，尤其是来源于对于有精神问题的儿童的研究，其研究结果不能适用于所有的儿童。

2. 具有明显的主观臆测倾向

精神分析学派的游戏理论以分析游戏个案为主，需要透过游戏者的外在行为表现分析游戏者的真情实感，需要了解游戏者先前的生活经历和情感经验，这样不仅要耗费大量时间，也使研究者在解释游戏者进行游戏的原因和行为表现时难免主观臆测、穿凿附会，把研究者自己的思想强加给游戏者，导致同一个儿童的游戏在不同的精神分析学家那里得到不同的解释。正如美国心理学家舒尔茨（Schultz，1981）指出，精神分析有许多概括和假设，但好像没有什么定理和公设的井然有序的系统，也没有科学理论所必需的那种精确的关系。

第四节　认知发展学派游戏理论

认知发展学派的代表人物是瑞士著名心理学家皮亚杰（Piaget），他的认知发展阶段理论是近几十年对学前儿童教育影响最大的理论。认知发展学派也对儿童游戏进行了探讨，是游戏理论中的重要流派。

一、认知发展学派游戏理论的主要观点

皮亚杰是在儿童认知发展的总体框架中考察儿童游戏的，他认为游戏是儿童智力活动的一方面，是儿童智力发展的一种手段，他的游戏理论与其认知发展阶段理论有着密切的联系，可以说是其认知发展阶段理论的组成部分。

（一）游戏是儿童智力活动的一方面，是同化超过了顺应

皮亚杰认为，游戏是儿童智力活动的一个方面，反映出儿童不同的认知水平。儿童认知发展的过程是机体不断适应外部环境的过程，同化和顺应是机体与外部环境相互作用的两种方式，儿童的认知发展是在同化与顺应的平衡过程中实现的。同化是机体将外部环境刺激纳入到原有的认知结构，即认知图式中去，同化并不改变机体原有的图式，而是将一切新的刺激吸收到原有的图式中，并不断地丰富原有的图式。例如在婴儿动作的学习中，当孩子学会了抓握这一动作之后，他就试着去抓手边的每一件东西，来练习并巩固这一动作图式。顺应则是改变机体原有的动作图式以适应环境的变化。顺应是机体在环境因素的作用下使自身发生变化以适应环境。例如儿童要想拿到一块积木，必须先移开一个障碍物，这种现实要求他改变自己原有的抓握动作图式，否则他就拿不到积木。机体在与环境的相互作用中，不仅要用自己已有的动作图式去同化客体，而且也要根据客体的特点和变化来调整自己的动作图式，顺应外在的变化。①

儿童认知发展的过程是儿童与外部环境相互作用的过程，儿童的认知发展是在同化与顺应的平衡过程中实现的。然而儿童早期认知结构的发展并不成熟，儿童往往不能保持同化与顺应之间的平衡，出现顺应超过同化或同化超过顺应的不平衡。当顺应超过同化时，外部因素的影响超过了儿童自身的认知能力，儿童会忠实地表现客体的特征；当同化超过顺应时，儿童为自我的需要和愿望去改造现实，很少考虑客体的客观特征。前一种情况是模仿的特征，后一种情况是游戏的特征。儿童在游戏时并不发展新的认知结构，而是努力使外部环境刺激适合自身先前存在的认知结构，游戏是将外部因素纳入到原有的认知图示的过程，游戏是同化超过了顺应。②

（二）游戏是儿童巩固概念的方法，是思维与活动相结合的方法

皮亚杰认为，游戏与儿童的认知发展具有密切的关系，游戏是儿童学习新的复杂客体和事件的方法，是巩固和扩大概念和技能的方法，是使思维和活动相结合的方法，也是思维的一种表现形式。首先，游戏是儿童巩固概念的方法，儿童在游戏过程中巩固对概念的认识和理解。例如，儿童初步认识了各类水果的概念、生活用品的概念、生活角色的概念等，儿童在象征性游戏中运用多种物品，扮演多种角色，在游戏中巩固了对这些概念的认识。其次，游戏是儿童思维与活动结合的方法，儿童在游戏中将思维与活动

---

① 刘焱：《儿童游戏通论》［M］，110 页，北京，北京师范大学出版社，2004。
② 邱学青：《学前儿童游戏》［M］，71 页，南京，江苏教育出版社，2008。

联系起来。例如，在超市、理发店等象征性游戏中，儿童运用语言、动作等扮演售货员、理发师等角色，同时儿童在游戏中将自己当成售货员、将同伴当成客人、将活动室当成超市等，完成以人代人、以物代物的思维过程，发展具体形象思维，因此游戏是儿童思维与活动结合的方法。

（三）游戏帮助儿童解决情感冲突，实现现实生活中不能实现的愿望

皮亚杰认为，游戏的主要功能是通过同化作用来改变现实，以满足自我在情感方面的需要。皮亚杰非常重视游戏的情感发展价值，正如他所说，游戏所完成的同化作用，"绝大多数主要属于情感方面"。他认为，儿童难以适应周围的现实世界，儿童不得不经常使自己适应于一个不断地从外部影响他的由年长者的兴趣和习惯组成的社会世界，同时又不得不经常使自己适应于一个对他来说理解得很肤浅的物质世界。但是通过这些适应，儿童不能像成年人那样有效地满足他个人的情感上的甚至智慧上的需要。[①]正是因为儿童难以适应周围的现实世界，儿童会产生情感冲突和在现实生活中难以实现的愿望。

社会适应的主要工具是语言，它不是由儿童创造的，而是通过现成的、强制的、集体的形式传递给他的，然而这种符号不适合于表达儿童的需要或他自己的生活经验，因此儿童选择了适合他个人的表达方式，也就是游戏。正如皮亚杰认为："游戏，它是认识的兴趣和情感的兴趣之间的一个缓冲地区"。[②]游戏中既没有强制也没有处分，它是在假想的情境中反映现实生活，因此，儿童能够在游戏中解决情感冲突，如儿童的消极情绪可以在假想的情境中得以发泄，也能够在游戏中实现现实生活中不能实现的愿望。例如在"娃娃家"象征性游戏中，玩洋娃娃的儿童是按照他所喜欢的那个样子来重演他自己的生活，借助虚构的故事来补偿和改善现实世界，实现他想快快长大的愿望。所以，游戏是儿童解决情感冲突的一种手段，能够实现儿童现实生活中不能实现的愿望。

（四）游戏的发展受儿童认知水平的制约，并与儿童认知发展阶段相适应

皮亚杰认为，游戏的发生、发展反映着儿童认知发展水平的变化，并与儿童认知发展阶段相适应，有什么样的认知发展水平，就有什么类型的游戏出现，如表1－1所示。在感知运动阶段，练习性游戏是儿童游戏的主要形式，也称感知运动游戏，这是一种最初形式的游戏，儿童通过身体动作和操作具体物体来进行游戏。在前运算阶段，象征性

---

① 皮亚杰，英海尔德：《儿童心理学》[M]，吴福元译，46~47页，北京，商务印书馆，1980。
② 皮亚杰，英海尔德：《儿童心理学》[M]，吴福元译，97页，北京，商务印书馆，1980。

游戏是儿童游戏的主要形式，也称角色游戏，儿童可以假扮不在眼前的事物，可以用语言而不是利用整个身体的动作进行游戏，发展了表征能力。在具体运算阶段，规则游戏是儿童游戏的主要形式，儿童的游戏更能适应真实环境，服从真实世界的规则和顺序。①

表1-1　皮亚杰的游戏发展阶段

年　龄	认知发展阶段	游戏类型
0～2岁	感知运动阶段	练习性游戏
2～7岁	前运算阶段	象征性游戏
7～12岁	具体运算阶段	规则游戏

皮亚杰认为，在儿童游戏的发展中，儿童认知的发展水平具有决定性的作用，而游戏对于儿童认知发展的作用则是比较消极的，只是起着机能练习的作用。皮亚杰认为，儿童的认知发展具有阶段性，当儿童的认知发展到一个新的阶段和水平时，最初儿童认知活动的机能是不成熟的，儿童通过游戏与练习可以使它成熟起来。游戏对于儿童认知发展的作用就是机能练习，儿童通过在游戏中的机能练习使机能达到巩固与成熟。例如，儿童在感知运动阶段进行练习性游戏，表现为反复晃动响铃或拍击盆里的水等。这种练习性游戏的发生与进行仅仅是出于儿童能够获得练习动作的快乐和成功感，练习对于动作本身并不能构成任何积极的、具有建设性意义的作用。同样，在儿童的认知水平从感知运动阶段发展到前运算阶段的过程中，起主要作用的是模仿而不是游戏。模仿使儿童发展了具体形象思维。具体形象思维是指依靠对事物具体形象的联想进行思维的一种思维方式。同时，模仿也使儿童更好地掌握了语言。游戏在具体形象思维的发生和发展中，所起的作用是消极的。因此，游戏对于儿童认知发展的作用是比较消极的，只是起着机能练习的作用，游戏的发展受儿童认知水平的制约，并与儿童认知发展阶段相适应。

---

① 刘焱:《儿童游戏通论》[M]，112页，北京，北京师范大学出版社，2004。

二、认知发展学派游戏理论的评价

（一）认知发展学派游戏理论的贡献

1. 开拓从儿童认知发展的角度考察儿童游戏的新途径

认知发展学派的游戏理论开拓了从儿童认知发展的角度考察儿童游戏的新途径，尤其是皮亚杰反对把游戏看做是一种本能活动，以及通过长期的观察和研究所提出的游戏发展的阶段，是他的理论中闪光的、最有价值的部分。[①] 皮亚杰重视游戏与儿童认知发展的密切关系，强调儿童的认知发展对游戏发展的作用，试图在儿童认知发展的总体框架中考察儿童游戏，他的游戏理论与其认知发展阶段理论有着密切的联系，可以说是其认知发展阶段理论的有机组成部分。

2. 强调游戏对于儿童情感发展的重要价值

认知发展学派的游戏理论在儿童游戏的动机和价值问题上，和精神分析学派的游戏理论有很多相似之处。皮亚杰认为，游戏的主要功能是通过同化作用来改变现实，以满足自我在情感方面的需要。他认为，儿童世界与成人世界是相互对立和冲突的两个世界，在现实生活中儿童无法适应周围的成人世界。游戏是儿童从顺应社会习俗和道德规范的现实中回避和退却的一种途径，通过游戏，儿童可以实现许多在现实生活中无法满足的愿望，从而达到情感上和认知的平衡。由此可见，皮亚杰非常重视游戏的情感发展价值，正如他所说，游戏所完成的同化作用绝大多数主要属于情感方面，游戏是儿童解决情感冲突的一种手段。

3. 引发一系列游戏与儿童认知发展关系的研究

认知发展学派的游戏理论引发了 20 世纪 60 年代以后游戏与儿童认知发展关系的研究。皮亚杰的观点成为人们进一步研究的起点，他的著作被译成英文，他的研究引起了人们浓厚的兴趣。有人对他的思想进行改造，把他关于游戏是象征性功能的表现的思想，演绎成游戏可以促进象征性功能的发展，由此引发出一系列关于游戏与认知发展的实证研究，极大地丰富了人们对儿童游戏认知发展价值的认识。同时，对于传统的游戏与学习对立的观念，皮亚杰的观点无疑是一种巨大的冲击力量。也有人根据他的研究，对儿童的游戏进行了大量的观察研究，验证和补充了皮亚杰所提出的游戏发展的阶段，

---

① 丁海东：《学前游戏论》[M]，286 页，济南，山东人民出版社，2001。

使人们对于儿童游戏的认识更为深入。①

4. 引领学前教育实践走向游戏与认知发展的融合

认知发展学派的游戏理论对学前教育实践产生了重要的影响，引领学前教育实践走向游戏与认知发展的融合。最初，20 世纪 60 年代后期学前教育实践极大地重视儿童认知的发展，由注重象征性游戏活动转变为注重有结构的活动，通过这种活动促进儿童的认知发展，从这种变化无疑可以看到皮亚杰认知发展理论的影响。20 世纪 70 年代以来的学者在认知发展学派的游戏理论的基础上，进行了大量的游戏与儿童认知发展关系的研究，进一步明确了象征性游戏对儿童认知发展的价值，人们开始注重游戏与认知发展的融合，注意促进儿童在认知、情感、社会性、身体方面的全面发展。这种新的变化与趋势可以看做是皮亚杰游戏理论的另一种积极的影响。

（二）认知发展学派游戏理论的局限性

1. 否认游戏是独立的活动形式，认为游戏只是认知活动的衍生物

以皮亚杰为代表的认知发展学派游戏理论在研究儿童游戏时，只是试图用游戏作为一个例证，从游戏这一侧面说明儿童认知发展的特征。皮亚杰这一思想的出发点导致他否认游戏是一种独立的活动形式，认为游戏只是认知活动的衍生物，是完全依附于认知活动的消极追随者。他认为，智力不是在游戏中得到发展的，而是从智力中产生了游戏，智力每前进一步，游戏就跟着走一步。这种对于游戏与认知发展之间关系的理解是片面、单向的，损害了他的游戏理论的价值。正确地理解游戏与认知发展之间的关系，应该把它们看做是相互作用的、双向的关系，而不是单向的关系。②

2. 只强调认知发展对游戏的制约作用，忽视游戏对认知发展的促进作用

以皮亚杰为代表的认知发展学派游戏理论只强调认知发展对儿童游戏的制约作用，而没有看到游戏对儿童认知发展的促进作用，所以很多学者都批评皮亚杰剥夺了游戏促进认知发展的价值。首先，儿童的游戏受到认知发展的制约，但同时也受到许多其他因素的制约，儿童的认知发展只是影响游戏发展的一个因素，认知发展的一定水平只是儿童游戏的一个必要前提。例如，儿童能不能对物或动作进行概括，制约着象征性游戏中以物代物的发生与发展。但同时，儿童游戏的内容反映现实生活，如果没有一定的生活经验和关于成人的生活、劳动的知识，儿童的游戏就不可能得到发展。所以在儿童游戏发展的问题上，不仅要看到儿童与物的相互作用，也要看到儿童与人的相互作用。其

---

① 丁海东：《学前游戏论》[M]，288 页，济南，山东人民出版社，2001。
② 丁海东：《学前游戏论》[M]，287 页，济南，山东人民出版社，2001。

次，游戏与认知活动一样，是一种独立的活动形式，儿童的认知发展促进着游戏的发展，但同时儿童游戏的发展也在促进着认知的发展，游戏对儿童的认知发展具有积极的促进作用。

第五节　社会文化历史学派游戏理论

社会文化历史学派是苏联的心理学派，也称维列鲁学派，代表人物有维果斯基（Lev Vygotsky）、艾里康宁（Ellikoning）等心理学家。其中维果斯基提出了文化历史发展理论，奠定了社会文化历史学派的心理学理论基础。他们从不同角度证实了人的高级心理机能的发展是受社会文化历史所制约的，活动在人的高级心理机能的产生与发展中起着巨大的作用。社会文化历史学派认为，活动是人的心理活动产生的源泉，并反对西方心理学家把活动解释为个体的孤立活动而忽视活动的社会制约性，把马克思主义关于认识的观点、实践的观点和社会制约性引入活动理论。它认为，活动具有主体性、对象性和社会历史性，个体的心理机能是在以人际交往为基础的活动中形成和发展起来的。

一、社会文化历史学派游戏理论的主要观点

社会文化历史学派将活动理论的基本观点运用于儿童游戏的研究，形成了与西方心理学有着根本区别的游戏理论，代表人物是心理学家维果斯基和艾里康宁。

（一）游戏的社会起源

艾里康宁继承了游戏起源于劳动的思想。这一思想来自于冯特、普列汉诺夫提出的关于游戏和艺术起源于劳动的思想，该思想主张"劳动起源说"，与"本能论"相对，强调人类游戏的特殊性，强调劳动对于人类自身发展和人类社会文明发展的意义。艾里康宁运用马克思历史唯物主义的观点来解释儿童游戏的起源，认为儿童的角色游戏并不是从来就有的，是在一定的历史发展阶段出现的，是随着生产力的发展，儿童在社会生产劳动中的地位发生变化的结果。

儿童的角色游戏不是自发出现的，而是出自社会的需要，是在一定的历史发展阶段出现的。在原始社会初期，社会生产力处于原始水平，劳动工具非常简单，儿童不需要经过专门训练就可以直接参加成人的劳动，儿童不需要练习掌握工具，也就不需要角色

游戏。在生产力发展的稍高级阶段，社会生产力得到发展，专门化的劳动工具出现，儿童需要专门的练习以学会使用劳动工具。这一时期儿童练习使用专门为儿童制作的小工具，为参加成人劳动作准备，这种练习与真正的劳动活动有直接联系，严格来说这种练习还不能称为游戏。当生产力进一步发展，劳动工具进一步复杂化，出现了新的劳动分工，儿童参加生产劳动的可能性更小，用小工具练习已无意义，儿童必须到一定年龄才能掌握工具。在这种历史条件下出现了儿童的角色游戏。成人为了使未来的社会成员具有操作工具的一般能力，如视觉运动的协调，细小而准确的动作和动作的灵活性等，为儿童创设了练习这些一般能力的专门物体，这些物体可以称为玩具。成人教儿童使用这些玩具的方法，儿童借助于这些玩具，模仿那些他们还不能参加、但又很想参加的成人的生产劳动和生活活动。① 因此游戏并非是人类一开始就进行的活动，游戏的起源是社会性的，是与儿童生活的社会条件有关的，是在社会发展的过程中出现的。

（二）游戏的个体发生

维果斯基认为，游戏并不是儿童的天赋本能活动，并不是儿童一出生就会进行的活动，而是在儿童发展到一定阶段才出现的活动。他认为，当儿童在发展过程中出现了大量超出儿童实际能力的、不能立即实现的愿望时，就发生了游戏。他认为，3 岁前儿童典型的行为方式是立即满足，即想要一件东西就必须立即得到它，如果不能立即得到他们想要的东西，他们就会发脾气，躺在地上耍赖。3 岁后儿童出现了许多限于能力而不能立即满足的愿望，这种愿望持续的时间较长，同时，这一阶段儿童能够抗拒一些诱惑，延迟满足这种愿望。正是这种在现实生活中不能满足的愿望的出现导致了游戏个体的发生。例如，儿童希望自己像一个骑手一样骑马，但在现实生活中并不能真正成为骑手，他只好在游戏中找根棍子来假装骑马，从而满足自己的愿望。儿童渴望满足的愿望变成一种情感诱因，不能得到满足的愿望在游戏中以一种想象的、虚幻的方式实现，游戏因此而产生。

艾里康宁也表达了相近的观点，他认为，从角色游戏的个体起源上来看，游戏的产生也是由于儿童与成人之间关系发生变化的结果。在婴儿末期，儿童使用实物的动作技能和独立性有所提高，儿童产生了独立活动的愿望，产生了对成人活动的向往，产生了参加还不能胜任的成人活动的愿望，儿童的愿望和能力之间的矛盾促使了角色游戏的发生。角色游戏的出现标志着儿童与成人之间协同活动关系的瓦解和新型关系的出现，即

---

① 刘焱：《儿童游戏通论》［M］，127 页，北京，北京师范大学出版社，2004。

儿童通过在游戏条件下对成人活动的模仿，来满足他参与成人活动的愿望。角色游戏产生于儿童与成人的新的关系中，角色游戏的内容是成人活动的重演，儿童的现实生活对角色游戏有决定性影响。儿童的现实生活涉及实物和人与人之间关系两方面，角色游戏的内容不是实物，不是人对物体的使用或改造，而是通过运用物体来反映人的活动和人与人之间的关系。

（三）游戏活动的特点

维果斯基认为，游戏活动的特点是游戏具有一种想象的情境，想象的情境是游戏活动区别于其他活动的标志，儿童在游戏中以一种简缩的方式再现真实的生活情境。游戏活动的另一个特点是游戏都是有规则的，如果没有规则和儿童对规则的遵守就不会有游戏。想象性的情境和游戏的规则是任何一种游戏活动的属性。

儿童在游戏中创造了一种想象的情境。受儿童自身身心发展水平的限制，他只能以一种想象的、虚幻的方式实现现实生活中不能立即得到满足的愿望。儿童在游戏的假想情境中，通过动作、语言等方式进行以物代物和以人代人，游戏的情境和游戏的角色都是虚构的，游戏是一种想象的情境。同时，任何带有想象情境的游戏也都是有规则的，例如，当儿童把自己想象成医生，她就得服从医生这一角色的行为规则。在游戏中，只有符合实际生活规则的行为才能被儿童所接受。不同于实际生活中由成人加给他们的规则，游戏中的规则是由儿童自己制定的，是一种积极的自我限制，游戏的规则是内隐的。随着儿童年龄的发展，他能够理解和遵守更为外显的游戏规则，例如在"丢手绢"的游戏中，负责丢手绢的儿童必须遵守将手绢丢在其他儿童背后，其他儿童不能向后看等游戏规则；在"跳格子"游戏中，必须依照格子的位置和数量进行跳跃等游戏规则，这些规则是外显的，儿童必须遵守，否则游戏无法正常进行。

游戏的发展规律表现为由"明显的想象情境"与"隐蔽的规则"所构成的游戏发展到由"隐蔽的想象情境"与"明显的规则"所构成的游戏，前者是角色游戏的特征，后者是规则游戏的特征。

（四）游戏的发展价值

维果斯基认为，游戏对儿童的发展起着巨大的作用。在游戏中，儿童试图超越现有的行为水平，儿童在游戏中的表现总是超过他的实际年龄，高于他日常的行为表现。游戏是学前儿童发展的基本源泉，游戏可以创造学前儿童的最近发展区。

首先，游戏促进儿童表征思维能力的发展。维果斯基认为，游戏可以使儿童的思维摆脱具体事物的束缚，使儿童学会了不仅按照对物体和情境的直接感知去行动，而且能根据情境的意义和按照自己的主观愿望和想法去行动。游戏可以促进儿童以符号的使用为标志的表征思维能力的发展。3 岁前儿童的思维受具体情境的束缚，进入学前期后，儿童的思维发展虽然有所进步，但还不能立即使思维脱离具体事物，必须借助于一些代替物来使思维摆脱具体事物的束缚，游戏正是提供了这种支柱作用。在游戏中，儿童把棍子当马骑，他明明知觉到的是棍子，但是却把它想象成马，棍子在这里起到了一种支柱作用。其次，游戏创造了儿童的最近发展区。维果斯基提出了最近发展区理论。他认为儿童有两种发展水平，一是现有的发展水平，是儿童独立活动时的水平；二是可能的发展水平，是儿童通过成人的帮助和自己的努力达到的水平，两种水平之间的差异就是最近发展区。儿童在游戏中表现的水平超过他的实际年龄，高于他的日常水平，创造了最近发展区。最后，游戏促进儿童意志行动的发展。维果斯基认为，在实际生活中，儿童往往不能控制自己的直接冲动，但是角色游戏却使儿童成功地实现了对直接冲动的控制，使儿童能够抗拒诱惑和延迟满足。游戏不断地创造一种情境，要求儿童不是按他的直接冲动去行动，而是按角色所需要的行动去行动。因此儿童的自制力产生于游戏之中，对于儿童道德品质的发展也产生积极的影响。

（五）游戏中角色的发展

艾里康宁认为，角色是在儿童与成人的协同活动中发生和发展起来的，实物活动是角色出现的前提，成人的教育影响对角色的出现起着决定性作用。实物活动是指操作物体并掌握社会所规定的物体用途和使用方法的活动。儿童最初只注意到物体的用途和使用方法，游戏动作与具体物体紧密联系。随着儿童对具体物体使用方法的掌握，儿童逐渐形成概括化的动作，并开始模仿成人的活动，也就出现了角色。

角色出现的过程可以分为以下三个阶段：[①]

第一阶段，与成人的协同活动，掌握物体的用法。物体的用法不是儿童自己来掌握的，是由成人教给儿童的，儿童只有在与成人的协同活动中才有可能掌握它们。

第二阶段，最初的动作概括化。成人把物体的用法教给儿童以后，当儿童在游戏中会再现与成人协同活动中所掌握的物体使用方法。例如，儿童用杯子给娃娃喝水，是因为成人做过相同或相似的动作，逐渐地儿童可以用不同的东西如杯子、蛋壳等做出"喝"的动作，也可以让娃娃、玩具动物等做"喝"、"吃"、"睡"等不同动作，但这只是一种似是而非的以物代物的现象，并没有出现一物取代另一物的象征。

---

① 刘焱：《儿童游戏通论》[M]．128～129 页，北京，北京师范大学出版社，2004。

第三阶段，动作的进一步概括化，动作与物体分离，角色萌芽出现。随着动作的进一步概括化，在儿童出生第三年，可用做代替物的物体的范围扩大了，能够用积木、小石子等游戏材料来代替真实的物品，动作与它所依赖的物体分离了，动作越来越概括化，儿童不再简单地操作物体，而是开始模仿人的活动，如医生、护士等的活动。

二、社会文化历史学派游戏理论的评价

（一）社会文化历史学派游戏理论的贡献

1. 强调游戏的发展是儿童与成人相互作用的结果

社会文化历史学派游戏理论从强调游戏社会性本质的立场出发，认为游戏是在儿童与成人的交往中，在成人的教育与影响下逐渐发生和发展的，游戏的发展是儿童与成人相互作用的结果。首先，儿童与成人关系的变化促使游戏的产生。3 岁以后儿童的发展过程的基本矛盾是能力与愿望之间的冲突，一方面儿童独立性与能力在增强，另一方面儿童出现了想参与他还不能胜任的成人活动的愿望，儿童与成人的协同活动关系受到挑战，儿童更喜欢独立活动，希望做成人做的事。游戏，尤其是角色游戏，成为解决这种能力与愿望的矛盾冲突的最好手段。其次，儿童的游戏过程需要成人的引导。在儿童初期，成人可以教给儿童游戏的方法；在游戏成为儿童独立活动形式之后，成人可以为儿童组织各种游戏活动。

2. 赋予游戏以更为积极的重要价值

在游戏和儿童发展的关系问题上，皮亚杰对游戏作用的估计比较消极，认为儿童认知发展决定游戏的发展，而社会文化历史学派游戏理论则赋予游戏以更为积极的重要价值，把它提升到主导活动的高度来认识。该游戏理论认为，主导活动的发展制约着本阶段儿童最主要的心理发展变化，促进儿童的心理过程向更高的发展阶段过渡。在儿童的不同发展阶段，主导活动的类型也不同，游戏，尤其是有主题的角色游戏，是学前期的主导活动。

3. 对于学前教育实践具有重要影响

社会文化历史学派将其游戏理论贯彻在幼儿园教育实践中，把游戏的理论研究与教育的实际联系起来，注意把理论研究的成果运用于教育实践，指导教师组织儿童开展游戏，这是社会文化历史学派游戏研究的特色和长处。尤其是该学派游戏理论非常重视成人对儿童游戏的指导，这一观点在 20 世纪 70 年代以后得到越来越多的认同。在游戏理

论的影响下，苏联学前教育实践中加强了成人对儿童游戏的指导和成人的参与，在游戏中创造着儿童的最近发展区，探索了教师、儿童与教学相互作用的实践。

（二）社会文化历史学派游戏理论的局限性

1. 一些理论观点需要进一步探讨和验证

社会文化历史学派游戏理论关于儿童游戏发展的研究更为细致，提出的儿童的游戏不能脱离社会生活环境，不能缺少成人的影响的观点值得肯定。但是，对于角色游戏社会起源的解释，对于儿童必须在成人的示范、教导下才能改变物体的名称，才能用角色称呼自己的观点，都需要进一步探讨和验证。

2. 过分夸大成人在儿童游戏中的作用

社会文化历史学派游戏理论过分夸大成人在儿童游戏中的作用，削弱了儿童的主体性。儿童的游戏不能脱离社会生活环境，它反映了现实生活，也同样需要成人的指导，然而成人和环境是否在儿童游戏中起着决定性作用，儿童是否需要成人一步一步地教才会游戏，由成人控制的游戏是否还是真正的儿童游戏，这种游戏对于儿童的发展具有多大价值，这些问题都有待商榷。

第六节　游戏理论的新发展

游戏的觉醒理论和元交际理论是近年来西方心理学领域产生的两种新的游戏理论，它们体现了近年来心理学及相关学科的不断发展在游戏研究中的延伸和影响。

一、游戏的觉醒理论和元交际理论的主要观点

（一）游戏的觉醒理论的主要观点

游戏的觉醒理论又称内驱力理论。它的代表人物是伯莱因，他认为，觉醒是中枢神经系统的机能状态，环境刺激是觉醒的重要源泉，当机体缺乏刺激时，机体采取游戏的方式来增强刺激，提高觉醒水平，使机体感到舒适。

内驱力是由机体的需要状态引起的，其功能在于引起行为或给予行为动力。传统的内驱力理论一般只讲生物内驱力，这些内驱力是与食物、水、空气、体温调节等生理需要密切相关的。然而人们观察到，原始内驱力并不能用来解释人和动物的一切行为，人

和动物的许多活动，如探索、调查研究、好奇、游戏、艺术、幽默等，显然与饥、渴等内驱力无关，但是它们对于机体的健康和体内平衡状态的维持，具有同样重要的生物适应的意义。因此人们认为，机体不仅有食物、睡眠、性等需要，还有探索、寻求刺激、理解等需要，在外界刺激的作用下，这些需要可以引起活动的内驱力，儿童的探究和游戏正是活动内驱力作用的产物。

1．环境刺激是觉醒的重要源泉

觉醒（arousal）是游戏觉醒理论的核心概念。觉醒是中枢神经系统的机能状态。或机体的一种内驱力状态。觉醒和两个因素有关，一个因素是外部刺激或环境刺激，另一个因素是机体的内部平衡机制。新异刺激可以激活机体，改变机体的内驱力状态。

2．机体具有维持体内平衡的自动调节机制

中枢神经系统能够通过一定的行为方式来自动调节觉醒水平，使之维持最佳觉醒水平。当外界刺激作用于感觉器官时，感觉器官即对当前刺激进行感知分析，如果当前刺激与过去的感觉经验不一致，即刺激是新异刺激时，就使主体产生不确定性，因而导致觉醒水平的增高，机体就会感到紧张。中枢神经系统有维持最佳觉醒水平的要求，于是就采取一定的行为方式来降低觉醒水平。反之，当刺激过于单调、贫乏时，机体就会厌烦、疲劳，觉醒水平低于最佳状态，于是机体就会去主动寻求刺激，增加兴奋性，使觉醒水平恢复最佳状态。[1]

3．当有新异刺激时机体采取探究的方式来降低觉醒水平

游戏和探究的驱力都是要维持机体的最佳觉醒水平，是机体调节觉醒水平的两翼系统。当有新异刺激时，机体就会产生不确定性，感到紧张，觉醒水平增高，机体采取探究的方式来降低觉醒水平，使机体感到舒适。所谓探究就是直接感知物体，是对物体的知觉属性（形状、颜色等）的反应，是由刺激所控制的行为，回答"这个东西有什么用"的问题。探究的作用在于获得关于外界物体的信息，消除不确定性，降低觉醒水平。[2]

4．当缺乏刺激时机体采取游戏的方式来提高觉醒水平

当机体缺乏刺激时，机体采取一定的方式来增强刺激，提高觉醒水平，使机体感到舒适。游戏是儿童运用一定的材料主动与环境相互作用的活动。在游戏活动中，幼儿运用多种材料和通过多种方式运用材料，是游戏材料的运用过程和概念的巩固过程，回答"我能用它来干什么"的问题。游戏的作用在于寻求新的刺激，提高觉醒水平，避免厌

---

①，②丁海东：《学前游戏论》［M］，302 页，济南，山东人民出版社，2001。

烦、无所事事等不良的状态。

（二）游戏的元交际理论的主要观点

游戏的元交际理论的代表人物是美国人类学家贝特森（Bateson），他认为，游戏是一种元交际，是一种意识与信息的意义交流和理解过程，是一种发展儿童进入人类文化和表征世界必需技能的重要途径。

元交际是一种抽象的交际，是处于交际过程中的交际双方对对方真正的交际意图或所传递信息的意义的辨识和理解。元交际是隐藏在显性交际后面的交际，是说话者显性语言背后暗含的真正意图。元交际是内隐的，以否定和解释为基本框架，依赖于交际双方的关系和对于所传递的信号的辨识和理解。元交际是一种非常重要的社会交往能力。贝特森认为，人类的交际不仅有意义明确的言语交际，而且有意义含蓄的交际，这种意义含蓄的交际就是元交际。元交际依赖于交际双方对于隐喻的信息的辨识和理解，这种隐喻的信息是言外之意或不言之意。

游戏是信息的交流和操作过程，元交际是它的特征。儿童在玩游戏之前需要学会传递游戏的信息，只有当游戏者携带着"这是玩啊"的游戏信息进行元交际时，游戏才能发生。贝特森注意到，当儿童在游戏时，往往用"我们在玩呢"这样的话来说明从事的活动，这同时在说明它"不是真的"或"不是严肃的"。例如一个孩子张大嘴巴，学老虎"啊呜"咬人，但是实际他的动作和表情是在说，"我在咬你，但不是真咬你，我是在假装咬你，我不会咬痛你的。"这种隐喻或"不言之意"正是元交际的对象。再如，雪地上，一个孩子抓了一把雪，出其不意地向另一个孩子掷去，然后停下笑着，等待对方的反应，被雪块掷中的孩子吃了一惊，刚要恼怒，但看到同伴的表情，似乎明白了什么，随即也笑嘻嘻地抓了一团雪块，向对方掷去。于是，两个孩子玩起了雪仗。为什么两个孩子没有真打起来呢？这里有游戏信号的传递与理解的问题。第一个孩子的动作的停顿、脸上的表情实际上构成了一个信号，"这是玩啊！不是真打仗"，它是向对方发送的游戏提议，第二个孩子觉察到了这个信号，并作出了相应的反应，于是游戏就发生了。[①]

元交际的特征不仅存在于游戏中，而且也广泛存在于人类的表征系统中，人类的表征系统常常含有一层隐喻，含有一个否定的解释。例如，对"水果"进行分类时，"水果"一词是指一类具有水果特征的物体，暗含着它不是指某一种特殊的水果，水果类

---

① 刘焱：《儿童游戏通论》［M］，136 页，北京，北京师范大学出版社，2004。

总是与非水果类如蔬菜、粮食等相对。作为一种元交际，游戏是通向人类文化和表征世界的途径，是组成人类文化的现实与基础，正如贝特森所指出，游戏是一种途径，通过这种途径，知道某种东西不是什么，掌握了某物的多层次的概念系统。

二、游戏的觉醒理论和元交际理论的评价

（一）游戏的觉醒理论的评价

游戏的觉醒理论把思维的触角伸到了游戏的生理机制这样一个更为微观的领域，揭示了环境与人的行为的交互作用，也启示我们应当重视幼儿园环境的合理组织。

一般来说，人们总是强调环境刺激的丰富性，但是研究证明，刺激缺乏固然对儿童发展不利，但刺激过多同样也是有害的。如果来自环境的刺激过多，会使机体觉醒水平增高，超出最佳范围，儿童会感到紧张不安，厌恶退缩，不仅会抑制游戏行为，而且会使探究行为刻板、防御性成分增加。所以在组织儿童开展游戏时，应当注意从整体上考虑游戏材料的数量、新异性等因素的组织搭配问题。

游戏的觉醒理论对于做好新生入园的适应工作也有指导意义。当儿童刚入园时，陌生的环境使觉醒水平增高，他会感到紧张、敏感、害羞和退缩，这时教师应安排一些拼插图形之类的智力游戏或认知性成分较高的活动，这些活动更适合于此时儿童的觉醒水平；如果安排诸如象征性游戏等表达、表现因素较多的活动则是不合适的，而且儿童也不容易加入到这种活动中。[①]

（二）游戏的元交际理论的评价

游戏的元交际理论的思路和观点是新颖的，开阔了游戏理论的视野。它打破了游戏是发展儿童重要品质和能力的工具或手段的传统观念，认为游戏本身就是有价值的，它不仅在儿童的发展中起着重要的作用，而且本身就是发展儿童进入人类文化和表征世界必需技能的一种重要途径。

---

① 丁海东：《学前游戏论》［M］，305 页，济南，山东人民出版社，2001。

本章回顾

⊙ 内容小结

- 通过本章的学习，可以了解游戏在语言学、教育学中的含义，了解幼儿游戏与成人游戏的联系；可以掌握剩余精力说、松弛说、前练习说、复演说这些经典的游戏理论的含义、主要观点、贡献和局限性；可以掌握精神分析学派游戏理论、认知发展学派游戏理论和社会文化历史学派游戏理论的主要观点、贡献和局限性；并可以在此基础上了解新发展的游戏理论——游戏的觉醒理论和元交际理论。

- 需要特别注意的是游戏理论的内容。在学习各种游戏理论的内容时，需要多结合各种游戏理论的心理学理论基础，如精神分析学派、认知发展学派和社会文化历史学派的代表人物及其主要观点，联系幼儿游戏的特点及游戏理论的主要观点，以心理学理论为背景分析各种游戏理论的主要观点，并对其进行合理评价、理解。这有助于了解国外儿童游戏研究的理论，有助于建设我国的游戏理论体系。

⊙ 关键词

幼儿游戏　成人游戏　经典游戏理论　精神分析学派游戏理论　认知发展学派游戏理论　社会文化历史学派游戏理论

⊙ 思考练习

一、名词解释

剩余精力说　松弛说　前练习说　复演说　游戏的觉醒理论　游戏的元交际理论

二、简答题

1. 游戏的觉醒理论的主要观点有哪些？
2. 经典游戏理论有哪些贡献？
3. 经典游戏理论有哪些局限性？

三、论述题

1. 结合自身的教育经验，评述精神分析学派的游戏理论。
2. 论述认知发展学派游戏理论的主要观点、贡献与局限性。
3. 论述社会文化历史学派游戏理论的主要观点、贡献与局限性。

⊙ 推荐阅读书目

[1] 刘焱. 儿童游戏通论 [M]. 北京：北京师范大学出版社，2004.

[2] 邱学青. 学前儿童游戏 [M]. 南京：江苏教育出版社，2008.

[3] 丁海东. 学前游戏论 [M]. 济南：山东人民出版社，2001.

[4] 王海英. 解读儿童游戏 [J]. 学前教育研究，2005 (9).

[5] 吕晓，龙薇. 维果茨基游戏理论述评 [J]. 学前教育研究，2006 (6).

第二章

幼儿游戏与玩具

⊙**学习目标与要求**

　　1. 掌握幼儿游戏的结构要素和特征，幼儿园以游戏为基本活动的内涵与意义，玩具的教育特点与选择玩具的原则。

　　2. 重点掌握游戏促进幼儿身体、认知、社会性和情感发展的价值。

⊙**学习重点与难点**

　　学习重点：幼儿游戏结构要素和特征；游戏促进幼儿的认知发展价值、促进幼儿的社会性发展价值和促进幼儿的情感发展价值。

　　学习难点：辩证分析幼儿游戏的特征；理解游戏与幼儿园课程、教学的关系以及如何实现幼儿园以游戏为基本活动。

⊙**学习建议**

　　结合对幼儿游戏的观察与分析，理解幼儿游戏的结构要素和特征，并在此基础上，结合幼儿游戏的实际，认识幼儿游戏对幼儿身心发展的价值，理解幼儿园以游戏为基本活动的意义；结合生活实际，理解玩具的教育特点与意义。

⊙**本章导读**

　　幼儿期，在人的一生中是一个特殊的、极为重要的发展阶段。游戏是幼儿最主要和最喜欢的活动，游戏贯穿于整个幼儿阶段的生长和发展之中。那么究竟具有什么特征的幼儿活动可以称为游戏？幼儿的游戏与成人的相比有什么特别之处？游戏的结构要素是什么？特征是什么？游戏对于幼儿发展的价值体现在哪些方面？为什么幼儿园要以游戏为基本活动？玩具在幼儿的发展中起到怎样的作用？科学、准确地认识儿童游戏的概念及其特征、结构和玩具的特征与意义，不仅具有理论指导价值，而且对我们在教育实践中判断儿童活动的性质，并合理指导儿童的游戏具有重要意义。深刻地理解幼儿园以游戏为基本活动的内涵和意义有助于提高对游戏价值的理解，进一步在实践中正确对待和开展游戏。

第一节　幼儿游戏的基本要素

游戏是幼儿的一类行为或活动现象，普遍存在于幼儿的日常生活中，对于幼儿游戏的结构组成，可以从游戏的可观察的外部行为表现和幼儿游戏的内部心理体验，以及游戏发生的情景即外部条件因素几方面进行分析。

一、幼儿游戏的外部行为表现

我国教育部 2001 年颁布的《幼儿园教育指导纲要（试行）》中指出："教师应关注幼儿在活动中的表现和反应，敏感地察觉他们的需要。"对于游戏中的幼儿，教师可以从其游戏中的表情、动作、活动对象以及言语等游戏的外部表现去进行观察，判断其是否在游戏，也正是根据游戏的这些外在表现形式，我们将游戏进行分类。

1. 表情

在婴幼儿时期，已存在游戏行为。一个微笑、一个傻笑甚至那些和他人互动的方式都表明游戏的存在。在幼儿游戏中，我们最能直接判断幼儿是否处在游戏状态中的一个要素是表情。

当幼儿在一起进行游戏时比如追逐打闹、捉迷藏，面部表情十分相似，仿佛脸上写了一个大大的"玩"字，幼儿正是用这种表情传达一种信息"我们在游戏中"，表情也是与同伴构建起游戏关系的信号。

我们通常所见游戏中的幼儿是兴奋的情绪状态，表情也以欢笑居多。是不是幼儿在游戏中的表情都是笑呢？比如当幼儿玩智力游戏，努力找到解决方法时，他们的表情又是怎样的呢？事实上，幼儿在游戏中的表情不是单纯的一种，而是由多种表情构成的一个正向的情绪连续体。游戏的正向情绪包括专注与认真、平和与轻松、微笑、嬉笑、夸张变形和放声大笑，而愤怒、哭、厌烦、发呆则不属于游戏的情绪。幼儿表情的兴奋性程度由游戏活动的性质决定，例如拼图、玩猜谜等游戏都是认知性成分较强而非嬉戏性成分较强的活动，此时幼儿的表情趋于专注、认真；同时，幼儿在游戏时的表情也取决于游戏的材料，例如玩新异玩具时表情趋于专注、认真，玩熟悉玩具时表情趋于平和、轻松等。无论是专注、认真的表情还是微笑、嬉笑、扮鬼脸（夸张变形）、哈哈大笑，都说明幼儿在游戏中是积极主动的。①

2. 动作

动作是幼儿游戏不可缺少的重要组成，很多时候幼儿通过动作展示游戏的内容。根据幼儿游戏动作的不同性质，可以把游戏动作分为探索、象征和嬉戏三种基本类型，三种类型对应三种不同的动作表现。

（1）探索动作

幼儿期是求知欲最强烈的时期，在幼儿的活动中充满了探索与发现，这同样反映在幼儿的游戏活动中。探索性动作是指探索"当前事物的性质（例如形状、颜色、软硬等）以及事物与事物之间的关系、事物的变化（形状改变、空间位移等）与自己的动作之间的关系的动作，通常是视觉、听觉、触摸觉、本体觉等感知觉的联合活动。"②探索动作常见的有：物体性质探索，如幼儿探索积木的形状、颜色等；物体关系探索，如形状的改变、空间的变换；动作效应探索，如幼儿在打水漂的时候，可以体会用力的强弱与石子远近的关系。

（2）象征动作

幼儿在游戏中的动作和生活中的基本动作不同，尽管在表现上类似，但意义却截然不同，比如游戏中幼儿模仿日常活动中拍球的动作，不是真要玩球，而是为了符合游戏的情景，配合游戏的需要。这种动作就是象征动作，即"在表象作用支配下的想象性虚构性动作"。③

（3）嬉戏动作

嬉戏动作是指故意做"坏事"或用某种动作来取乐，带有幽默、逗乐、玩笑的性质。如幼儿故意把一个皮球砸向另一个幼儿，引起对方的注意以便和他一起玩耍；在老师讲话的时候做出鬼脸，引得全体幼儿哄堂大笑。

3. 角色扮演

"角色扮演是一种特殊的游戏动作，是指幼儿以自身或他物为媒介对他人或他物的动作、行为、态度进行模仿的动作，也可以说是一种象征性动作。"④比如在角色游戏中，幼儿模仿医生给娃娃打针。很多时候这种动作是通过操作物品来实现的。最初幼儿会使用与实物相似性较高的替代物。随着年龄的增加，替代物与实物的相似性减少，通

①　刘焱：《幼儿园游戏教学论》[M]，168 页，北京，中国社会出版社，2003。

②　刘焱：《幼儿园游戏教学论》[M]，62 页，北京，中国社会出版社，2003。

③、④　刘焱：《儿童游戏通论》[M]，170 页，北京，北京师范大学出版社，2004。

用性增大，因此常常可以一物多用，如用一根小棒分别代替筷子、注射器、体温计、梳子、铲子等。幼儿通过角色扮演、模仿和想象，再现自己的现实生活经验，获得满足。游戏中幼儿所扮演的角色，大致有机能性角色、互补性角色、想象的或虚幻性角色三种类型。

4. 言语

当我们观察幼儿游戏的时候，不仅要注意到他们脸上的表情、肢体上的动作，更要留意他们口中的语言，因为语言也是我们判断幼儿是否在游戏的一个重要的依据。游戏中的言语伴随率的高低也可以作为评价儿童活动的自由度以及班级的心理环境质量的一个指标。

幼儿在游戏中的言语，按照功能划分，大致有三种不同的类型：伙伴之间的交际性语言（"我们来玩捉迷藏吧？"）；角色之间的交际性语言（"售票员，我要去动物园，多少钱？"）；以自我为中心的想象性独白（幼儿一边玩一边自言自语："这是妈妈的饭，这是爸爸的饭，这是我的，咦？布娃娃的哪去了？哦，让小狗吃了。"）

5. 材料

游戏材料是幼儿游戏所用玩具和物品的总称，也称为玩具材料。游戏材料是幼儿游戏的物质基础。离开了游戏材料，很多游戏难以进行。游戏材料可以激发幼儿的游戏动机、游戏构思，引起幼儿的联想和行动。有无玩具或游戏材料是判断儿童是否在游戏的一个指标。越小的幼儿越依赖真实性较高的游戏材料。根据刘焱等学者（1995）的研究发现，许多大班幼儿用"玩就是玩玩具"来定义"玩"。

综上所述，当我们去判断幼儿是否在游戏时，可以从幼儿的表情、动作、言语和游戏材料等几方面来综合考虑，可以说这几方面构成了游戏的外部框架。

二、幼儿游戏的内部心理体验

幼儿游戏的内部心理体验是指幼儿在游戏中产生的主观感受或心理体验，它是游戏不可或缺的重要心理成分，影响幼儿对游戏的兴趣和态度。作为活动主体的幼儿在游戏中产生的内部心理体验就是游戏性体验，游戏性体验是一种沉醉性体验、愉悦性体验、超越性体验和自由性体验。只有游戏性体验才是游戏者内在的，且在游戏过程中实实在在想要的。游戏性体验对于一种活动是否是游戏至关重要。

一般认为，游戏性体验有以下几种主要成分。

（1）兴趣性体验

幼儿通常说起游戏时都会说"有意思"、"好玩"。这种有意思的活动充分吸引了幼儿的注意，引发他们参与的欲望，这种被吸引、迫不及待的心理状态就是兴趣性体验。兴趣性体验是游戏性体验的不可缺少的成分，没有这种体验，游戏不再有意思，幼儿也不会再继续游戏。

（2）自主性体验

游戏之所以有磁铁般的吸引力，源于游戏的自由，这种自由的享有者是幼儿。幼儿自己决定什么时候开始游戏，什么时候结束，玩什么游戏以及怎么玩，和谁玩，等等。谈及游戏，幼儿的心理状态总是放松的，因为他们是游戏的主人，持有这种"权利"所引起的体验就是自主性体验。自主性体验是幼儿游戏性体验的重要成分。

（3）胜任感体验

胜任感又称成就感，是一种对自我能力的判断。胜任感体验的产生在于主体知觉到当前任务与自己的能力之间有合适的差距。在游戏中，幼儿总是能通过不断尝试，找到适合自己能力与兴趣的游戏内容和方式方法，获得满足感和自信心。因此，游戏使幼儿获得的胜任感和成就感是游戏过程给幼儿的自然奖赏，也是幼儿喜欢游戏的原因之一。

（4）幽默感

幽默感是一种特殊的情绪取向，是指一种由嬉戏、玩笑、诙谐等引起的快乐感受。幼儿的幽默感有一个发生、发展的过程，最初的幽默感来源于嬉戏性行为的偶然结果，如当熟悉的情景或行为程序出其不意地出现了一种让幼儿觉得有趣新奇的因素时，幼儿会马上重复这种新的因素，表现出一种故意取乐的倾向。以后随着幼儿知识经验的丰富和认识能力的提高，逐渐能够将语言、电视中的幽默用于游戏。[①]

（5）驱力愉快

如果说幽默感是幼儿心理层面的感觉，那么驱力愉快是指一种生理层面的感觉，游戏中的生理快感主要是由于身体活动的需要和中枢神经系统维持最佳唤醒水平的需要得到满足之后产生的。在游戏中幼儿可以随意变换动作与姿势，可以使中枢神经系统的机能状态调整到最佳水平。[②]

在一种活动中，兴趣性体验、自主感体验和胜任感体验都是不可缺少的最基本的成分。游戏性体验是游戏活动不可缺少的重要因素。判断幼儿是否在游戏，关键在于幼儿

---

① 刘焱：《儿童游戏通论》[M]，173 页，北京，北京师范大学出版社，2004。

② 刘焱：《幼儿园游戏教学论》[M]，78 页，北京，中国社会出版社，2003。

的活动体验是否是游戏性的。游戏性体验是一种正向的情绪体验，或快乐体验，对幼儿的游戏起着积极的强化作用。

三、幼儿游戏的外部条件

幼儿游戏的内部心理体验固然重要，但要依靠一定的外部条件得以实现。游戏的外部条件主要指成人为幼儿营造的物质环境及游戏的心理氛围。这种心理氛围的营造不仅反映成人对幼儿游戏的认识，更是尊重的态度，使游戏的权利回归于幼儿，让幼儿真正成为游戏的主人。

1. 幼儿对游戏享有自由选择的权利

游戏是幼儿的自主性活动，是非强迫的活动。要使游戏的本质特征得到体现，成人就要尊重幼儿的意愿，给幼儿自由选择游戏的权利。幼儿可以选择自己喜欢的游戏，选择自己喜欢的玩伴。他们选择的游戏，可能是一些成人认为没有太多乐趣的游戏，也可能是一些已经玩了又玩的游戏，但却是他们喜爱玩的。成人要创造条件保证幼儿的这种自由意愿的实现，例如，为幼儿游戏的展开准备相应的材料，保证数量的充足，种类上的丰富等。

2. 游戏的难度与幼儿的能力水平一致

如果游戏对于幼儿来说没有任何新颖性，这时幼儿会产生厌烦的情绪。相反，当幼儿认为游戏的难度与要求远远高于自己的能力，那么他们就会变得担忧和犹豫不决。只有游戏的难度与幼儿的能力相适应，在幼儿的最近发展区内，游戏才能给幼儿带来真正的愉悦与满足，产生胜任感。

3. 游戏中不以最终的结果为目的

如果说一定要给幼儿的游戏加上一个目的的话，那么这个目的就是游戏本身。幼儿不需要考虑游戏以外的结果，正如德国哲学家马丁·海德格（Martin Heidegger）说："儿童为什么要游戏呢？儿童游戏就因为他们游戏。'因为'二字在游戏中消失了。游戏没有'为什么'。儿童在游戏中游戏。"[①] 幼儿在活动中是否寻求或担忧外部奖惩，与教师干预幼儿游戏的策略有关。如果教师经常使用外部奖惩手段来刺激或鼓励幼儿游戏，久而久之，就会造成幼儿对外部奖惩手段的依赖，而缺乏活动的内在积极性与主动性，同时也会造成心理气氛的紧张。

---

① 郑也夫：《游戏人生》［M］，40 页，海口，海南出版社，1997。

因此，在游戏过程中，教师要把对幼儿活动直接的、外部的控制降低到最低程度，尽量减少对幼儿游戏内容、方式方法的直接干涉，发挥幼儿作为游戏主体的内在积极性。

第二节　幼儿游戏的特征

游戏是幼儿最喜欢的活动，游戏符合幼儿身心发展特点，能引起幼儿兴趣，给幼儿想象的空间。

一、主 动 性

游戏符合幼儿生理和心理发展的需要和发展水平，是适应幼儿内部需要而产生的。幼儿期正处在身心迅速发展时期，他们的体力日趋增强，他们的思维能力、想象能力有了一定的发展，他们的语言交往能力和活动能力增强了，他们对周围的事物感兴趣，对活动感兴趣，在游戏活动中表现积极主动。幼儿从事游戏，是出于自己的兴趣和愿望，由于游戏形式、材料和过程符合幼儿身心发展要求，使他们对游戏产生兴趣，主动去进行游戏。在游戏中，幼儿的各种活动几乎没有什么限制，他们可以自由地充分活动，从中得到快乐和发展。

幼儿游戏的动机主要源于主体的内在需要。幼儿是否主动地进行游戏，是判断活动真正成为游戏的一个标准。在幼儿游戏中，游戏的形式、材料以及游戏的开始、结束都应由幼儿自己掌握，按照他们自己的意愿、体力、智力来进行。正因为游戏是幼儿主动的活动，幼儿在游戏中的态度是积极的。如果游戏是由教师来精心安排的，幼儿只是在不得已的情况下，被动地参加游戏，担任某一角色，从表面上看，幼儿是在参加游戏，实际上幼儿并没有真正地游戏，他们认为是在完成教师布置的任务，也就失去了游戏的积极性。所以，只有充分尊重游戏者的心愿，发挥游戏者的主动性，才是真正的游戏。当然，幼儿在游戏中，会受到环境条件以及成人和同伴的影响，完全的主动是比较少的。但是在游戏过程中，这些影响和要求易于为幼儿所接受，易于转变为幼儿自己的愿望和动机。游戏必须具有主动性的特征，使幼儿在游戏活动中表现出能力和实现自己的愿望，从成功和创造中获得愉快。

二、虚 构 性

游戏是在假想的情景中反映真实的活动，具有明显的虚构性。这是游戏的一个突出特点。幼儿的游戏是现实生活与想象活动结合的结果。游戏离不开想象，想象既不能完全脱离现实，也不能原原本本地复制现实。游戏中幼儿通过扮演角色（如扮演医生看病、司机开车、售货员卖货），模仿成人的语言动作，利用各种象征性游戏材料反映现实生活中的人和事以及相互之间的关系，比如把棍子当马骑、把树叶当菜吃、让小朋友假装成医生、骑在椅子上一动不动假装开火车等。在游戏中也可以超越现实，按照他们的想象改变现实。他们一会是"妈妈"；一会又是"教师"；一会是"炊事员"，一会又是"驾驶员"。缺少道具时，一块积木可以当电话，也可以当面包，可以是肥皂或者任何一样需要的物品，以便毫不为难地持续他们的游戏。游戏的这种假想性特点，使幼儿可以不受具体条件的限制，不受时间和地点的限制，把想象中的情节发展下去。没有假想，游戏就无法进行。正因为游戏的虚构性特点，孩子的想象力、创造力才能充分表现。手里若有一根竹竿，孩子一会把它当"枪"，用来瞄准"敌人"，一会又用它当"马"骑，奔跑向前。幼儿在游戏中，内在现实超越了外在现实，物体的日常意义被忽略，而取代以游戏中新的意义。通过象征与转换，幼儿在游戏中完成了从心理现实到社会现实的对接。

三、兴 趣 性

兴趣既是一种积极探究事物的认知倾向，也是一种由于强烈的乐趣吸引而产生的倾向，就像植物的趋光倾向一样。游戏之所以受到幼儿的普遍欢迎，从根本上说是由幼儿身心发展的特点决定的。首先，幼儿高级神经活动过程的特点是兴奋强于抑制。幼儿通过不同区域兴奋的迁移来解除疲劳，对幼儿来说游离于活动的抑制意味着必须付出更大的努力。所以，幼儿活泼好动，喜欢灵活多变的游戏，并在游戏中经常迁移游戏行为。其次，幼儿大脑皮质的不成熟使幼儿的认知简单而具体，受小脑控制的情绪活动起主导作用，使得受皮质活动支配的自制力包括控制自己情绪的能力较低。因此，幼儿的活动和行为受情绪化的兴趣支配。兴趣滋生动机。幼儿是天生的"兴趣主义者"。

游戏的兴趣性是通过游戏的内容、游戏的形式、游戏的情节反映出来的。兴趣性包含在游戏之中，游戏能调动幼儿的积极性，对幼儿有强烈的吸引力。兴趣性是游戏活动独有的特点，正是游戏的这一特征给幼儿的精神和身体带来舒适、愉快，使他们喜欢游戏。游戏与其他活动不同，它不是强制性的社会义务，也没有实用的社会生产价值，它是一种娱乐活动。它以本身的"有趣"激起幼儿良好的情绪和积极从事活动的力量。如表演木偶戏《拔萝卜》，幼儿在游戏中，自由自在地活动，心情舒畅，沉浸在欢乐的气氛中。这时是幼儿接受教育的最佳状态。如果游戏呆板无趣，他们很快就会终止或转移目标。在幼儿不感兴趣时进行教育，必然是无效的。所以兴趣性是游戏的必要条件，因为"有趣"才吸引幼儿主动参加，并在游戏过程中获得愉快和发展。在幼儿那里，首先吸引他们的是饶有趣味的游戏过程，随着年龄的增长，幼儿逐渐对游戏的结果感兴趣。教师可根据幼儿的这种特点，正确地进行指导。

四、形 象 性

形象性是游戏的又一个特点，游戏的形象性体现在声、形、动、情之中。在游戏中幼儿扮演着社会各阶层人物，模仿他们的动作、语言和表情，充分创造人物的形象，他们感到十分亲切，仿佛像真实生活一样。游戏以生动的形象来反映现实生活，强烈地吸引着每个幼儿，满足了幼儿的需要。比如"餐厅"的角色游戏要求扮演服务员的幼儿穿好服饰后先站在餐厅门口，如果发现没有"顾客"主动上门便拿起菜谱到处跑去招揽顾客，并且要把"顾客"点的菜及时报给"厨师"，"客人"上门要主动摆盘子和倾听"顾客"需求，等等，这些游戏行为都是现实生活的写照，通过游戏使幼儿形象地感受成人世界的活动内容。形象性还体现在游戏道具的形象性。如"拔萝卜"游戏中，为扮演萝卜的幼儿准备的道具是镶着亮边的红衣服、红裤子，绿色的大帽子（代表萝卜叶子）；在"小兔乖乖"游戏中提供漂亮的小兔房子、大树，大灰狼毛茸茸的尾巴等。这些形象的道具对幼儿来说无疑有着巨大的吸引力，激发了幼儿参与表演的愿望，提高他们参与游戏的积极性、主动性。

第三节　幼儿游戏的价值

小孩子生来是好动的，是以游戏为生命的。游戏是幼儿的第一心理需要，幼儿从事、喜爱游戏几乎是与生俱来的。游戏融合了多方面的发展潜能，可以切实地满足幼儿发展的需要，并对幼儿的发展具有重要的价值。国际儿童游戏权利协会（International

Play Association，IPA）1961 年创建于丹麦，它明确提出，要为幼儿提供游戏的时间和空间，保证幼儿游戏的权利，这已成为国际上的共识。国际儿童游戏权利协会于 1990 年 6 月在日本东京召开了第十一届大会。这次会议的主题是"游戏与教育"，强调游戏是幼儿的正当权利，没有游戏就没有幼儿的发展，应该面向 21 世纪的需要充分发挥游戏的教育功能。作为幼儿教育工作者，必须充分认识游戏的价值，把游戏与培养 21 世纪所需人才联系在一起，把游戏与幼儿身心健康发展紧密联系在一起。许多研究都表明，游戏对幼儿的身体、认知、情感及社会性的发展具有重要的意义。

一、游戏促进幼儿的身体发展

陈鹤琴先生早就指出，幼儿教育的第一任务就是保证幼儿的健康和身心的正常发育。的确，幼儿正处在生长发育的重要时期，身体各器官和组织尚未成熟，抵御病毒侵袭的能力较低，因此需要进行特别的保护和锻炼。在幼儿园里，老师们通过组织幼儿上早操、体育课等活动，提高幼儿各器官系统的生理功能和动作协调性、准确性。这些做法都是值得肯定的。但需要指出的是，作为促进幼儿身心健康发展的重要手段——游戏，常被一些家长和教师忽视，甚至弃于教育手段之外。

幼儿的身体发展是指幼儿身体的生长发育、身体基本动作和技能的发展、身体协调能力的发展和身体适应能力的发展，它是幼儿全面发展的基础。

（一）游戏促进幼儿身体的生长发育

幼儿身体各系统器官的生长发育包括形态结构与生理机能的发展变化，可以用身高、体重、头围、胸围、脉搏、血压、肺活量等作为测量指标。专门的体育游戏对促进幼儿身体的生长发育效果显著。现代儿童体育专家黄世勋"关于体育游戏促进幼儿生长发育的实验研究"表明：活动性游戏能促进幼儿生长发育，促进幼儿骨骼、肌肉系统的发育，提高其身体机能。实验班的幼儿在身体的各项指标中的得分均好于对比班。这就为游戏对促进幼儿生长发育具有重要作用提供了依据。在我们的生活中也发现，身体健康的幼儿比身体不健康的、营养不良的幼儿更喜欢游戏。我们经常会这样说一个孩子"玩得满头大汗，身体特别结实"。游戏可以使幼儿身体各器官得到活动和锻炼，促进幼儿大、小肌肉的运动，促进骨骼、关节的灵活与协调。幼儿在不同的游戏中，变得强壮、健康；在与外界环境的多方面刺激中，变得反应迅速而敏捷；在欢快的游戏中，掌握各种技能，增强了对外界环境的适应能力。游戏为幼儿身体的正常发育提供了许多必要的动作和运动的机会，锻炼了幼儿的身体，增强了幼儿的体质。①

（二）游戏促进幼儿身体基本动作和技能的发展

幼儿的游戏总是与身体运动和肢体动作的练习密切相关的。幼儿在游戏中会反复练习各种基本动作，如抓、爬、滚、跑、跳、攀登、投掷等。这些运动不仅能促进他们骨骼、肌肉系统及体内新陈代谢和运动机能的发展，还可使幼儿动作的协调和控制能力得到提高。特别是游戏给幼儿提供了大量的操作活动机会，既促进了幼儿小肌肉精细动作能力的发展，又刺激了大脑的运动中枢，使神经细胞功能得到迅速发展，为幼儿智力发展提供了生理基础。如"跳房"游戏中，有单腿跳、双腿跳、夹包跳、踢包跳等多种玩法，根据幼儿的年龄特点选择玩法，可锻炼幼儿的跳跃和平衡能力。

幼儿早期主要是进行感知运动游戏，他们是单纯地为了运动的快乐而不停地运动，他的游戏是对愉快的身体运动的重复，是目的在自身的运动形式。此时幼儿的所有游戏都包括动作的成分，天然地具有促进身体运动能力，如大肌肉、小肌肉以及全身运动协调性发展的潜能。

进入幼儿时期，幼儿主要进行大肌肉运动游戏和小肌肉运动游戏。爬、跑、跳、钻、攀登等类体育游戏，能够锻炼幼儿的大肌肉活动能力。如幼儿玩的"老鹰捉小鸡"游戏，为了防止被"老鹰"捉到，扮演"小鸡"的幼儿就必须在"母鸡"的带领下躲避"老鹰"的追捕，同时，"老鹰"也必须努力追捕"小鸡"才能获胜。在游戏中，幼儿不断地跑、跳、闪，这就为幼儿的身体发展提供了许多必要的动作和运动，使幼儿的四肢肌肉的协调和灵活性得到发展。幼儿游戏时总是活跃的，身体各器官组织处于高度兴奋状态，身体各部分协调动作，幼儿身体各部分不断发育并走向成熟，各种生理机能不断增强并协调发展，这对幼儿的发育和成长具有重要作用。另外插塑、搭积木、穿珠等游戏，能够发展幼儿的手部小肌肉活动能力，促进幼儿眼手协调技能的发展，可以为幼儿以后学习书写等奠定基础。

（三）游戏促进幼儿身体动作协调能力的发展

运动能力发展过程的基本问题是如何控制运动。运动控制与协调能力的发展对于复杂的规则游戏以及体育运动来说都是必要的基础。幼儿在游戏时总是多次重复一种运动，而且，他又总是用各种不同的方法来玩这种运动，因此游戏对于运动控制与协调能力的发展具有积极的意义。

---

① 邱学青：《学前儿童游戏》［M］，42 页，南京，江苏教育出版社，2008。

在运动控制的学习过程中，幼儿必须学会进行两个控制，即运动的一致性和运动的一贯性。运动的一致性是指幼儿熟练掌握一套动作技能，如行走、抓握等；运动的一贯性是指幼儿在不同情境中灵活地运用这些具有一致性的动作技能，如在各种不同的地面上行走，或既能接住一个球也能接住一张纸。前一种控制是后一种控制的基础。自身运动的协调（如眼手协调、姿势控制等）和自我运动与他人运动的协调（如传球时根据对方传球的位置和速度对自己的动作作出适当的调整）是运动有效性形成的关键因素。幼儿总是喜欢在马路牙子上走，在弯曲的小路和坑坑洼洼的小路上走。当他在不同的地面上走的时候，正是在进行多样性的探索，他的动作也变得更为熟练和灵活。

（四）游戏促进幼儿身体适应能力的发展

幼儿身体适应能力的发展，包括机体对外界环境的各种变化，如冷、热、干燥、潮湿、风雨、噪声等的适应能力以及机体对各种疾病的抵抗能力和病后恢复能力。

在户外进行的游戏使幼儿直接接触到充足的阳光、新鲜的空气，增强了幼儿对环境变化的适应能力，促进幼儿的身体健康。许多游戏活动都是在户外进行的，例如，利用自然材料进行的玩泥巴、玩水游戏。阳光、空气等自然因素对幼儿的健康大有益处。如老鹰捉小鸡、跳皮筋等游戏活动量大，适合冬春季玩，幼儿在游戏中能提高神经系统和运动系统的生理技能，加强自身的调节能力，增加对一些疾病和气候变化的抵抗力和适应能力。

游戏给幼儿带来愉快和满足，愉悦的心情是幼儿身体健康所必需的。情绪与人的身体健康有密切关系，长期处于紧张或焦虑等不良情绪状态，会造成食欲减退、消化不良、心跳加速、血压和呼吸不正常等疾病。游戏最适合幼儿的生理和心理特点，幼儿在游戏时总是快乐的，轻松愉快的情绪对幼儿的身心健康发展有积极作用。

二、游戏促进幼儿的认知发展

认知能力是幼儿心理品质的重要部分，它包括感知能力、记忆能力、想象能力和思维能力等。游戏活动能够加速幼儿智力发展进程是有充分科学根据的。活动促使大脑释放出亮氨酸脑啡呔。经常活动，大脑内的核糖核酸可比平时增加 10% ～ 20%。核糖核酸具有促使脑垂体分泌神经激素，即内啡呔包括脑啡呔组成的蛋白分子，医学上称为记忆分子。它可兴奋大脑神经细胞，加快神经细胞之间的信息传递，使大脑思维敏捷，保持其记忆机能，进入最佳的工作思维状态。所以大脑的记忆功能与人体运动机能之间存在着互相影响和促进的内在联系。游戏中的动作、情节、玩具和游戏材料符合幼儿认知的特点，能够唤起幼儿的兴趣，激发幼儿积极地进行思维、想象和创造等，使幼儿在轻松愉快的氛围中发展智力。

（一）游戏能丰富幼儿的知识，培养其学习能力

1. 游戏能丰富幼儿对事物的认识

游戏能够丰富幼儿对事物特征、事物之间关系以及事物之间相互作用的认识，使幼儿形成初步的概念。

游戏的过程是一个自然学习各种知识的过程，这种学习是幼儿建立在好奇心基础上的，由自己观察和探索来得出结论的学习，是一种主动的发现式的学习，这也是当代教育家倡导的最有价值的学习。美国心理学家、教育家布鲁纳（Bruner）认为，学习者自己所发现的知识才是最重要和最富于独特的个人特点的知识。幼儿在游戏中获得的知识经验为他们以后的概念学习打下了必要的基础。人生早期所获得的经验越丰富，就越有助于日后概念的掌握。

美国心理学家马斯洛（Maslow）和罗伊德（Lioyd, 1972）指出：儿童早期是奠定智力发展基础的令人兴奋的、有效的时期，游戏的过程正是智力发生的非同一般的、特殊的过程。幼儿在游戏的气氛中与环境相互作用，能够在客体与观念之间形成一些独特的关系和联想，而这些客体与观念在受限制的同化思维中通常是难以形成任何关系和联系的。通过在游戏中的操作，幼儿开始注意到所摆弄物体之间的相似性与不同点。当幼儿发展到水平较高的阶段，具有抽象思维的萌芽时，游戏中遇到并操作的物体就有助于他们学习分类，使简单的类别与概念得到发展。例如，幼儿玩水时，感知水的流动、溶解、浮力等特性，以及小桶、水壶等工具与水的关系；幼儿玩滑梯时，通过爬上和滑下的身体运动，体验着高低变换的感受，理解着"高"、"低"、"上"、"下"等方位概念。

皮亚杰认为，儿童在游戏中主要获得物理知识和数理逻辑知识。物理知识是指反映事物本身性质的知识，如物体的形状、大小、质量、密度、色彩等；数理逻辑知识是指反映事物之间关系的知识，如数概念和空间概念就属于这一类，数字反映的是事物之间的数量关系，而空间概念反映的是事物之间的空间方位关系。幼儿在游戏中获得的这些知识和经验，可以支持和帮助幼儿解决问题，特别是幼儿能够发现自己的动作与物体的变化之间的规律。他可以对同一物体作不同动作，对不同物体作同一动作，尝试进行动作—物体、手段—目的之间的多种联结，探索解决问题的最佳可能性，这是游戏经验有助于幼儿的解决问题能力的重要原因。

2. 游戏能够丰富幼儿的社会性知识和经验

幼儿通过社会性游戏，如联合游戏和合作游戏等，与同伴和教师进行交往，在群体中获得有关日常生活、文化、政治等各种社会性知识，获得社会性交往的体验，懂得交往的规则，掌握交往的技能等，这是幼儿发展所必需的知识前提和经验基础。如幼儿学习《小兔乖乖》这篇故事，教师为加深幼儿对故事的理解，请幼儿分别扮演自己感兴趣的角色，如大灰狼、小白兔、兔妈妈。再分组练习，配合音乐，布置情境场地。最后评出最优秀的一组，并说出故事的含义，不相信坏人的话，不要给坏人开门。给幼儿时间和空间，充分发挥自己的想象，亲身融入游戏中去，体会其中的奥秘，感受其中的乐趣。游戏不仅提高了幼儿的学习积极性和学习效率，而且通过游戏内容幼儿初步感知了世界中的善与恶的复杂性，懂得了要相互关心，理解了妈妈的辛苦。另外，通过角色分配，幼儿也知道游戏中需要相互配合，需要适当牺牲自己的利益以成全集体活动。

3. 游戏能够加深幼儿对周围事物的认识

无论是游戏中的物体操作，还是角色扮演，都是对现实生活的反映，幼儿在游戏中把自己对生活的认识和感受充分表达出来，并且时常重复，使幼儿对周围事物的认识得以加深和巩固。在游戏中，幼儿按照自己的兴趣和愿望去接受外部环境的信息，并进行加工，使之适应自己的内部图式，来认识世界，促进认知发展。同时游戏给幼儿提供了各种机会，使幼儿获得和巩固知识（如两块小积木合起来等于一块大积木），锻炼和发展智力，如在游戏中幼儿需要观察、感知、比较、分类、回忆、想象；在遇到新情景时，要解决新问题，进行各种智力活动。游戏又提供了一种安全和自由的气氛，减轻甚至没有压力，使幼儿置身于有趣的无拘束的天地中去学习、去发展，这是其他活动所不具备的。专门的智力游戏，如"听听这是谁"、"配对"及"分类"游戏，更能有目的地发展幼儿的各项智力。在游戏中幼儿开始推理，开始发展逻辑思维的能力，他们的词汇量增加了，他们开始发现数的关系和科学上的事实。如幼儿在认识自然界的天气和季节时，可通过游戏"四季晴雨表"来巩固和加深学生对晴天、雨天、阴天、刮风、下雪及春、夏、秋、冬的理解。在游戏中，幼儿要运用语言表现游戏的情节和内容，交流思想。比如在"摸一摸"的游戏中，幼儿随着教师的口令摸头、鼻子、眼睛、嘴等，一边游戏一边形象地理解、认知五官的名称和位置。幼儿在玩"球"和"圆"的同时，发现球体可以朝任意方向运动。教师拿出实物5个苹果，让幼儿在操作、摆弄5个实物的同时，理解认识了"5"及"5的分解、加减"等。

总之，游戏使幼儿增进了对周围事物的认识，获取了物理知识、数理逻辑知识和社会性知识，并在动手操作与思维的过程中，加深了对事物的认识，增长了知识。所以，游戏是幼儿认识世界和改造世界的途径，是获取知识的有效手段。

（二）游戏促进幼儿思维能力的发展

幼儿的游戏活动始终伴随着他们积极的思维活动，任何一种游戏活动的进行都为幼儿思维能力的发展提供了机会和条件，幼儿通过思维活动的内部操作获得了游戏的经验，同时也提高了幼儿的思维能力。尤其是心理学的研究已经证实了游戏经验有助于幼儿想象力、创造力和问题解决等能力的发展。

1. 游戏为幼儿提供积极思维的机会

在强调幼儿主动性和创造性的游戏中，幼儿需要不断地进行思考、不断地解决问题。在游戏中幼儿的思维不断活跃起来，尤其是计算游戏、语言游戏、猜谜语等智力游戏更能促进幼儿积极思考。

例如，在"医院"的角色游戏中，幼儿首先要自由分配医生、护士和病人的多种角色，然后要思考每种角色的职责。扮演医生的幼儿要决定给病人吃什么药、打什么针等；扮演护士的幼儿要有针、药，要知道怎么注射；扮演病人的幼儿要把自己当成生病的小朋友，要假装身体哪个地方不舒服。

2. 游戏促进幼儿具体形象思维和抽象逻辑思维的发展

幼儿的游戏过程总是伴随着感知、概括、注意、记忆的思维过程，幼儿正是在这样的思维过程中发展具体形象思维和抽象逻辑思维的。幼儿在游戏中运用和发展具体形象思维，他的思维过程主要包括三个步骤：①通过对当前事物外形特征的感知分析，概括出基本的特征；②将头脑中事物的形象与眼前的形象进行比较、分析，找到它们的相似之处，然后进行概括；③以它们之间的相似性为支柱，用不在眼前的物体意义来代替当前刺激物的真实意义，即意义转换。这种具体形象思维的发展暗含着幼儿抽象逻辑思维的萌芽，为文字等高级象征能力的掌握奠定基础。

象征游戏是幼儿从具体思维向抽象思维过渡的重要途径。象征性游戏中以物代物的形式是记忆、想象、思维等多种心理成分参与的心理过程，如幼儿以半边皮球当帽子，首先对当前刺激物（半边皮球）的外形特征进行感知分析，发现它与不在眼前的物体（帽子）的相似之处。以此为支柱，把不在眼前的物体的意义（帽子）来命名当前刺激物（半边皮球），这包括知觉、原有信息的重组、意义的转换（假装）、想象等心理过程。幼儿在象征游戏中扮演不同角色，使用各种游戏材料，使象征性心理功能得到发展，促进感知向思维过程过渡，大大促进幼儿智力的发展。

3. 游戏促进幼儿发散性思维的发展

游戏，尤其是象征性游戏，与幼儿的发散性思维有着密切的关系。发散性思维是一种从已有信息中产生大量变化的独特的新信息的思维方式，要求对问题寻求尽可能多的答案，思维具有流畅性、变通性和精致性三种特性。游戏能够促进幼儿发散性思维发展的原因在于，游戏可以使幼儿变换各种方式来对待物体，不仅扩大了幼儿与材料之间相互作用的机会，也使幼儿的思维方式变得灵活而不刻板。

美国心理学家邓斯克（Dansky）和席尔曼（Silverman，1973）首次对儿童游戏与发散性思维能力之间的关系进行了研究。他们以 90 名 4～6 岁的幼儿为被试，男女各半，将其等分成三组，即游戏组、模仿组和控制组，让各组幼儿进行不同性质的活动。结果发现，三组幼儿在举出各种物品标准用途（如用螺丝刀拧螺丝、用夹子把卡片夹起来都是标准用途）的数量上无显著差异，但游戏组在举出各种物品非标准用途（如用餐巾纸把螺丝刀包起来，用夹子夹杯子都是非标准用途）的数量上远远高于其他两组。这就说明幼儿在游戏中更能够打开思路、迅速思考，善于牵引已有经验，并且在这种思维过程中表现得更加自由、放松。

4. 游戏促进幼儿解决问题能力的发展

《幼儿园教育指导纲要（试行)》中提出，应密切联系幼儿的实际生活，利用身边的事物与现象作为探究的对象，尽量创造条件让幼儿参加实际的探究活动，使他们感受科学探究的过程和方法。感受探究的过程就是解决问题能力形成的过程。解决问题的能力是指综合运用已有的知识和认知能力，对一个不熟悉的问题情景进行分析，寻求解决办法的心理活动能力，它是认知能力的重要部分。20 世纪 70 年代，布鲁纳等以 3～5 岁的学前幼儿作为被试研究了游戏对幼儿解决问题能力的影响。结果表明，在游戏组和观察原理组，能够解决问题的人数非常接近。在完成这项指定任务的过程中，自由游戏组幼儿比其他各组有较明确的目标，有较好的主动性和坚持性，游戏可以为幼儿提供没有压力，但需要坚持性和毅力的良好的解决问题的环境，这也是幼儿解决问题的心理条件。在游戏环境中，有利于孩子思考问题和处理问题，并取得成果。可见游戏能促进幼儿解决问题能力的发展。[1]

（三）游戏促进幼儿想象力和创造力的发展

1. 游戏促进幼儿想象力的发展

虚拟性或象征性是游戏的普遍特征，并以"假装"或"好像"为标志，给幼儿提供自由想象的充分空间，促进幼儿想象力的发展。幼儿在游戏中不仅以物代物，而且可

---

[1] 邱学青：《学前儿童游戏》[M]，30 页，南京，江苏教育出版社，2008。

以一物代多物或多物代一物，不仅自己扮演角色，而且可以自己扮演多个角色或多人扮演同一角色。幼儿在游戏中进行多种想象，这些想象从物到人、从动作到背景都极富创造性，甚至成人想象不到的他们也能想象到。

例如，幼儿会把自己想象成火车司机，把小椅子或积木想象成一节节的车厢，把其他小朋友想象成乘客。他会把自己想象成老师，跟其他小朋友进行游戏，批评不遵守纪律的小朋友，表扬表现好的小朋友。他会把一种物品想象成多种物品来使用：枕巾可以当棉被，也可以当衣服；床可以当舞台，也可以当医院；棍子可以当马骑，椅子也可以当马骑；可以当司机，也可以当警察等。在游戏中，幼儿展开想象的翅膀在自己创造的世界中飞翔。

当然，教师也可利用游戏有意识地培养幼儿的想象力。例如，可以通过讲故事、看图片、看录像和实地参观等方法，开阔幼儿的视野，丰富其知识经验。在此基础上给幼儿提供一些现成的游戏材料，如积木、布娃娃等，也可提供一些经过清洁处理的废旧物品，如冰棍棒、小瓶子、小盒子、树枝、线绳、纸等作为游戏用的辅助材料，让幼儿在"过家家"、"开医院"等角色游戏中，"盖房子"、"建公园"、"拼动物"等结构游戏中，展开丰富的想象，动手动脑，体验和创造生活，从而使幼儿的想象力得到初步的、良好的发展。

2. 游戏促进幼儿创造力的发展

福禄倍尔认为，儿童有这样的本能：在孩子身上存在着活动的冲动和建造的冲动。他认为，游戏是内心的需要和冲动的内部表现，是儿童的天性，正是在游戏中，最能表现儿童的创造性和自动性。在游戏中，孩子的各种潜藏的能力会一一被激发出来，最能表现儿童的创造力。幼儿在想象过程中发展了创造性想象的能力，它是幼儿创造力发展的重要基础，因而游戏也能促进幼儿创造力的发展。

美国心理学家亨特（Hutt）在1966—1970年进行了一系列关于幼儿好奇心和探究的研究，研究发现好游戏与创造能力存在正相关。她为3~5岁的幼儿设计了一个他们从没见过的新异玩具，并根据幼儿对这个新玩具的反应，把他们分为无探究精神者、探究者、创造性探究者（好游戏者）三种类型。四年后，研究者对这些被试（7~10岁）进行创造性测验，研究表明，当年的创造性探究者在创造性上的得分均高于探究者和无探究精神者。这就说明善于在游戏中发挥想象力、勇于探索和创造的幼儿为未来发展奠定了良好的创造性基础。

（四）游戏促进幼儿语言的发展

在游戏过程中，语言自始至终地伴随着游戏的进行，游戏为幼儿提供了语言实践的良好机会。布鲁纳认为最复杂的语法和言语符号往往最先被幼儿在游戏情景中使用，在游戏活动中语言掌握得最快。加维指出幼儿之间的语言交往最初是围绕游戏进行的。他观察发现 3 岁幼儿就能在游戏中进行言语交往，交往的时间随着年龄的增长而增加。另外还有一些研究表明：语言运用的复杂程度与幼儿的游戏水平、年龄及家庭社会经济地位有关。比如中产阶级家庭幼儿更多地参与角色游戏，在游戏中有更多的语言交往，使用的句子更长，名词、形容词和量词的使用频率高，词汇量大。[1]

游戏是轻松、愉快的，在这种氛围中，孩子可以较为自由地表达出自己的想法和愿望。在角色游戏中，幼儿借助言语的交流来丰富和完善游戏，实现对社会生活中人们行为准则的模仿和再现，在与其他游戏成员的交往中他们发展了语言，同时建构和运用了一些生活中常用的礼貌用语。在表演游戏中幼儿把自己的生活经验与游戏内容结合，用自己的话来表达故事情节，锻炼和发展了幼儿的语言表达能力。在语言游戏中，孩子的吟唱、富有创意的改编有助于充分感知语言的韵律，从语音、语法规则、语义等方面理解语言。

三、游戏促进幼儿的社会性发展

生活于社会中的人需具备良好的社会适应能力，而这种能力的获得是与幼儿早期的社会交往水平密切相关的。幼儿社会交往对学习能力、社会适应能力方向影响的研究表明：一般情况下，幼时交往水平低的幼儿，学习能力和社会适应能力均不高；相反，交往水平高的幼儿，其学习能力（成绩）、社会适应能力均较好。[2] 该项研究告诉我们，应在幼儿期就重视幼儿的社会性发展。幼儿的社会性发展是幼儿从自然人转化为社会所要求的人，涉及幼儿学习如何与别人友好相处、分享、助人和合作等社会性技能，学会自己解决人与人之间的关系问题。

幼儿出生以后，在环境和教育的影响下，在参与社会生活的过程中，他们的社会性逐步得到发展，他们学习与他人进行交往，学习建立人际关系，如亲子关系、同伴关系和师幼关系，学习按社会行为规范去行动。学前期幼儿正处于从"自然人"向"社会人"转变的时期，是社会性发展的关键阶段。幼儿期的主要社会活动形式是游戏，幼儿是通过游戏开始探究周围世界、认识社会生活、体验人与人的相互关系的，因此游戏对幼儿的社会性发展具有重要意义。

---

① 邱学青：《学前儿童游戏》［M］，26 页，南京，江苏教育出版社，2008。
② 袁爱玲：《当代外国幼儿教育》［M］，147 页，北京，农村读物出版社，1989。

（一）游戏为幼儿提供了社会交往的机会，发展了幼儿社会交往的能力

1. 幼儿在游戏中熟悉周围的人和事，了解他人的想法、行为和情感

游戏是幼儿交往的途径。当陌生的幼儿想要彼此成为朋友时，往往都会这样对对方说"我是某某，我们来一起玩吧"。于是交往借助游戏展开了。通过游戏活动，特别是社会性游戏活动，幼儿实现与同伴的交往活动，并形成他们的社会性行为。与同伴交往的活动构成了幼儿实际的社会关系网络，使幼儿逐渐熟悉、认识周围的人和事，了解自己和同伴的想法、行为、愿望和要求，理解他人的想法、行为和情感。例如，幼儿在游戏时，要对游戏的主题、情节、规则、玩法进行交流，协商由谁来扮演什么角色，怎样来布置背景和使用玩具等共同完成游戏活动。在角色游戏"娃娃家"中，幼儿商量分配角色，有当妈妈的，有当爸爸的，有当奶奶的，每个幼儿各尽其责，形成一个小集体的共同活动。在这个过程中，幼儿学习相互配合，发展了同伴之间团结友好的关系。

值得注意的是，对于那些性格孤僻、喜欢独处的幼儿，教师更需要付出多一些爱护与关心，为他们创造一些有利于社会能力提高的环境。如在分组游戏时，可把他分到交往能力比较强的组里，使其有机会模仿到积极的社会行为。

2. 幼儿在游戏中掌握交往的规则，学习分享、谦让、合作等社会交往技能

交往技能是发起、组织与维持交往活动的能力。以游戏为主要形式的同伴交往活动，可以促进幼儿社会能力的发展，使幼儿有机会学习与掌握各种社会交往技能。孩子的游戏常常离不开游戏伙伴。在与游戏伙伴的交往中，孩子懂得了如何表达自己的意愿以及如何回应他人，以游戏材料为媒介，学习分享、协商、轮流、谦让、公平竞争、忍耐等交往规则。例如，在游戏中，幼儿有时会碰到一些因玩具或角色分工而引起的矛盾，比如两个人同时想玩同一样玩具，自己想去玩别人手里的玩具，或者别的小朋友要自己手里的玩具玩。通过成人的引导，幼儿能够用商量、有礼貌的口吻向同伴借玩具，并说"谢谢"，幼儿也愿意和同伴一起玩心爱的玩具，不独占玩具等。

（二）游戏有助于幼儿克服自我中心化，学会理解他人

自我中心化是幼儿在社会交往过程中表现出来的思维特点，教育应引导幼儿克服自我中心化。自我中心化是由皮亚杰提出的观点，它是指幼儿的一种思维特点，幼儿往往只是从自己的角度出发看问题，以自己的想法、体验、情感来理解周围现实的人和事，不能理解他人的观点、想法与情感。皮亚杰认为，以平等互惠为基础的伙伴交往是幼儿克服自我中心思维的重要途径。美国心理学家罗森（Rosen）对幼儿进行了社会性表演游戏训练，目的在于揭示游戏在帮助幼儿克服"自我中心"，学会从别人角度看问题过

程中的作用。实验结果表明：实验组比控制组更能做出较好的符合人物身份的选择。这就证明社会性表演游戏中的角色扮演使孩子能在游戏中把自己当别人（角色）来意识，这时，他既是自己，又是别人，在这种自我与角色的同一守恒中，幼儿有了角色意识，并能根据角色需要去扮演别人，逐步理解别人。游戏特别是角色游戏对幼儿从他人角度看问题的能力的发展中起着重要的作用。游戏能为幼儿建立良好的社会人际关系打下基础。通过游戏，幼儿从不同的角度去考虑问题，发现自我与他人的区别，克服自我中心化。比如幼儿在游戏中扮演各种角色，必须按角色需要的身份及其情感体验来行动，把自己当做别人来意识，他既是"别人"，也是自己。在自我与角色同一守恒中，他溶化了"别人"的经验，把自己摆在别人的位置上，从以自己为中心，转变到以他人的角度来看待问题，发现了自己与别人的不同，学会发现自我，使自我意识得到发展。

在游戏中，幼儿通过不断扮演不同的角色，掌握一些社会行为规范，逐渐摆脱"自我中心"意识，能学习不同角色间的交往方式：娃娃与长辈，医生与病人，营业员与顾客等。从中学到一些解决矛盾纠纷的能力，学习调节自己的行为，获得初步的群体意识与合作精神。同时，游戏活动中，同伴间的冲突常常不可避免，每一次冲突的产生以及解决为幼儿经验的积累、心理的发育都提供了机会。正是在一点一滴的交往中，幼儿明白了怎样与人相处，也慢慢地开始习惯于遵循一些行为规范。

（三）游戏使幼儿学习社会角色，增强社会角色扮演的能力

1. 游戏使幼儿实现了性别角色的认同

在幼儿对"我是谁"开始有了初步的概念之后，性别意识开始成为幼儿自我意识发展的一个重要部分。幼儿对生理上的性别认识一般容易掌握，能够明确地知道自己是男孩或女孩。但是随着幼儿的成长，幼儿还需要在心理上理解性别的概念，理解自己在社会行为中扮演相应的性别角色，这就是我们所说的性别和性别角色认同。在幼儿游戏中，常常是女孩子当"妈妈"，男孩子当"爸爸"，很少有男孩子当"妈妈"的。当孩子扮演同性别的成人角色时，他就在思想上对自己和同性别的成人角色之间的相似程度进行了概括，实现了认同。在扮演角色的过程中，通过对成人行为、态度的模仿，逐渐习得与自己性别相应的行为方式，开始了性别角色的社会化过程。

2. 游戏使幼儿理解了社会角色的特征

每个人的一生都需要承担多种角色，这些角色是随着社会生活范围的扩大而出现的，如在家里是儿子，在幼儿园是小朋友，进入学校后是学生，长大后会成为丈夫、爸爸、教师。社会角色的承担者的行为要符合社会规定或认同的标准，这就要有一个学习和掌握的过程。如果社会角色的学习不良，就会导致个体产生与其角色不相符合的非角色行为，就难以适应社会生活。例如，在学校肆无忌惮、为所欲为就是一种非角色行为。游戏是幼儿学习和掌握社会角色的一个途径。在游戏中，幼儿可以扮演多种不同的角色，在这个过程中，幼儿理解了社会角色的特征。

3. 游戏使幼儿增强了社会角色扮演能力

社会角色的承担者的行为要符合社会规定或认同的标准，这不仅需要个体理解社会角色的特征，还要具有社会角色扮演的能力。游戏为幼儿提供了多种角色扮演的机会、丰富的角色扮演情境，使幼儿能模仿不同角色的语言、行为和神态，逐渐掌握角色扮演的技能，这有助于幼儿在今后的现实生活中将自己对角色的理解展现出来，从而实现角色的转换，增强社会适应的能力。

(四) 游戏有助于幼儿掌握社会行为规范，形成良好的道德品质

1. 游戏有助于幼儿形成亲社会行为

亲社会行为有广义和狭义之分。广义的亲社会行为是指所有那些被人肯定的，或其动机在于得到他人赞许的行为，如友好、助人、分享等，它是一种互惠行为，是道德发展的基础。狭义的亲社会行为是指道德行为。对于幼儿来说，更适宜采用广义的含义。它主要表现为幼儿的友好、谦让、分享、合作、助人等行为，是幼儿道德品质发展的前提和基础。符合社会行为规范的行为是有不同层次的，包括亲社会行为、遵守规则的行为和道德行为，其中亲社会行为是幼儿道德行为产生的基础。在角色游戏中，幼儿通过扮演角色，模仿现实生活中人们的行为，从而形成亲社会行为。例如，在"医院"游戏中，医生见病人走进医院，关心地问："您哪里不舒服？"当诊治以后，对病人叮嘱："记得按时吃药，多喝水。"

2. 游戏有助于幼儿理解和遵守规则

规则是一种限制与约束，同时又是对人的利益与安全的保障和维护，公平与互惠是规则的基础。理解规则的意义并学会遵守规则是幼儿道德行为发展的心理基础。幼儿对规则意义的理解不是直接教学的简单结果，幼儿必须在实际生活和活动中逐渐认识规则的意义，并学会遵守规则。游戏都是有规则的，有些是内隐的规则，有些是外显的规则。游戏以其生动活动、自由自发的特点吸引着幼儿，使他们在游戏中更愿意、更积极主动地理解和遵守规则。

3. 游戏有助于幼儿形成良好的道德品质

在形成亲社会行为和遵守规则的基础上，幼儿通过与人交往、扮演角色，模仿社会生活中人们的文明行为，形成良好的道德品质，产生道德行为。幼儿在无拘无束的游戏中，潜移默化地认识什么是应该做的，什么是不应该做的，通过对是非、善恶、美丑、真假的判断，掌握文明的行为规范，形成良好的品德。例如在角色游戏中，幼儿能认识和体验到医生与病人、长辈与晚辈之间的关系，理解关心别人、尊敬长辈、团结同伴的文明规范。这样，幼儿在日常生活中碰到与游戏相似的情景时，就会按照游戏中的做法来支配自己的行为。比如玩过"给老人、孕妇让座"游戏的幼儿，在生活中遇到老、弱、病、残、孕及抱小孩的乘客时，可能就会主动去给他们让座。

（五）游戏有助于幼儿增强自制力

意志是个性的重要构成因素。在现实生活中行动的果断性、对无意义行为的自我控制能力、遵守规则、克服困难等意志品质，是幼儿社会性构成的重要方面。游戏是磨炼意志的场所，在游戏中幼儿为了达到某种目的，需要遵守一定的规则，克服一定的困难，这样就逐步培养了幼儿的自制力和勇敢的精神。例如，在"老狼老狼几点了"的游戏中，当老狼的幼儿在回答几点钟时不能回头看，其他幼儿只有听到老狼说"天黑了"或"十二点"时，才能转身往回跑。游戏为幼儿提供了大量的让幼儿依靠自己的努力克服困难的机会。

苏联学者马卡连柯用 3～7 岁的幼儿为被试做实验说明了用游戏来培养幼儿的坚持性等意志品质是十分有效的。实验中主试要求被试的幼儿在空手的情况下保持哨兵持枪站岗的姿势。实验设置了两种情境：游戏情境和非游戏情境。游戏情境中实验者以游戏的方式向被试提出要求："工人"在"工厂"包装糖果，被试的幼儿来当哨兵，站在旁边为保护工厂而站岗。非游戏情境：其他小朋友在一边玩，让被试的幼儿在旁边站着。结果表明：在游戏情境中幼儿坚持站立不动的时间，远远超过非游戏条件下站立不动的时间。这就说明幼儿虽然自制力差，意志行动尚未充分发展，但在游戏中，幼儿却表现出较高水平的意志行为，游戏能培养和锻炼幼儿的意志。

四、游戏促进幼儿的情感发展

情绪和情感是客观事物是否符合人的需要而产生的态度体验。幼儿的情感发展是指学前儿童情绪的分化、情感的丰富与发展的过程，它是学前儿童发展的重要组成部分。

情绪直接指导着幼儿的行为，愉快的情绪往往使他们愿意学习，不愉快的情绪则导致各种消极行为。积极的情绪可以提高活动效率，起到正向推动作用；消极情绪则会降低活动效率，甚至引发不良行为，起着反向推动作用。幼儿出生时就具有多种基本情绪，具有适应环境的基本功能，这些基本情绪在后天逐渐显露与分化，并且随着幼儿的身心发展与交往活动范围的扩大以及教育要求的逐渐提高，在基本情绪的基础上，逐步衍生出道德感、同情心、成就感、美感等高级社会情感。学前期是幼儿情绪情感发展的重要时期，幼儿此时在生活中获得的各种情绪情感对成年以后的心理生活的健康有着重要的影响。游戏是一种轻松、愉快、充满情趣的活动，它不仅能够给幼儿以快乐，而且也可以丰富和深化幼儿的情绪情感，陶冶幼儿的性情。

（一）游戏丰富幼儿积极的情绪情感体验

幼儿在游戏中按自己的意愿，自由自在地活动。游戏为儿童提供了表达各种情绪的安全场所，能保障儿童心理的卫生和健康。在轻松愉快的游戏气氛中，容易通过自我的努力而成功，从而产生愉快和满足；在游戏中幼儿积极主动地活动，没有强制的目标，减少了为达到目标、完成任务而产生的紧张，游戏满足了幼儿的需要和愿望，幼儿便产生快乐、欢笑、自信、满足等积极的情绪。虽然我们在幼儿游戏中经常听到"好像"、"假装"等词，但儿童在游戏时产生的情感永远是真诚的，孩子不会作假，也不会装样子，"妈妈"真心爱着自己的孩子，"飞行员"由衷地关心怎样更好地使飞机降落。

美国心理学家辛格（Singer，1990）对 3～4 岁幼儿进行了为期一年的研究发现：经常玩假装游戏或者有假想伙伴的幼儿在游戏中有较多的微笑和欢笑，坚持性和合作性较好，较少出现攻击行为，也较少出现愤怒和悲伤。对年龄稍大幼儿的研究也发现，富于想象的幼儿较少莫名其妙地发火、攻击他人，较少冒失、冲动，更容易分清想象与现实的区别。而有研究表明：情绪障碍幼儿在其游戏中表现出混乱和刻板的特征，他们在游戏中表现出不合群、焦虑，且容易受到心理压力的影响，出现攻击性和冲动性，不能担任帮助他人的角色，他们在幻想游戏中要从"我"转移到自我以外，转移到假想的其他人的角色也很困难，由此人们认为：幼儿不能发展想象型游戏标志着严重的病理症状。[①] 因此游戏可以给幼儿提供体验积极情绪的机会。

---

① 邱学青：《学前儿童游戏》[M]，39 页，南京，江苏教育出版社，2008。

（二）游戏发展幼儿的成就感，增强自信心

成就感，又称胜任感，它是一种与自我概念相联系的情绪情感，是主体对自己力量与能力的认识与体验，是一种正向的积极的情感。成就感与游戏具有密切的联系，成就感体验是游戏性体验的基本构成要素，幼儿只有在游戏中产生了成就感体验，他才可能真正进行游戏，因此幼儿游戏的过程总是伴随着其成就感的产生过程。

在游戏中，幼儿享有充分的自由选择、自主决策的权利，可以根据自己的想法和愿望来行动，这可以使幼儿更容易产生成就感。例如，幼儿在游戏中可以任意摆弄物体，表现人物的形象，反映自己对生活的认识。幼儿学会了滑滑梯、用积塑搭出了一架"飞机"，这些都会使幼儿体验到成功的快感和自己的能力。同时，幼儿在游戏中没有任何来自外界的压力和强迫，幼儿的情绪是放松的，这可以使幼儿更容易正确地对待输赢，克服困难去解决问题，重新获得胜利和成就感。例如，当幼儿利用游戏材料作出成果时会产生自豪感，享受到成功的快乐。如果失败了，幼儿也不会产生负担，还可以在重新游戏的过程中努力获得成功。

（三）游戏发展幼儿审美情趣和情感

马克思曾指出，人类是按照美的规律来建造世界的。因此，一个全面发展的未来社会需要的建设者，不仅要有高尚的品德、丰富的知识、健全的体魄，而且还应具有健康的审美情趣和一定的审美能力。优美的审美情趣可以导致对科学事业的热爱，对知识和真理的渴望与追求。许多幼儿的启蒙教育就是从画画、唱歌、跳舞、背童谣等审美活动开始的。

19世纪初，福禄倍尔也是从培养幼儿审美感受能力入手，给幼儿提供各种不同的"材料"，使幼儿在玩耍这些"材料"时去观察、欣赏、感受美的存在，从而获得了关于颜色、形状、数量、大小等概念。后来的教育家对他利用游戏让幼儿掌握知识、发展审美能力的做法都给予了充分肯定，并积极效仿、倡导。现在，随着人们早期教育观的转变，即由盲目培养"神童"转向全面提高幼儿素质，使得越来越多的家长和教师开始意识到通过引导幼儿观赏美丽的风光、倾听悦耳的音乐、学跳优美的舞蹈等活动，培养幼儿欣赏美、创造美的能力。但目前还很少有人去注意游戏的审美价值，更少有意识地利用游戏活动来培养幼儿的审美情感。

幼儿在玩具的选择和使用、环境及场面的布置等方面都感受到了美，特别是音乐游戏、表演游戏对幼儿感受美、表现美的能力发展有着更为重要的作用。音乐是情感的艺术，幼儿在音乐游戏中时常会获得丰富的美与丑、善与恶的情绪体验。"小兔乖乖"中兔妈妈的唱段唤起了幼儿温柔、亲切的情感；"狼来了"的音乐则引起幼儿对凶残者的敌视；"小兔识破狼的诡计"的乐曲，又给幼儿带来了胜利的喜悦。表演游戏，则要求幼儿按角色表现出自己爱憎的态度。如表演动物游戏时，幼儿从故事情节里感受到了老牛的勤劳，绵羊的善良，大象的厚道；认识到狐狸的狡猾，野狼的凶残，老鼠的贪婪……这样就使得幼儿懂得了什么样的行为是好的，什么样的行为是坏的，增强了辨别真假、善恶、美丑的能力。这些游戏都有助于培养幼儿对自然、社会、艺术的审美能力，发展幼儿的美感。

（四）游戏可以消除幼儿消极的情绪情感

人的情绪情感具有"两极性"：愉快的和不愉快的。人不仅有积极的、正向的情绪情感，也有消极的。人的各种情绪情感，都需要得到表现。消极的情绪情感（如焦虑、紧张、愤怒、妒忌等）如果长期受到压抑而得不到缓解与释放，就会影响人的心理健康。游戏为儿童提供了表现自己的各种情绪的安全途径。从消极情绪的释放与环节来说，游戏对于情绪发展的独特作用在于它们可以修复"受损伤的心灵"。

游戏是幼儿表达自我情感的自然媒介，幼儿在玩的过程中有机会发泄郁积起来的紧张、挫折、不安、攻击性、恐惧、迷惑和混乱等情感。幼儿通过游戏发泄自己郁积的感情，并由自己加以控制和扬弃。例如，本来孩子很怕打针，但通过玩"医院"游戏，孩子给娃娃打针，宣泄不愉快的回忆，从而减少了心理压力，使幼儿的心理处于健康的状态。"游戏治疗"的理论与实践已经证明了游戏是幼儿宣泄自己不良情绪的一种重要形式。通过游戏，他们对那些引起自己愤怒的思想有了较好的理解和认识后，就能心平气和地接受这些思想。

案例

游戏治疗法

案例描述：

维维长得身强力壮，虽然只有5岁，但个头超过了同龄人。他爱打架，力气大，邻里及幼儿园的孩子都打不过他。他爱挑起事端，小朋友们都躲着他。老师家长反复批评他，他口头答应不再打人，但是，自我约束能力太差，一会憋不住劲，又去打人。每天妈妈去幼儿园接他，都有小朋友告状：他又打了谁，或是毁坏了谁的东西。妈妈苦口婆心地教育他，甚至惩罚他，试图矫正他的打扰行为，但无济于事。

维维为什么总想打人呢？妈妈说不清楚，维维自己也说不清，我们只能从妈妈的陈述中分析判断维维具有攻击行为。儿童的攻击行为仅靠说教、惩罚去矫正，往往难收成效，因为具有攻击行为的孩子逆反心理很强，他们不爱受约束。如果我们采用适合他们年龄特点的游戏方法对他们进行矫正和治疗，则具有神奇的效果。于是，我们建议维维接受游戏治疗。

● 角色游戏

维维这样年龄的儿童缺乏用语言表达内心感受的能力，如果我们像和成人进行咨询谈话那样与他交谈，很难询问出他内心深处的东西。于是，我们采用角色游戏，让他扮演母亲、父亲、老师及挨打的儿童，让他在角色扮演中来体验角色，宣泄情绪，表达愿望。我们也从中了解他原有的与社会化过程中的个性。"你一点都不听话，不让你动杯子，你非动，打碎了吧，这个杯子妈妈花5元钱买的，妈妈要累死累活干半天才挣到5元钱，你这孩子！"维维在扮演父母角色，体会父母的心情、价值观，还结合了前卫的经济教育。

● 模仿游戏

这种游戏主要是通过模仿活动，发展维维的自我意识，培养他的自我约束能力。具体方法是：让维维站在落地镜前，跟着我们做动作："将双臂伸展，前方，上方，下方，左方，右方，旋转"等。在一般情况下，像维维这种富有攻击性的孩子，活动时反应很快，动作也能准确地模仿，但当他的情绪被活动激起时，他就会过分地兴奋和激动，他总是难以控制自己的动作和约束自己的行为，生活中一激动就爱打人。所以，做模仿角色游戏时，一旦维维行为失控，教师应立刻进行干预，并对他进行指导，直到他能够控制自己。为了增加维维模仿的兴趣，我们还配以音乐，让他模仿舞蹈动作。

● 画画游戏

这一游戏的目的是帮助维维利用实物控制自己的动作和行为。具体做法是：首先指导维维用手指画画，帮助他学会控制自己的动作。维维起初毫不犹豫地伸手就画，乱涂乱抹，动作一发不可收拾，以至失去控制，将颜色涂得到处都是，纸上、桌子上，甚至墙壁上、衣服上。因此，画画时，要随时提醒他不要过于兴奋，必要时我们和他手把手地画，约束他的动作，或者抓住他的双臂，使他平静下来。经过一段时间的训练，他能够有意识地控制动作，规范画画。接下来让他练习用手掌涂色，先用铅笔画好轮廓，然后用手指，最后用手掌涂上颜色画。

当他能较好地控制自己的动作时，让他练习在画板上画，这比起用手指、手掌涂抹起来是一个更需要控制自己动作的活动。为了避免最初的困难，开始时让维维把画板放在桌子上面，循序渐进地增加画画的难度。具体做法是：

①在画纸上画好框框，指导维维用画笔沾上颜色在框内画，不得画出界外。

②将画板竖起来放在架子上，让维维站在画架前面画。

③让维维超越框框的限制在整个画板上随意画画。这种游戏活动重点不是激发和鼓励维维如何去进行想象和创造，而是帮助他通过画画活动学会控制自己。

● 象征性游戏

用小型玩具做一些短小而带有情节的象征性游戏，让维维在游戏中约束自己的行为。具体做法是：让维维戴上面具，讲一个自己编的故事。维维在众多面具中，挑了一个狮子，维维讲狮子吃小动物还吃人，讲着讲着便开始扔东西、砸玩具，我们开始干预，提醒他约束自己的行为，并向他提示故事情节，狮子很凶，但你有办法管住狮子，如何管呢？维维开始编训练狮子的想象故事，训练狮子规范的活动也就等于训练了他自己。

● 规则游戏

打弹子、玩扑克牌、下棋、投球等游戏，具有竞赛的性质和固定的规则，让维维做这样的游戏，提高他遵守规则的自学性。以往他在班里和其他小朋友做规则游戏时，时常破坏规则，谁要求他遵守规则，他就打谁。有意识地让他做规则游戏，如他遵守规则，奖他多玩一次，并让他看喜欢的动画片 10 分钟。维维喜欢做规则游戏，但兴奋时，时常犯规，受罚时又着急，跳着脚喊，"快开电视。"经过一段训练后，他能够自觉遵守规则，减少犯规次数，直到完全自觉地遵守规则。

游戏治疗需要家长密切配合，许多游戏活动，维维的家长要先学会，然后回家指导维维做游戏，同时也请一些小朋友合作，和维维一起做游戏，增加维维的游戏兴趣，并且让他在与小朋友的合作中，接受小朋友的监督，学会约束控制自己的行为。

经过一段时间的游戏治疗后，维维打人的不良行为没有了。同时，他非常喜欢做游戏，特别是喜欢与其他幼儿一起做游戏，并且他还能主动提醒别人遵守游戏的规则。小朋友们不再躲避他，反而喜欢他，乐意和他一起玩。

本案例改编自：无锡市后宅中心幼儿园：《儿童攻击行为的游戏治疗》[EB/OL]，http：//www.wxhzyey. com/Readnews. asp？newsid＝241。

从这个案例中我们可以发现，游戏可以让幼儿学习与他人进行交往，学习建立人际关系，学习按社会行为规范去行动。通过角色游戏、模仿游戏、画画游戏、象征性游戏、规则游戏让幼儿改掉不良行为，和小朋友建立起融洽的关系，并且在游戏中能遵循游戏规则。具体表现在如下方面。

角色游戏的作用：第一，角色游戏有助于语言能力的发展。游戏情境中需要幼儿之间相互沟通，说符合身份特征的语言。第二，有助于社会性的发展。游戏中的角色扮演和对现实人际关系的反映，有力地推动了幼儿的社会化过程，促进了良好品德和行为习惯的形成。第三，在角色游戏中，幼儿的独特的想象活动为幼儿创造性的发挥和发展开拓了广阔的空间。

模仿游戏的作用：模仿游戏可以使幼儿通过模仿，发展自我意识，培养他们自我约束的能力。

画画游戏的作用：这一游戏的目的是帮助幼儿利用实物控制自己的动作和行为。

象征性游戏的作用：约束幼儿的行为，发展其想象力。

规则游戏的作用：第一，帮助幼儿建立良好的规则意识。规则意识和习惯的养成在幼儿期甚为关键，规则意识的建立不是靠说教和硬性规定就可以做到的，游戏是培养规则意识最好的途径和手段。第二，培养幼儿的竞争意识。规则游戏具有竞争性，当游戏双方按照一定的规则进行游戏时，双方的关系往往具有竞争性。这种竞争可以在锻炼幼儿抗挫能力的同时，逐渐增强他们的竞争意识。第三，发展幼儿的思维能力。在游戏情境中遇到的问题，有益于激发幼儿思维的积极性。第四，帮助幼儿控制情绪，培养自制力。由于规则游戏具有规定性，通常又是两名以上的幼儿进行，因此游戏规则的执行必然带有监督性，否则，就可能产生冲突，使游戏无法进行下去。所以，幼儿在整个游戏过程中要学会控制自己的情绪，严格遵守游戏的规则，久而久之，幼儿的自制力就会得到锻炼和提高。第五，培养幼儿的意志品质。规则游戏需要思考，需要遵守一定的规则，需要一定的时段并具有延续性，幼儿在游戏中始终都要对自己有一定的要求，如坚持游戏不中断、注意力要集中、不违规、不急躁等规则。第六，促进幼儿社会性的发展。在规则游戏中，要求幼儿之间首先要形成和发展一定的社会关系，在幼儿的每一个环节，幼儿面临社会性和认知的互动问题。

总之，各种游戏的共同作用使维维经过一段时间的游戏治疗后，不良行为消失了，更为让人满意的是他喜欢上了游戏，喜欢与同伴进行游戏，同时在游戏中还能发挥积极的作用，维维与同伴之间的关系获得了优化。这个案例告诉我们，教师或其他成人要善于在活动中发现与辨别孩子的情绪，并从这些情绪中分析幼儿的内心情感世界。同时，要注意幼儿的个别差异，对不同的孩子采取不同的方法，对幼儿采取积极的情感引导，减少消极情感的产生。

综上所述，游戏是幼儿身心全面发展的重要途径，对幼儿身体、认知、社会性和情感各方面的发展都具有积极的促进作用。同时，游戏价值的充分发挥需要教师的科学指导。

第四节 幼儿园以游戏为基本活动

游戏是学前教育的主导活动，是适应幼儿的身心特点，培养和发展幼儿个性化、社会化、创造力等有效的教育方法。但相当多的家长和部分幼儿教师并不真正了解幼儿的发展和学习特点，对游戏的教育价值缺乏高度的认识。他们错误地认为游戏是幼儿无意识地消磨时间的玩耍，并以"业精于勤而荒于嬉"、"勤有功，戏无益"为由，限制甚至反对幼儿游戏。有些家长常以孩子在幼儿园识了几个字、会唱几支歌、能解几道题等知识内容作为衡量老师教得好坏、孩子学得如何的标准，把教师组织孩子做游戏视为"哄孩子玩，不务正业"。正是由于不正确的幼教定位，才导致今日幼儿教育"小学化"的错误倾向不断蔓延。游戏在学前教育活动中已经被大量的、生硬的、功利化的接受性学习所替代，成为学习之余单纯的娱乐活动。

游戏与教学的严重错位对幼儿天性的展现、创新能力的培养等综合素质的启蒙都将产生不良影响。要改变这种现象，必须改变我们的教育观、知识观和学习观。理清游戏与学前教育教学中课程、教学等相关概念关系，深入认识游戏在学前教育当中不可或缺的价值和地位，对我们充分发挥游戏对学前儿童发展的作用具有重要的现实意义。

一、游戏与幼儿园课程的关系

（一）幼儿园课程的基本概念

人们对课程内涵的看法是不一致的，概括起来国外比较有代表性的观点有三种：第一种认为课程是"学校提供给学生的教学内容或特殊材料的一种综合性的总计划"；第二种认为课程是"学习者在学校指导下获得的一切经验"；第三种认为课程是"一种预期学习结果的结构化序列。"目前在国内比较有代表性的看法主要有如下三种：第一，课程即教学科目；第二，课程即有计划的教育或教学活动；第三，课程即学习经验。

若我们把课程理解为"教学科目",强调系统知识的传授。在这种课程观指导下，人们或者忽视游戏，对游戏置之不理；或者只重视游戏形式，忽视游戏实质。教学过程就被看做是传授这些系统知识和技能的过程，教学活动追求的目标是使幼儿能够模仿或记住这些知识技能，"上课"自然成为教学的主要甚至唯一的途径。为了提高课堂教学的效果，游戏就被作为一种教学方法，辅助教学的进行，这主要是利用游戏能调动幼儿学习的积极性。由于学习内容对学生来说是外部力量规定他们必须接受的东西，而不是他们自己感兴趣的东西，因此教师就想方设法采用各种技巧为幼儿提供"有益的学习经验"。

如果我们把课程理解为"幼儿园为幼儿所安排的一切活动"或"教育活动的总和"，那么，游戏作为幼儿园的"基本活动"必然成为幼儿园课程的重要组成部分。游戏是幼儿园课程本身的"内容"而不是"形式"，成为幼儿园课程的结构因素。虽然这种课程观比较有利于游戏，但是如前所述，这种课程观是以课程的外延而不是以内涵来定义课程的，没有反映课程的本质特征。

在这里我们认为，把课程理解为"学习经验"是比较妥当的，因此把幼儿园课程定义为：根据幼儿园教育目标为幼儿设计和组织的、有益于其身心健康和谐发展的全部学习经验。"经验"不仅仅是指"知识"或对于外部事物的认识，还包括关于外部事物的信息、人的认知结构、情感态度与技能等在内的复合性构成物。[①]

(二) 游戏与幼儿园课程的关系

对幼儿园课程内涵的认识直接影响到游戏与幼儿园课程的关系。从"学习经验"的角度看，游戏是构成幼儿园课程的"内容"。"学习经验"可以从不同的维度来划分。可以以学科为维度来划分，如现在比较流行的把幼儿园课程划分为健康、科学、社会、语言、艺术等广域课程的做法；也可以幼儿发展的内容（如身体、认知、社会、情绪情感、语言等）为依据来划分；还可以幼儿活动的性质或类型来区分，所以才有如"生活课程"、"游戏课程"等不同的课程提法。幼儿在游戏过程中不仅可以获得与学科或与幼儿身心发展有关的学习经验，而且游戏活动本身的方式方法就是幼儿学习的对象与内容，应当被看做幼儿园课程的"内容"，纳入幼儿园课程应当为幼儿提供"有意义的学习经验"的范围中去。

从"经验的获得"的角度来看，游戏是幼儿的基本活动，是幼儿获得"有益的学

---

① 刘焱：《幼儿园游戏教学论》[M]，268 页，北京，中国社会出版社，2003。

习经验"的重要途径。在教师的支持、帮助与引导下，幼儿在游戏中可以获得各种有益身心健康和谐发展的学习经验，是幼儿园课程实施的基本途径。因此从这个意义上说游戏是幼儿园课程的形式。

如果把幼儿园课程理解为实现幼儿园教育目的的手段，为帮助幼儿获得有益的学习经验，促进其身心全面和谐发展的各种活动的总和，那么强调的不仅是幼儿活动本身，更强调活动对幼儿的意义。这样游戏既是课程的内容，也是课程的实施途径，游戏重在对幼儿主体性的培养。游戏不仅是幼儿园课程的重要组成部分和实施的重要途径，而且游戏也具有生成课程的重要功能。根据幼儿在游戏活动中表现出来的学习兴趣与需要，教师可以建构新的课程，使课程自然生成于幼儿的游戏活动之中。

因此，游戏蕴涵了丰富的幼儿园课程价值。游戏是一种适宜于幼儿心理发展规律的活动形式且游戏本身就是课程的内容。没有游戏，幼儿就不可能实现真正的全面发展，也就无法实现幼儿园课程价值。同时，游戏并不是作为幼儿身心诸方面的发展途径才显示其重要性的，游戏本身是幼儿所需要的，幼儿的发展、生活不能没有游戏。缺乏了游戏的幼儿园课程是不完美的，没有游戏的幼儿园课程是不合理的。游戏与幼儿园课程以这样的必然性联系在一起。只有有机地以游戏组织的幼儿园，才能满足幼儿学习的需要、发展的需要，才能实现对幼儿发展的价值。正是从这个意义上说，原国家教委1996年颁布的《幼儿园工作规程》提出幼儿园以游戏为基本活动具有深远的意义。以游戏为基本活动，从一定意义上强调了游戏在课程及整个幼儿园一日生活中的基本地位。

二、游戏与幼儿园教学的关系

（一）幼儿园教学的基本概念

教学作为促使幼儿全面发展的基本教育手段，自始至终被广大教育者所重视。苏联幼教研究工作者 B. H. 亚德什科等人在《学前教育学》中认为"学前的教学是发展幼儿认识能力，用系统的基本知识武装他们，按《幼儿园教育大纲》所规定的范围培养他们的技能和技巧的有系统、有计划和有目的的过程"。[①] 这里教学活动只是幼儿园开展智育的一种手段，并且以作业教学为基本组织形式。在这种以知识授受为中心的教学

---

① 亚德什科，索欣：《学前教育学》［M］，北京师范大学外国教育研究所译，213～214页，北京，人民教育出版社，1981。

观指导下，学习被看做是接受由教师预先构建好的知识体系的过程，上课是传授这种预先构建好的知识体系的有效的途径。教师是有知识的人，幼儿是被动的，等待教师知识去填充头脑的"无知"的人。教学过程就是知识由外向内的"迁移"过程。知识的这种由外向内的"迁移"或"内化"过程被看做是榜样与强化的结果，是直接教学的产物。

黄人颂认为，"我国的幼儿园教学，是教师和幼儿的共同活动。教师根据教育目的、教学大纲，有目的、有计划地领导幼儿的学习活动，以上课为基本模式的班级集体或小组的活动，日常生活中由教师参与和指导的分散的、个别的活动以及幼儿自发的学习活动等，它们有机结合，相互影响，以促进幼儿的发展。"[①] 长期以来，我们把上课或全班集体教学活动看做是幼儿园教学的基本途径，甚至是唯一途径，在教学与上课之间画等号。同时把教师看做幼儿知识经验的唯一来源，轻视和忽视幼儿伙伴交往在幼儿学习活动中的作用。事实上，教学作为学习的外部条件，作为一种社会性活动，不应当把它仅仅看做是师生之间相互作用的过程，也应当包括幼儿与幼儿之间的相互作用过程。在幼儿的学习活动中，伙伴不仅是幼儿经验的来源之一，也是教师传授知识经验的内化机制之一。

刘焱在其著的《幼儿园游戏教学论》中将"幼儿园教学"界定为教师对幼儿学习活动有目的、有计划的组织与指导。这种组织与指导的基本任务是为幼儿创设符合教育目标要求的'有社会文化内容'的学习环境，以引发、支持和促进幼儿与环境的相互作用，帮助幼儿获得有益的学习经验。这个定义和以上两个定义一样，强调了教学是教师教和幼儿学的统一活动，并且教师在其中发挥重要作用；教学具有计划性、目的性。此定义还认为幼儿园教学不应以上课而应以"游戏"为基本途径。

在幼儿园，幼儿不仅是在上课的时候学习，也在游戏和生活活动中学习。游戏和生活活动，作为幼儿园教育活动的组成部分，应当为幼儿的生活与发展提供有益的学习经验。在游戏和生活活动中获得的学习经验对于幼儿来说也是重要的和必要的。因此，幼儿在游戏和生活活动中的学习，应当被纳入"教"的视野之内，受到"教"的支持、帮助、引导与促进。良好的学习环境与条件的创设，在幼儿园不能局限于有限的"上课"或全班集体教学的活动时段，而应当扩展到幼儿园一日生活的各种活动中去。教学渗透在幼儿园一日生活的各种活动之中，正是幼儿园教学的特点之一。

---

① 黄人颂：《学前教育学》[M]，290 页，北京，人民教育出版社，1998。

（二）游戏与幼儿园教学的关系

1. 实践关系

目前，游戏和教学在幼儿园教育实践中主要呈现出三种关系。

一是"分离式"，即游戏和教学没有关系，教学是教学，游戏是游戏，互不相干，各自独立地发挥作用。如开展"医院"的主题活动，但在游戏活动中，主题不是围绕"医院"而展开，而是开展与"医院"无关的"商店"和"百货店"等角色游戏。又如，开展"房子"的主题活动，在活动中，结构游戏不是建构"房子"，而是建构"汽车"和"房子"等；角色游戏不是玩"过家家"和"公园"，而是玩"卖东西"和"理发店"等。我们不难看出，此种观点所理解的"游戏"是纯粹意义上的游戏，就是玩；所理解的"教学"是狭隘观念层面的教学（教师向幼儿传授知识技能），这是他们将二者对立起来的根源。这种观点认为知识技能的传授必然是一个幼儿被动、受强迫的过程，因此与"玩"是不相容的，教育的世界里没有游戏，因此游戏只能作为教育教学的手段，教育不可能与真正的游戏同时存在。

二是"插入式"，即在游戏中插入教学，在教学中插入游戏。这种关系，从形式上看，呈现"平行"状态；从结果上看，则是"互补"关系。如一次音乐活动学唱《三只猴子》，因为这首儿歌情节丰富，利于游戏，所以在活动结束后，教师带领幼儿进行游戏，让幼儿戴上"猴子"的头饰，分角色进行表演；而在游戏活动中，教师发现幼儿对故事中情节没有很好地掌握，无法跟着节奏进行，于是就"中断"游戏，让幼儿重新学唱歌曲，熟悉情节，然后再让幼儿开展游戏。可见，在这个过程中，游戏是游戏，教学是教学，只不过人为地让两者在一个活动中进行而已。

三是"促进式"，即游戏产生于教学中，或者游戏引发教学。教师开始借助游戏这一幼儿喜爱的形式去开展教学，把非游戏活动游戏化，目的在于吸引幼儿的注意力，调动幼儿学习的兴趣，为其高效率的传授教学内容服务。相比第一种观点，此种做法显然进步了许多，它已意识到游戏在幼儿园教学中的价值。如在语言活动"三只小猪"中，教师为了让幼儿对学习内容感兴趣，先让幼儿戴上"小猪"和"大灰狼"的头饰分角色进行表演；当游戏进行到一定程度的时候，教师用设疑的语言如"小朋友想不想知道故事里的小猪和狼发生了什么样的故事啊?"来把幼儿的兴趣转移至故事当中。但是，我们也不难看出，此种融合只是游戏和教学表层的融合，游戏对于幼儿园教学的价值也仅仅显露了"冰山一角"。

为游戏和教学构建一个科学合理的桥梁，实现游戏与教学最优化结合的首要前提是充分认识游戏和教学这两类活动各自的性质及其价值，这就是说，在实现两者结合以前，先要在认识上"纯化"游戏和教学，只有这样，才有可能在实施中最大限度地发挥两者各自的价值。其次，如何实现两者最优化的结合，其依据是社会的需求、教育资源和教育对象的特点等。

2. 二者的整合

整合是实现两者结合的一种高级形式，使两种性质的活动有机地糅合在一起，最大限度地实现两者的价值，使整个活动一气呵成。这种方式操作难度大，稍不注意，不仅难以起到两类活动互补的作用，反而会使两者的作用相互抵消。游戏与教学的整合不是游戏与教学的简单相加，而是你中有我、我中有你的有机融合。游戏与教学的整合的实现路径包括游戏教学化与教学游戏化。

（1）游戏教学化。"游戏教学化"是指教育者参与、控制幼儿的游戏，对游戏施加教育影响，以使幼儿取得更好发展的一种策略。[①] 这里的游戏不同于幼儿的自发游戏，而是作为幼儿园教育的一种途径。游戏不只是玩，而成为对幼儿进行教育的形式。幼儿园游戏中自然融入教育的因素，在幼儿获得游戏体验，享受游戏乐趣的同时，实现预设的教育目标。例如，教师教幼儿认字，可以结合幼儿的玩具，让幼儿在操作玩具的时候有意识地留意玩具上面的字，比如"汽车"、"娃娃"、"飞机"等字。也可以教他数一数有几件玩具，让幼儿在玩中潜移默化地接触到了教育内容，轻松愉快地学习知识。

再如，幼儿进行角色游戏，教师期望幼儿在游戏过程中能够体会到角色所要承担的社会责任，掌握相应的规则。例如，在游戏中指导幼儿扮演"交通警察"，手里拿着指挥棒，认真地指挥车辆和行人；扮演"医生"，耐心细致地给病人看病。无论幼儿扮演什么角色，他都要想象自己扮演的角色是什么样子的，要模仿他们的动作、语言，体验他们对人对事的感情和态度，从中学习角色的相关知识以及认真负责、热情待人等高尚品质。

幼儿园游戏最显著的特点就是游戏因素与教育因素的有机结合。但游戏教学化，并不是简单地把游戏与教学累加，而是在游戏中引入教学的因素，同时保证游戏的主体地位。如果仅仅把游戏当做实现教育目标、获得知识的一种手段，就容易把教学的功利性和严肃性带入游戏中。在丧失了内在品格的游戏中，幼儿就得不到充分的"享乐"、"体验"与"表达"。

---

① 丁海东，韩云龙：《论游戏与教学的整合》[J]，载《学前教育研究》，2007（12），50～53 页。

案　例

　　梵梵把自己的鞋子脱掉放在滑梯上，鞋子滑了下来，她兴奋地拍手大叫起来："鞋子滑下来了！"这时小朋友们都围了上来想看看究竟。站在一旁的我心想何不让孩子们探索一下呢？于是，我拿出了小朋友们平时喜欢玩的小石子放在了滑梯上，小石子慢慢地滑了下来。站在一旁的小朋友都尖叫起来："哇！滑下来了！"接着我又拿出了装满沙包的塑料盆让孩子们端端看，小朋友都说很重，端不动。这时，我把塑料盆放在滑梯上，塑料盆也从滑梯上滑了下来。孩子们发出了更为惊叹的声音。于是我不失时机地说，工人叔叔在装卸很重的货物时就是用一个小滑梯来帮忙的，梵梵大声说道："老师，我看到过，是用一块长板。""对，这样工人叔叔就会很省力地装卸货物。"我应声道。

　　本案例改编自：丁海东，韩云龙：《论游戏与教学的整合》［J］，载《学前教育研究》，2007（12），50~53页。

　　从这个案例中，我们可以发现，教师抓住了幼儿玩滑梯这个教育契机，将幼儿的兴趣点从单纯滑滑梯转移到探索用怎样的方式最省力的问题上来，适时地设疑，引起幼儿的思考，为"玩"加入了教育的成分，而且这种加入不留痕迹，非常自然地让幼儿在游戏中发现新知识，体会玩滑梯带来的另一种快乐。

　　（2）教学游戏化。所谓"教学游戏化"，就是要求在教学的实施过程中，尽可能淡化教育目的，强化游戏的手段，轻结果重过程。[①] 教学可以通过游戏的设疑、挑战、自主等理念，把教学目标隐蔽于游戏活动中，根据幼儿的特征以及教学内容，采取相应的教学游戏化策略，从而使幼儿在放松的状态下，从乐趣中获得知识、提高技能和陶冶情操。

　　教学游戏化就是要教师打破以往讲解式的教学方式，根据具体的情境，恰如其分地运用游戏进行教学，并取得最佳的教学效果，使幼儿从被动的"要我学"变为主动的"我要学"。教学游戏化的提出克服了传统教学的枯燥无味，是对传统死气沉沉课堂教学的批判和挑战，要让幼儿在游戏的过程中，主动建构知识，发展能力。正如陈鹤琴先生所说：儿童总是喜欢游戏的，而且他游戏的时候会忘了自己，用全副的精力去做他的游戏，名义上虽是游戏，但所学的却是很好的东西。

_____

　　① 丁海东：《学前游戏论》［M］，126页，济南，山东人民出版社，2001。

教学游戏化的提出是从幼儿身心发展的需要出发，符合幼儿认知发展的特点。由于幼儿处于具体形象思维阶段，很难摆脱对具体材料的感官依赖，"接受学习"根本不适合幼儿这一特定的年龄阶段，让幼儿在游戏中主动探究式学习才是最佳的学习方式。但需要注意的是教学游戏化并不是教师让幼儿随心所欲，随便玩，和做游戏一样，忽视教学的目的性。教学游戏化并不是用游戏完全来代替教学，而是强调教学应秉持游戏的精神。

案 例

绘画"向日葵"，目的是要在认识基本结构的基础上学画各种大小、高低、颜色不同的"向日葵"。我们以故事形式请孩子给向日葵找"朋友"，而且找不同的朋友：可以把茎朝下弯，画"弯腰"的向日葵；画"弯弯扭扭"的茎，变成"跳舞的向日葵"；画长长叶子作手，画大大的"O"形嘴，变成"唱卡拉 OK"的向日葵；画"黑黑的墨镜"，变成"坏蛋向日葵"；画"红红脸蛋"，就成"娃娃向日葵"；可以加深深皱纹，变成"爷爷奶奶向日葵"。这样一来，本来孩子们觉得很枯燥的向日葵变成了游戏，本来没有耐心的小朋友们一个个兴致勃勃地给它"找"起了朋友，有画唱歌的，有画跳舞的。孩子们边画边乐，还不时向同伴介绍自己的大作。在这样的活动里，画画不仅仅是画画，它早就成了孩子们的游戏了。

本案例改编自：张星：《让游戏融入教学与生活》[J]，载《教育艺术》，2001（6），9～10页。

从这个案例可以看出，教师组织这个活动的目的是让幼儿认识大小、高低、颜色等绘画要素，这个目的的达成是通过游戏的形式实现的。幼儿没有被各种绘画知识束缚，而是在教师营造的游戏氛围里，轻松与愉悦地完成着教学的任务。

对于幼儿园教学游戏化的探索，不仅要改革教学模式，更要注意教育观的转变，我们要充分挖掘游戏中一切可利用的教育资源，进一步探究如何将要传授的内容巧妙地渗透到游戏中，让幼儿在玩中学，学中玩，提高学习效率，达到娱乐和学习的有机统一，使幼儿在游戏中愉快地学习，健康成长。

总之，在活动中追求游戏教学化和教学游戏化的相互整合，并不是突出一方而淡化另一方，而是要保证游戏的主体地位，赋予教学以游戏精神，这才是游戏与教学整合的关键所在。

三、以游戏为基本活动的含义与实现方式

《幼儿园工作规程》指出：幼儿园应以游戏为基本活动。幼儿园以游戏为基本活动是对游戏在幼儿园教育过程中应当占有的地位的认识，是对游戏与幼儿园教育之间关系的概括，是对游戏的教育价值的充分肯定。基本活动的含义是：①除满足基本生存需要的活动（吃、喝、睡）之外，发生次数和所占时间最多的活动；②对儿童的生活或生长发展有重要影响的活动。

幼儿园以游戏为基本活动对教师提出了更高的要求，不仅要求教师科学、合理地安排一日生活，给幼儿提供各种游戏的机会，还要求教师具备发现、分析指导幼儿游戏的意识和能力，变幼儿被动的学习为主动的需要。在幼儿园一日生活中，尊重幼儿的年龄特征，使各种活动都带有游戏的要素。

（一）幼儿园生活活动

在幼儿生活活动中，要用贴近幼儿生活的、满足幼儿身心发展水平的方法来组织活动，让幼儿每天都有愉快的情绪体验。教师要以多种形式的游戏充实幼儿园的一日生活，尽量减少不必要的集体行动和过渡环节，减少和消除消极等待的现象。教师可以充分利用各种零散间隙时间，如幼儿来园后、离园前、饭后、课间时有许多零散时间，选择些不受时间、场地限制，玩具携带方便，便于收拢的游戏，穿插在零散的时间中进行。如"翻绳"、"手指游戏"、"石头、剪子、布"等，使幼儿一日生活中减少排队、等待的时间，并且要使环节过渡自然，管而不死，活而不乱。这样既能让幼儿保持良好的情绪，又在与同伴的相互作用中增进了交往，获得发展。

（二）幼儿园教学活动

游戏对于幼儿来说，其价值不仅仅在于满足快乐的需要，而且在于满足快乐的同时促进发展。在对幼儿的教学活动中，应尽可能地将教学活动游戏化，将教学与游戏这两种互为补充的形式整合起来，模糊游戏与教学的界限。通过游戏化的教学活动的组织，让幼儿主动积极地参与活动，自主地探索，体验到愉快的情绪。游戏化的教学活动组织的关键是让幼儿体会到游戏的兴趣性，体会到成就感，从而能积极主动地参与教学活动。

（三）游戏活动

以游戏为基本活动，应保证幼儿每天有适当的自主选择和自由活动的时间。幼儿园

必须给予幼儿以充分开展游戏的机会，充分保证幼儿每天有足够的自主游戏的时间，提供开展游戏的必要条件，鼓励幼儿在游戏中表现自己的长处和获得成功的体验。同时，在自由游戏时间段里，教师要成为幼儿活动的支持者、合作者、引导者，以关怀、接纳、尊重的态度与幼儿交往，关注幼儿在活动中的表现和反应，敏感地察觉他们的需要，善于发现幼儿游戏活动中的教育价值，及时以适当的方式做出应答，形成合作式的师幼互动。

总之，实现幼儿园以游戏为基本活动，要以游戏的形式开展教育活动，完成特定的教育教学目标；同时，要注重开展幼儿自由的游戏活动，充分发挥游戏自主性特点，激发幼儿内在的活动动机，产生积极体验，获得身心和谐发展。

第五节　幼儿玩具概述

古今中外的幼儿无一不喜欢玩，也无一不喜爱玩具。简单地说，用于玩的器具，就叫玩具。游戏是幼儿生活中的主要活动，玩具则是幼儿生活中的伴侣。在幼儿的游戏中没有玩具，犹如成人的劳动没有工具、学生的学习没有文具一样难以进行。玩具是幼儿游戏进行不可缺少的物质条件。陈鹤琴先生曾指出：玩固然重要，玩具更为重要，必须有许多玩的东西来帮助，才能玩得起来，才能满足玩的欲望。幼儿不能没有游戏，更不能没有玩具。玩具给孩子带来了欢笑、乐趣和新奇。

玩具无处不在。生活中经常有这样的现象：一把会打响的小枪可以使一个正在吵闹、撒野的孩子安静下来；一个可操作的布袋木偶小白兔能使一个脸上挂满泪珠的孩子破涕为笑；一盆肥皂泡沫水可以使孩子玩半天仍然不愿离开。

在幼儿园里，凡是供幼儿用来游戏的物品都可以称为玩具或游戏材料。有些时候玩具和游戏材料有所区别，游戏材料包括玩具、替代材料和辅助材料等。

一、幼儿玩具的教育特点

玩具是幼儿人生中的第一本教科书，是幼儿教育中重要的教育资源。玩具符合幼儿的认知方式和心理发展特点，是幼儿操作活动的客体，能与幼儿发生相互作用，产生学习价值和教育价值。

（一）玩具符合幼儿学习特点

感知觉是人生最早出现的认识过程，2 岁前幼儿依靠感知觉认识世界。这个阶段幼儿的思维总是在动作中进行，离不开对事物的感知和自身的动作，幼儿心理的基本特征具有明显的具体形象性和无意性。3~6 岁的幼儿，具体形象思维占主导地位，学前末期开始有抽象逻辑思维。整个学前期，幼儿思维的主要特点是具体形象性。

玩具具有可操作性和具体形象的特点，满足了幼儿直观性和具体形象性思维发展的需要，同时也为幼儿通过各种感觉器官进行探索提供了更多的机会。玩具的颜色鲜艳、造型优美、形象生动有趣，刺激和丰富着幼儿的感觉器官。幼儿在玩玩具的过程中，动用了各种感官参与其中，通过眼看、耳听、口尝、手摸，了解各种事物的特性，大大加强了感官性和观察力，促进感知能力的提高。

此外，玩具有不同程度的替代性，能从直观替代一直到符号替代，这种替代功能促进幼儿思维表征功能的发展，促进幼儿符号思维、抽象、概括能力的发展，促进思维水平从直观向抽象水平方向发展。比如教师用语言向幼儿说明一个事物的时候，远不及把这个事物的玩具拿来让幼儿去看、去摸来得深刻。这种直接的感知经验的积累直接影响着幼儿知识经验的建构。

（二）玩具满足幼儿好奇探索的需要，有利于培养创新精神

素质教育的核心是培养创造能力和创新精神。对幼儿创造能力的培养是 21 世纪对幼儿教育赋予的新要求。玩具具有的低结构性、替代性、建构性、创意性等特性能深入地发展幼儿的建构能力、想象力和创造力。在操作玩具时，幼儿能够充分发挥自由的想象和创造，手脑并用创造出不同的、丰富的造型。玩具多变的特点使幼儿有了发现、实验、创造的空间。当幼儿像建筑师那样认真地用五彩的积木搭建起自己的梦想世界时，当幼儿一次次把小汽车拆开一探究竟的时候，我们看到了创造力的闪光点，这种创造力的展现是以玩具为媒介的。生活中很多玩具如胶粒、几何图形拼板、七巧板、安装玩具、磁铁、天平、音叉、放大镜等，都能够帮助幼儿手、脑并用，发展创造力。

（三）玩具为幼儿操作性学习活动提供了可能

人的心理是在主体与客体的相作用中发生发展的，主体客体的相互作用又是通过动作发生的。动作是儿童早期认识世界、适应环境、赖以生存的主要手段，儿童与环境关系的建立、维持与变化均与早期儿童的动作图式的发展变化密切相关。这种具有个体发展价值的心理动作能帮助幼儿适应外部环境，促进主体与客体相互作用，促进心理的发生与发展。

操作性学习方式是幼儿阶段重要的学习方式之一，操作性学习方式的心理机制源自于动作在心理发生发展中的作用。操作性学习活动具有学习对象物质化特点，其学习效果不仅与操作方式有关，也与客体材料的性质特性有关。玩具中的基本特性为幼儿操作性学习提供了可能性，具有进行操作性教育传递的必要性和可能性。在对玩具材料进行的操作性学习中，幼儿对玩具材料的操作动作具有心理发生发展的意义，操作方式成为促进操作主体（幼儿）学习经验发生、学习活动开展的操作性学习方式。比如在玩拆拼式玩具的时候，幼儿能运用直观思维和具体形象思维进行操作、探索，感知、体验并接受知识内容，发现知识现象，初步发现规律，运用知识，迁移知识，同时培养幼儿自由运用双手、双脚，锻炼其开、合、套、穿、拆、装、拼、敲打等能力，完善了幼儿的视觉、听觉、动作、思维之间的协调能力。

二、幼儿玩具的教育作用

玩具为幼儿各种游戏的开展创造了物质条件。幼儿的思维是具体形象的，他们在游戏时凭借着玩具，对所体验过的事物进行想象，并产生一系列相应的行动和活动。玩具以其生动形象的色彩和声响吸引着幼儿，激发他们进行想象，动手动脑，积极进行各种游戏活动，从而帮助幼儿认识周围世界、增长知识、发展智力；同时，游戏也可以满足幼儿的愿望，给幼儿带来极大的快乐。关于玩具和游戏材料对幼儿的教育意义，夸美纽斯早就有过论述。他认为，这些东西，可以帮助他们自寻其乐，并可锻炼身体的健康，精神活泼，身体各部也因之而灵敏……总之，幼儿所喜欢玩的东西，只要于他们没有伤害，都应该使他们满足，而不应该禁止他们。玩具能促进游戏的发生和发展，是游戏实施的重要条件，同时能促进幼儿身心全面的健康发展。

（一）玩具有利于培养幼儿科学探索的精神

苏联教育家苏霍姆林斯基（B. A. Cyxomjnhcknn）曾说过：儿童智力的发展体现在手指尖上。每个孩子都天生具有科学探索的兴趣和好奇心，比如会经常提出一些看似很莫名的问题或者会去摆弄玩具，在许多父母或大人看来孩子是淘气的，但实际上他是在寻找他心中的答案和疑问，或者说是科学探索的行为。操作、摆弄玩具的过程就是激发幼儿好奇心、刺激幼儿求知欲的探索、发现的过程。玩具常常能够在幼儿游戏的过程中，启迪幼儿大胆的想象，启发幼儿的科学思维。幼儿在玩气球的时候对氢气球为什么能飞上天产生好奇；幼儿在看万花筒的时候会进一步探究镜子相互反射的原理；幼儿因在不同材质的斜坡（如光滑的大理石板、绒布）上玩小汽车的速度差异对比，感受到摩擦力的存在。玩具能引起孩子的好奇心，从而发展孩子的观察力和想象力。随着幼儿年龄的增长，他们对周围的各种现象不仅想知道是什么，还常常想知道为什么，幼儿会尝试把玩具打开、解散，在一种近乎具有破坏性地使用玩具的过程中，进行着种种探索研究。利用自制的科学玩具也可以让幼儿在玩中感知身边的科学，比如在认识"风"的活动中，可以为幼儿制作风车、风轮，让幼儿想办法使它们转动起来，看看谁的风车、风轮转得快，从中体验到风车、风轮转动的快慢与风的大小有关，也可以制作风速风向仪放在户外，让幼儿感知风速和风向的存在。总之幼儿从玩具中获得自信和成就感、快乐感，明白了科学和生活的道理，形成了良好的科学素养。

（二）玩具有利于培养幼儿审美能力和品德行为

玩具往往具有优美的造型、鲜艳的色彩、悦耳的声响、滑稽有趣的动作等能吸引幼儿的特征，幼儿不仅会聚精会神地去看、去听、去摸，更喜欢用双手去摆弄、操作这些玩具。在操作的过程中，陶冶了幼儿的性情和美的情操，使幼儿发现美、感受美、欣赏美及创造美的工具，培养了美感。民间玩具蕴藏了大量的民间艺术和民族风格，能够启迪幼儿对艺术的兴趣。

只要我们留心就会听见幼儿间这样的对话，"我的玩具给你玩，你就做我的好朋友行吗？""行，那我也把我的给你玩。"可见，交换玩具成了幼儿社会交往的起点，玩具成了建立友好关系的纽带。从幼儿自己独自摆弄玩具到和同伴一起制定规则玩玩具，幼儿之间的社会交往越来越多，这使幼儿形成团结、合作、谦让、理解、关爱等交往品质。在与同伴一起玩玩具的过程中，幼儿学会与他人相处的技巧，尊重他人的权益，轮流享用玩具。当有纠纷发生时，学习控制自己，妥善解决问题。活动结束后，收拾玩具，将物品放回原处，这些基本的玩具收放规则是对幼儿责任感的训练。由此可见，玩具可以培养幼儿分享、公正、自律、诚实、责任、关爱等道德行为和态度，具有德育及怡情的作用。

（三）玩具有利于幼儿认知能力的发展

在幼儿还不能广泛地接触现实世界时，玩具是他们认识世界的工具。从这个意义上说，玩具是孩子的第一部无文字的教科书。玩具造型逼真，便于幼儿理解和认识，在操作的过程中，培养幼儿对事物的观察力、注意力；玩具以它的形、色、声音、质地（如软硬、轻重）等各方面的特征来刺激幼儿的感官，让幼儿在摆弄玩具的过程中反复进行各种感官训练，促进感知觉的发展；玩具可以帮助幼儿了解周围的世界，提高他们集中注意力的能力，增进感性认识；玩具可以发展他们天然的好奇心，锻炼他们解决问题的能力，培养自主学习的精神。有不少玩具是专门用于进行思维训练的，幼儿在使用玩具的过程中必须积极地进行思维、想象，并通过分析、综合、比较、判断、推理等，促进思维的深度、灵活性、敏捷性的发展，使幼儿手脑并用、心灵手巧。比如拼图游戏，每一个卡片的位置是需要幼儿在反复的推理和实践中才能确定下来的，这首先就要求幼儿对整体图形有个整体上的印象，然后通过动脑思考和动手尝试，在自我检验的过程中得以实现。

三、玩具选择的原则

游戏是幼儿最正当的行为，玩具是幼儿的天使。玩具和游戏材料是游戏活动的重要物质条件，具有促进幼儿身心发展的教育价值。为保证玩具教育作用的充分发挥和游戏的健康发展，玩具和游戏材料的选择和提供应符合一定的标准。

（一）玩具应具有教育性

玩具虽然在用途上不同，对幼儿发展的具体作用不同，但都应在某种程度上促进幼儿某一方面如身体、智力或情感的发展，也就是说玩具应具有教育性。玩具的教育性是指玩具应具有其所包含的文化、科学知识和价值观念等社会经验对幼儿有指导作用的特性。玩具是一本"书"，这本书中包含着多少知识，宣扬了一种什么样的价值观念，对幼儿会产生什么样的影响等，都是在为幼儿选择玩具时应考虑的。现在的市面上有些电子游戏充斥着打斗、杀伤、血腥的成分，极其不利于幼儿的成长，因为这个时候的幼儿以模仿为主要的学习方式，对于这些游戏没有正确的判断，很容易造成不好的人格影响。有的幼儿把游戏中的情节拿到现实生活中进行模仿，那么枪械等玩具就起到了推波助澜的作用，这对幼儿的发展是不利的，所以对这类玩具的选择应该慎重。

（二）玩具应符合幼儿的发展水平

玩具还应符合幼儿的身心发展水平，不同年龄的幼儿由于发展水平的不同，需要的玩具也不同，应为幼儿提供适合其年龄特点和需要的玩具，促进幼儿身心的发展和游戏的开展。

科学研究表明，不同年龄的幼儿由于生理和心理发展水平不同，所需要的玩具也不同。一般情况下，0~2岁的幼儿正处于各种感觉器官迅速发展的重要时期，应该为他们选择能促进感官功能发展的玩具。如各种彩球、彩带、塑料玩具都有助于发展幼儿的视觉和触摸觉；能发声的摇鼓、音乐盒有助于发展幼儿的听觉；能抓握的软塑料玩具、橡胶制品，可发展幼儿的触摸觉；手拉小鸭车、小鸡车和各种惯性小汽车，可促进幼儿运动器官的发展。3~4岁的幼儿是形象思维形成和发展时期，我们应为他们选择形象玩具，如娃娃玩具、动物玩具、医疗玩具、交通玩具、餐具和茶具。能活动的、能拆能拼的玩具有助于发展幼儿的思维和想象力。5~6岁的幼儿抽象思维能力开始发展了，家长应为他们选择结构玩具、智力玩具、电动玩具，如各种类型的积木、积塑，各种拼板、拼图、镶嵌板。这些玩具能激发幼儿开展各种游戏，在游戏中发展幼儿动手动脑能力，同时，培养幼儿思维能力和不断探索的能力。有些玩具有多种特点，可供不同年龄幼儿使用。

（三）玩具应符合艺术、卫生和安全的要求

玩具的形象和色彩应符合艺术的要求，这样的玩具能够给幼儿以美的感受和美的情感，发展幼儿的审美能力。玩具是否卫生、安全是选购时最基本的标准。玩具的涂色、原料及填充物应无毒无异味，容易洗晒。带声响的玩具声音要和谐悦耳，无噪声。玩具应保证安全，其安全性一方面取决于玩具本身，另一方面则取决于幼儿的发展水平和知识经验。因此，不应提供给幼儿带有尖角和锋利边缘的粗糙玩具和具有发射能力的枪炮、弓箭等玩具，室外的运动设备应定期进行卫生和安全检查，并且成人要让幼儿学会正确使用玩具。

（四）玩具应经济适用

一味地选择高档玩具，不仅造成教育资金的浪费，也很容易使幼儿产生虚荣心，互相攀比，不利于幼儿正确的价值观的形成，所以，经济适用的原则是不可忽视的。我们提倡就地取材，多利用自然物和废旧物自制玩具（图2-1），经济适用，针对性强。对于年龄稍长的幼儿，提供一些诸如旧纸盒子、破皮球、小木块等物品，不仅符合经济要求，也可有助于幼儿想象力和创造性的发展。玩具及游戏材料的好坏不应以价格和外形而是要以教育

图2-1　自制玩具

作用为主要的判断依据。在有限的经济条件下，要优先配备教育价值高的玩具，符合既经济又有利于幼儿发展的双重要求。

案 例

　　一位教师组织了一次小班的游戏体能活动，活动的内容是"给小动物喂食"活动。目的是：①练习幼儿的投掷能力；②发展幼儿手部肌肉。她用饮料瓶制作了张嘴的小动物，在饮料瓶的开口处安上小鸟、小鸡、小松鼠、小兔、小鸭的木偶头饰，并用色彩鲜艳的花布给"小动物"缝制衣服，在木偶头饰下方开了一个口，作为"小动物"的嘴，让小朋友给它们喂喜欢吃的"食物"；在衣服的袖子上装两根小棍，用以表演木偶戏。当小朋友们做完准备活动后，来到放置"小动物"的场地时，马上被一只只可爱的"小动物"吸引住了，发出了赞叹声、欢叫声，每个孩子都想用手去摸一摸小动物玩具。教师说："小动物肚子饿了，快给它们喂食吧！"孩子们以最快的速度排好队，争先恐后地给"小动物"喂食，就连平时不爱参加体育锻炼的小朋友也积极投入到了游戏中。游戏进行到一半时，有的幼儿就开始产生厌倦感，教师马上把这些不会动的"小动物"变成会动的木偶，并表演了一个木偶短剧。这样幼儿的运动量都达到了规定的要求，厌倦感也消失了，教学教育效果良好。

　　本案例改编自：庄莉：《玩具在游戏中的作用》[J]，载《云南教育》，2001（22）。

　　这个案例里面的教师充分利用了废旧物来自制玩具，发挥想象，把饮料瓶经过处理变成了生动的动物形象，为已经废旧了的东西赋予了新的生命，激发了幼儿的想象力，不仅体现了经济适用的原则，而且在对玩具的使用上也很灵活，当观察到幼儿对游戏失去热情时，适时调整游戏的内容，继续发挥玩具在游戏中的价值。

　　选择玩具也是一门学问，一定要从幼儿的身心发展水平出发，从幼儿教育目的出发，科学地选择游戏材料和玩具。

本章回顾

⊙ 内容小结

- 本章分五部分系统讲述幼儿游戏和玩具的基本理论知识。第一部分为幼儿游戏的结构要素，包括幼儿游戏的外部行为表现、幼儿游戏的内部心理体验和幼儿游戏的外部条件；第二部分为幼儿游戏的特征，包括主动性、虚构性、兴趣性和形象性；第三部分为幼儿游戏的价值，包括游戏促进幼儿的身体发展、认知发展、社会性发展和情感发展；第四部分为幼儿园以游戏为基本活动，包括游戏与幼儿园课程的关系、游戏与幼儿园教学的关系和以游戏为基本活动的实现方式；第五部分为幼儿玩具概述，包括幼儿玩具的教育特点和作用，以及选择的原则。

- 幼儿游戏的结构要素是判断幼儿是否在进行游戏的依据。幼儿游戏的外部行为表现可以通过对幼儿在游戏活动中的表情、动作、言语、材料（玩具）等外显行为进行观察。游戏性的内部心理体验是幼儿在游戏中产生的主观感受或心理体验，它是游戏不可或缺的重要心理成分，影响幼儿对游戏的兴趣和态度。游戏性体验具体可以分为兴趣性体验、自主性体验、

胜任感体验、幽默感、驱力愉快。幼儿游戏的外部条件是指成人（教师等）为幼儿创设的游戏物质环境，通过成人的言行举止以及成人行为与幼儿行为的交互作用过程形成的游戏心理环境构成了幼儿游戏的背景或氛围。根据游戏外部行为、情景以及游戏性体验等结构要素可以判断幼儿的活动是否是游戏，同时能够更好地理解幼儿游戏主动性、虚构性、兴趣性和形象性的特征。

- 游戏不仅可以给幼儿带来快乐，而且对幼儿的身心发展也起到促进作用，体现在身体、认知、社会性等多方面。因此幼儿园应以游戏为基本活动，正确认识游戏与幼儿园课程和教学的关系，实现三者的优化组合。教师应该合理地安排好幼儿一日活动，给幼儿提供各种游戏的机会，使幼儿的生活活动、教学活动和游戏活动都真正体现游戏性。

- 玩具具有教育特点，玩具符合幼儿学习特点、满足幼儿的好奇探索需要，有利于培养创新精神，为幼儿的操作性学习活动提供可能。要科学、合理地选择玩具。

⊙ 关键词

幼儿游戏　游戏的表情　游戏的动作　游戏的价值　游戏与幼儿园课程　游戏与教学　玩具

⊙ 思考练习

一、名词解释

自主性体验　角色扮演　象征动作　教学游戏化　游戏材料

二、简答题

1. 简述幼儿游戏的动作的类型。

2. 简述幼儿游戏的特征。

3. 简述幼儿游戏的情景的特征。

4. 简述玩具的教育作用。

三、论述题

1. 论述游戏对幼儿社会性发展的促进作用。

2. 论述游戏对幼儿情感发展的促进作用。

3. 试论述如何在幼儿园中体现以游戏为基本活动。

四、案例分析

某班老师在语言活动"小熊请客"的基础上，组织一次表演游戏。老师先一一出示早已准备好的道具。介绍完道具，配班老师带领全班幼儿扮演不同的小动物离开活动室去"小熊"家做客，主班老师忙着在睡室里布置场景（睡室的床已经收起来了）：一个小门，好几种食物。场地布置好了，幼儿由配班老师带进睡室。主班老师提问："谁愿意上来表演？""哗！"几十只小手举了起来。老师挑了五个没有举手而上次语言活动表现又不好的幼儿上来表演。表演时，老师不停地提示孩子们对话，做动作。第二轮，老师请了五个"乖的孩子"上来表演。老师还是不时地按照故事情节规范语言，纠正孩子们的动作。好多孩子忙着摆弄有趣的道具，忘了表演，老师又不停地提醒……

请结合幼儿游戏的特征，分析该活动是不是真正意义上的游戏活动。

⊙ 推荐阅读书目

[1] 刘焱. 儿童游戏通论 [M]. 北京：北京师范大学出版社，2004.

[2] 刘焱. 幼儿园游戏教学论 [M]. 北京：中国社会出版社，2003.

［3］邱学青. 学前儿童游戏［M］. 南京：江苏教育出版社，2008.

［4］王小英. 哲学视角下儿童游戏的意义［J］. 河北师范大学学报（教育科学版），2004（3）.

［5］丁海东. 论儿童游戏的教育价值——基于游戏存在的双重维度［J］. 幼儿教育（教育科学版），2007（2）.

第三章

幼儿游戏的分类与发展

⊙学习目标与要求

1. 了解幼儿游戏的多种分类，幼儿游戏的发展过程，幼儿游戏的发展趋势。
2. 掌握幼儿各类游戏的含义。

⊙学习重点与难点

学习重点：掌握幼儿游戏的认知发展维度和幼儿游戏的社会性发展维度。

学习难点：了解幼儿游戏的发展过程。

⊙学习建议

在充分理解幼儿游戏分类的基础上，观察幼儿的游戏，并把做观察的游戏归类。观察幼儿园小、中、大各年龄班幼儿的游戏，并结合本章内容，分析幼儿的游戏的发展状况。

⊙本章导读

对于游戏的分类，没有严格的标准。由于人们的研究角度不同，所依据的分类标准各异，就有了多种多样的游戏分类。学习游戏的不同分类可以使我们全面地了解幼儿游戏的种类，为更好地分析和指导游戏提供基础。每个年龄阶段的幼儿的游戏种类是一样的吗？游戏是否伴随着幼儿年龄增长有所变化？这种变化的出现是否呈现一定的规律性？通过本章的学习，可以深入了解幼儿游戏的多种类型，以及在幼儿发展中游戏的发展与变化。

第一节　幼儿游戏的分类

由于幼儿游戏呈现出多种不同的状态，对游戏进行分类研究，有利于深化对游戏的认识。人们对游戏研究的角度不同，游戏分类的标准各异：有的从幼儿心理发展的角度分类，有的从教育的角度分类；有的以认知发展为主线，有的以社会性发展为主线。

一、按照幼儿的认知发展分类

游戏可以按照儿童的认知发展进行分类，具体来说，是根据儿童游戏时所处的认知发展阶段和在游戏中表现出来的各阶段的认知发展特征对游戏进行分类。从儿童认识发展的角度对游戏进行分类，皮亚杰是主要的首创者。游戏理论是皮亚杰认识理论的重要组成部分，他认为游戏是随认知发展而变化的，他根据儿童认知发展的阶段，把儿童游戏分为感觉运动游戏、象征性游戏、结构游戏和规则游戏四类。

（一）感觉运动游戏

感觉运动游戏即机能性游戏、练习性游戏、实践性游戏，是儿童最早出现的一种形式，一般存在于从儿童出生到 2 岁这一阶段。幼儿主要通过感知和动作来认识环境、与人交往，他们的游戏最初是以自己的身体作为游戏的中心，逐渐学会摆弄操作具体物体，并不断反复练习已有动作，从简单、重复的练习中，尝试发现、探索新的动作，从而获得发展。在反复的成功的摆弄和练习中获得愉快的体验。游戏的驱力就是获得"机能性的快乐"，"动"即快乐。该游戏的主要表现形式为徒手游戏或重复的操作物体的游戏。

（二）象征性游戏

象征性游戏是 2～7 岁学前儿童最典型的游戏形式。象征即用具体的事物表现某种特殊意义，在这一时期，幼儿的象征游戏表现为运用"替代物"，以假想的情景和行动方式将现实生活和自己的愿望反映出来。幼儿在这种游戏中会把一种东西当做另一种东西来使用情景转变，以物代物、以人代人是象征性游戏的基本构成要素。通过象征性游戏，幼儿可以脱离当前对实物的知觉，以象征代替实物并学会用语言符号进行思维，体现着幼儿认知发展的水平。[①]

（三）结构游戏

结构游戏是幼儿利用各种不同的结构材料来建构、反映现实生活中的物体的活动。它是游戏活动向非游戏活动的过渡，前期带有象征性，后期逐渐成为一种智力活动。

结构游戏兼具感觉运动游戏和象征性游戏的成分。结构游戏需要幼儿具有一定的形状、空间知觉能力和实际操作技能，也需要幼儿具有一定的象征能力，即幼儿在此类游戏活动中，是通过自己对某一材料的操作和创造，来使当前造型（象征物）与真实物体（被象征物）之间建立象征联合。当前造型如积木、积塑、泥、沙等材料，真实物体如高楼、飞机、桌子、桥梁等，幼儿的结构游戏就是要将当前造型作为真实物体的象征物。

（四）规则游戏

规则游戏是幼儿按照一定的规则进行的、带有竞赛性质的游戏，参加游戏的幼儿必须在两人以上，参加者必须遵守一定的规则。这种规则是在游戏开始前就决定了的，是每个参加者都同意的。规则一经编定一般不再修改，若要修改也必须经由所有参加者的理解和同意。

规则游戏是一种在幼儿相互交往中以规则为目标的社会性游戏。年幼时，儿童在规则游戏中以社会一员的身份遵守游戏规则，打下遵守规范和道德的最初基础。规则游戏作为社会化的人的嬉戏活动，在成人生活中也占有一定的地位。

二、按照幼儿的社会性发展分类

游戏可以按照幼儿的社会性发展进行分类，具体来说，是按照幼儿在游戏中表现出来的社会性发展程度进行分类。美国学者帕顿（Parten）通过幼儿游戏的社会性发展的研究，将2～6岁幼儿的游戏行为按照幼儿社会行为的不同表现，依据参与游戏的幼儿之间的相互关系，将游戏划分为六个类型。

（一）偶然的行为

偶然的行为，或无所事事，指幼儿不是在玩，而是注视着身边突然发生的使他感兴趣的事情，或摆弄自己的身体，或从椅子上爬上爬下，或到处乱转，或是坐在一个地方东张西望。

---

① 邱学青：《学前儿童游戏》［M］，86页，南京，江苏教育出版社，2008。

（二）旁　观

旁观（游戏的旁观者），即指幼儿大部分时间是在看其他幼儿玩，听他们谈话，或向他们提问题，但并没有表示出要参加游戏。幼儿只是明确地观察、注视某几个幼儿或群体的游戏，对所发生的一切都心中有数。

（三）独自游戏

独自游戏，即单独的游戏，是幼儿独自一个人在玩玩具，所使用的玩具与周围其他幼儿的不同。他只专注于自己的活动，不管别人在做什么，也没有做出接近其他幼儿的尝试。学步期及其前后的婴儿通常是以这种方式进行游戏。

（四）平行游戏

幼儿仍然是独自在玩，但他所玩的玩具同周围幼儿所玩的玩具是类似的，他在同伴旁边玩，而不是与同伴一起玩，各自玩着自己的玩具，彼此没有交流（包括口头语言的沟通和身体语言的交流）。他们会察觉到其他幼儿的存在，偶尔会望一下别的幼儿，但接着又会把注意力集中到自己的游戏中。

（五）联合游戏

4 岁以后，幼儿会留心别人的游戏，会互借玩具，有时会加入对方的游戏中，并且相互交谈，但没有建立大家一致的共同目标，也没有集体组织游戏的进行。

（六）合作游戏

合作游戏是幼儿和同伴集体进行的游戏。幼儿以集体共同的游戏目标为中心，活动有严格的组织，小组里有分工，常有较明显的组织者或领导者，是一种富有集体性的协调统一的游戏。例如：大家一起用雪花片插一个小公园，甲插小桥，乙插小花，丙插树……大家组合在一起就成为一个小公园。

实际上在这六种行为中，真正的属于游戏行为的只有后四种，所以后来有许多研究者都采用这种分类方法，将游戏只划分为独自游戏（单独游戏）、平行游戏、联合游戏、合作游戏四种。其中前两者由于没有或较少表现出行为的社会性特点，故合称为非社会性游戏，而后两者则合称为社会性游戏。这种游戏分类可较明显地显示出不同游戏类型中儿童社会性发展的差距。

三、按照游戏的教育作用分类

这种分类方法主要是由于长期以来受苏联游戏理论的影响，建立在长期幼儿教育实践和经验之上的一种习惯性模式，着眼于教育活动中游戏的形式、内容及其与发展功能的一致性，便于教师的识别和组织。这种分法将游戏分为两大类：创造性游戏和有规则游戏。创造性游戏包括角色游戏、表演游戏、结构游戏；有规则游戏包括智力游戏、音乐游戏、体育游戏、娱乐游戏等。

（一）角色游戏

角色游戏是以模仿和想象，通过扮演角色创造性地反映周围生活的游戏。在游戏中，幼儿可以根据自己的生活经验回忆周围成人的各种活动，加深体验。幼儿在角色游戏中要受角色行为的约束，如"医生"要态度温和、关心"病人"，"司机"要遵守交通规则开车，"妈妈"要煮牛奶、买菜、烧饭、喂"娃娃"，"解放军"要帮助"人民"解决困难。

（二）表演游戏

表演游戏是根据故事、童话、舞蹈等文艺作品的内容，指导幼儿进行扮演的游戏。它需要背诵文学语言，在充分理解的基础上，依据作品情节，分角色表达出人物性格。表演游戏属于一种特殊的角色游戏，很多学者把它归入角色游戏中。它是对童话或故事中成型角色的语言、动作、表情等进行创造性扮演的游戏。

（三）结构游戏

结构游戏是指幼儿利用积木、积塑、橡皮泥、竹木制品或金属配件材料等进行建造，也可以利用自然材料如沙、泥、雪等进行建构的游戏活动。

（四）智力游戏

智力游戏是以生动有趣的游戏形式，使幼儿在自愿和愉快的情绪中，增进知识和发展智力的游戏。它包括语言游戏、数学游戏、科学游戏和智力竞赛等。

（五）音乐游戏

音乐游戏是在音乐伴奏或歌曲伴唱下进行的游戏。它有一定的规则，游戏时的动作、表情必须符合音乐的节拍、内容、性质等。这类游戏主要在于发展幼儿音乐感受能力和动作，如"小鱼游来了"、"老猫睡觉醒不了"等。音乐游戏生动有趣，可以活跃和丰富幼儿的生活，使孩子产生愉悦的情绪。

（六）体育游戏

体育游戏指以发展基本动作（走、跑、跳、投掷、攀登等）为主的游戏。

（七）娱乐游戏

娱乐游戏指以娱乐为主的游戏，如玩"不倒翁"等。

四、按照游戏与教育的关系分类

根据游戏与教育教学任务或目的结合程度的不同，游戏可以分为本体性游戏和工具性游戏两类。

（一）本体性游戏

本体性游戏也称目的性游戏，是指幼儿进行自主、自发表现的游戏，游戏目的在于游戏本身，强调游戏本身的内在价值和游戏的自发性。这种游戏强调幼儿可以主动支配行为和自由参加游戏，它反映着幼儿发展的水平和兴趣爱好，角色游戏、表演游戏和结构游戏都属于此类游戏。

（二）工具性游戏

工具性游戏也称手段性游戏，是教师为实现特定的教育目标而组织的活动，以游戏为教育手段，通过游戏让幼儿掌握大纲要求学习的知识和技能，促进幼儿按一定方向发展。工具性游戏的直接目的不在于游戏本身，而是在于通过有利于幼儿发展的游戏形式促进教育活动的有效进行和教育目标的顺利实现。这种游戏强调游戏外在的工具价值即教学价值，音乐游戏、体育游戏、智力游戏等都属于此类游戏。

这两类游戏在实践中开展时，本体性游戏突出了游戏主体——幼儿的自发性，工具性游戏把游戏作为教育教学的手段，教师的控制程度较大。实际上，无论何种形式的游戏，其目的都指向幼儿的全面发展，其开展既要发挥幼儿的主体能动性，又不能完全放弃教育者指导作用的发挥。

五、按照游戏的关键特性分类

依据幼儿游戏的关键特性的不同，游戏可以分为创造性游戏和有规则游戏两类。

（一）创造性游戏

这类游戏较多地体现幼儿主动、创造的主体特征，突出游戏是幼儿主动自愿的、创造的活动，它包括角色游戏、表演游戏和结构游戏。

（二）有规则游戏

这类游戏要求幼儿遵守游戏的规则，以确保游戏目标的达成，包括智力游戏、音乐游戏及体育游戏等。

创造性游戏和有规则游戏的划分并非是严格意义上的分类，只是根据游戏的自身特性进行的相对划分，二者之间既有区别又有联系。二者的区别是：创造性游戏主要是幼儿通过积极的构思，自己确定游戏的内容，发展游戏的情节，运用游戏材料创造性地反映现实生活的游戏；有规则游戏主要是为教学目标服务，有明确的目的、现成的内容、严格遵守的规则和需要完成的任务，培养幼儿某种能力的游戏。二者的联系是：有规则游戏也具有创造性，创造性是游戏普遍的重要特征，即使是非常强调规则的游戏也缺少不了创造性，没有创造性的游戏是没有活力的，也就不是真正意义上的游戏。例如，在幼儿已经掌握了体育游戏的规则时，可以在此基础上发挥创造力去打破原有的规则，为游戏增添新的内容和乐趣。创造性游戏也具有规则，任何创造总是依循一定的规则，不然创造便等同于随意的行为。

此类游戏的分类受苏联的影响较大，它便于教师了解游戏的教育作用，可以根据需要选用。这是目前我国广大幼教工作一致公认的分类方法，但容易给幼儿园游戏的开展带来误区。

第二节　幼儿游戏的发展

一、幼儿游戏的发生

幼儿游戏普遍存在于各民族和各文化之中。国外有研究者认为幼儿游戏具有"真正的文化普遍性"（true cultural universal）。这意味着，无论一个民族或一种文化的发展如何，自然条件如何，社会制度如何，经济生产状况如何，幼儿都会找到时间和材料，生发和开展自己的游戏。当然，他们游戏的方式和内容会有不同。

人要生存和生活下去，有两个前提，一是对自身的认识和锻炼，二是对外界的认识和改造。唯有如此，才能适应外界，达到与外界的和谐。要实现这两个前提，在最初，也就是在个体幼小的时候，是通过游戏来进行的。有很多幼儿游戏，并没有教师的指导或成人的帮助，就自然存在于幼儿社会中。刚出生的婴儿不会游戏。两三个月左右，婴儿开始对周围环境中的某些物体或玩具产生好奇心并且作出积极的反应。例如，颜色鲜艳、能够运动、发出声音的玩具不仅能够吸引婴儿的注意，而且能使他们产生愉快情绪体验。于是，婴儿开始主动操纵这些玩具以获得一种心理满足，这时，游戏便发生了。

案　例

　　明明是一个 3 个月大的男孩。夏天的一个上午，他躺在婴儿床上环顾左右。突然，一阵微风将蚊帐上连接着风铃的带子吹到他的手边。他无意中拉动带子，蚊帐上的风铃摆动并发出悦耳的声音。他被这种现象吸引住了，全身兴奋，四肢运动，使连着带子的风铃不断发出声音。如此循环，他更加兴奋，张开双臂，嘴里发出"啊啊"的欢呼声。这一过程大约持续了一分钟。

　　最初，婴儿往往用同样的动作对待所有的物品。随着婴儿年龄的增长，婴儿逐渐对物体本身的外形特征和功能产生了兴趣。于是，婴儿的游戏动作开始分化，形成了初步的游戏动作技能。

　　幼儿在游戏中，自然产生着对外界的认识和改造。他们知道了他们玩耍对象的各种特性，并在一定程度上改造器物作为玩具。在玩耍过程中，他们的认识能力得到提高，情感得到发育，意志得到锻炼，性格得到培养，社会性得到发展。

二、幼儿游戏的发展过程

　　游戏的发展与幼儿身心发展是相辅相成的，一方面，随着年龄的增长，幼儿对游戏的要求不断提高；另一方面，游戏水平的不断提高促进了幼儿身心的不断发展。游戏的发展既可表现为幼儿参与游戏的心理因素（如认识社会性等）的发展和身体因素（如运动能力等）的发展，也可表现为游戏本身随幼儿年龄增长在内容上的不断扩展和形式上的不断升级。游戏是幼儿身心发展的生动写照。

（一）以认知为主线的幼儿游戏的发展

　　皮亚杰从认知发展的侧面考察幼儿心理发展的过程，在他看来，游戏的发展受幼儿认知发展水平的制约，并且与其发展过程相适应，据此，皮亚杰把幼儿游戏的发展分为以下几个阶段。

1. 感觉运动游戏阶段

感觉运动游戏阶段是幼儿游戏的最初发展阶段。感觉运动游戏在2岁前最多，是幼儿最早出现的游戏形式。感觉运动游戏是由简单的重复动作或运动构成，使幼儿的感觉或运动器官在运用过程中获得快感的一种游戏形式。感觉运动游戏在幼儿感觉器官和运动系统的发展、成熟过程中不断发展，同时也不断地促进着感知和运动机能的成熟和完善，促进着以感觉和实际动作为基础的感知行动性思维即幼儿认识的发展，继而促进身心的整体发展。

出生后的半年，随着一些感觉器官的机能（视觉、听觉、嗅觉等）的发展，婴儿开始对外界刺激作出反应并发出微笑，这可视为最初的游戏表现，即感觉游戏。例如，婴儿看到颜色鲜艳并发出声音的玩具时盯着它看和微笑，两三个月的婴儿晃动着四肢，一遍遍地看着周围悬挂着的彩球等。这种游戏大都在2~3个月发生，1岁以前出现最多。婴儿从这种游戏中得到的快感是生理性的，是感觉器官对适宜刺激的机能性需要等到满足的结果。感觉游戏随适宜刺激的出现和消失而产生和停止，一般持续时间较短。半年以后，随着眼手协调动作的发展，婴儿逐渐能够较准确地抓握物体，出现了初步的有意识动作，婴儿主动地使自己感兴趣的现象发生或持续，即感觉运动性游戏。例如，婴儿反复摇晃着花铃棒，让它发出声音。此时游戏由从前的被动的或欣赏性的感觉游戏转变为主动的感觉运动性游戏。婴儿在感觉器官和运动器官上都获得了机能性快乐。

1年以后，随着不断增长的体力和动作的发展，幼儿变得十分好动，他不再满足于与成人的共同活动，产生了独立活动的倾向，例如，幼儿开始模仿成人的样子尝试自己用勺子、杯子，学会走了以后不肯让成人抱，非要自己走等。玩弄物体的独自游戏开始在幼儿生活中占据重要的地位。2岁以后比例逐步下降，到6岁时，只占全部游戏的14%左右。

在感知觉器官和运动系统的发展过程中，幼儿的感觉运动游戏在不断发展，同时也不断促进感知觉和运动机能的成熟，促进着幼儿的认知发展，继而促进幼儿身心的整体发展。至婴儿后期，随着幼儿动作能力和认知能力的发展，幼儿的游戏开始达到一个新的发展阶段，即象征性游戏阶段。

2. 象征性游戏阶段

象征性游戏阶段是幼儿游戏的典型发展。当幼儿进入生命中的第二年，特别是一岁半左右，依靠象征来思维的能力开始展现，此时的幼儿便开始能够从事最初的想象游戏。象征性游戏在幼儿期达到明显的高峰。此时期，一方面由于表象活动、想象活动的增加及能力的增强，幼儿逐渐出现了以一物体假装另一物体和扮演角色为主要形式的象征性游戏，例如把帽子当做碗或拿棍子当马骑等；把自己当做售货员或布娃娃的妈妈爸爸等。另一方面由于动作和技能的发展，幼儿开始出现了以各种结构材料建构物体的结构造型活动，即结构游戏。结构游戏同样具有象征性的特征，因此将其在此处阐述。

（1）象征性游戏的发展

象征性游戏主要出现在幼儿思维发展的前运算阶段，在游戏中幼儿可以摆脱当时对实物的知觉，以表象代替实物作思维的支柱，进行想象，并会用语言符号进行思维。象征性游戏可以满足幼儿在现实生活中不能实现的愿望和要求，因此它能够重现幼儿的生活情景，让幼儿在假想的情景中发展社会交往能力，并能够呈现幼儿的情绪状态，具有情绪诊断和治疗的意义。4 岁后，象征性游戏呈衰减趋势，这表明孩子越使自己适应自然和社会世界，就越少迷恋于象征的歪曲和转换，因为幼儿逐渐使自我服从于现实，而不是使外部世界服从于自我。

①情景转变。情景转变是使行为脱离它原有的真实生活情景即动作脱离真实背景。如把眼前的情景假想为邮局、医院、汽车、商店、战争场面等。情景转变可作为象征性游戏发生的标志，实际上情景转变也是以物代物、以人代人得以进行的前提，这最早出现于 1 岁到 1 岁半的阶段。到幼儿阶段，随着具体形象思维、动作和语言等能力的发展，情景转变的发生更加频繁，时间持续得更长，范围更广，由家庭生活延伸到邮局、医院或商店等社会生活，反映出幼儿具有更为丰富的经验知识和较高的认知水平。

②以物代物。以物代物是指用一种物体代替另一种不在眼前的物体，并且能够用被代替物的名称命名当前的物体。以物代物的发生在时间上要晚于情景转变。两三岁的幼儿出现了真正的以物代物，他开始注意到物与物之间的相似关系，按照社会约定俗成的用法来使用实物或玩具。但研究表明，幼儿的以物代物仍然缺乏灵活性，对具体情境的依赖性太强。到幼儿阶段，以物代物的象征性活动处于稳定的频发状态，幼儿开始使用不定型的游戏材料来代替他物，并且能够用一种材料来创造性地代替多种物品。如小棒可以分别代替筷子、刀、勺、炒菜铲、擀面杖、注射器、体温表等。幼儿年龄越大，使用替代物的范围也越大。有人用相同数量的游戏材料让不同年龄组的孩子来做替代物，结果 3～3.5 岁组代替了 35 种物品，3.5～4 岁组代替了 54 种，而 4～4.5 岁组被替代物数量多达 76 种。

幼儿晚期（6～7 岁）思维逐渐向抽象性、概括性过渡，对事物的关系、意义有了更深的理解，心理活动的随意机能也进一步发展，在游戏中表现出可脱离实物，完全凭借想象以语言或动作来替代物品。如用斟酒的动作和小心翼翼的端杯动作来替代酒，尽管实际上杯中空无一物，甚至根本不需要"杯"；用朝空中抓一把、撒向小锅的动作配以语言"放点盐"来替代"炒菜"中所需要的"盐"，等等。

③以人代人。以人代人是指幼儿在游戏中通过自己的形体动作、表情言语等来模仿或假装成他人或某一非属自己真实身份的角色的行为及其特征，即角色扮演。角色扮演的心理结构较复杂，它主要包括角色行为、扮演意识、角色认识等。从角色扮演的发生、发展过程来看，它是循着角色行为—角色意识—角色认识的途径发展的。到幼儿中期，角色意识成为游戏的中心，幼儿首先是确定自己所要扮演的角色，然后根据角色来组织动作、语言等，角色扮演的目的性和同伴间的协作性增强，标志着角色扮演的发展进入成熟的阶段。

（2）结构游戏的发展

结构游戏是幼儿按照一定的计划或目的来组织物体或游戏材料（如积木、积塑、纸、泥、沙、雪等），使之呈现一定的形式或结构的一种游戏形式。结构游戏包括搭积木、插积塑、泥工、折纸、堆雪人、玩沙、玩泥。

结构游戏主要出现在幼儿思维发展的前运算阶段。结构游戏是各种类型游戏中最直接促进幼儿认知发展的游戏形式，它主要发展幼儿数学认知中物体的大小、高矮等空间概念和物体的结构概念。另外它也与象征游戏一样具有象征功能，幼儿并非像建筑师一样建构真正实用的物体，他是用所建构的物体来代替、重现和反映生活中真正的物体，是一种独特的象征过程。

在幼儿实际生活中，结构游戏是最常见的游戏，国外有人统计，这种游戏占 3.5 岁幼儿全部活动的 40%，占 4～6 岁幼儿的 51%。在我国相当数量的托儿所、幼儿园中，这种游戏占据了大部分孩子的游戏时间。它的发展与象征性游戏的发展状况共同确定着婴幼儿游戏的象征性水平，使象征性成为幼儿游戏在认知上最典型的发展特征。

3 岁左右的幼儿往往是用积木游戏，常把单块的积木当汽车，把娃娃在地板上或桌子上移来移去，或者是拿着积木敲敲打打。这个年龄儿童的结构性游戏，其乐趣更在于对材料的动作过程，这是感觉运动性的延伸，其建构的目的性很不明确，往往是先做后想，随时改变主意，不能按一定的目的做下去。4～5 岁儿童的这种玩耍现象减少了，开始出现模拟物体的努力，目的性较明确起来，为建构感兴趣的物体形象，他会克服一定的困难，但仍有一些儿童不会合理地使用结构材料，主要是没有掌握建构的基本知识和技能。5～6 岁的儿童逐渐出现能够选择恰当的建构材料，建构形象逼真的物体，如用积塑材料拼插各种交通工具，包括公共汽车、小轿车、拖拉机、吊车等，或插各种生活用具，包括桌子、椅子、台灯等。这些建构活动不仅具有模仿的因素，而且表现出较高的创造性因素。6～7岁的幼儿可以联合起来开展结构游戏，他们共同设计、选择建构材料，建构长江大桥、电视塔、火车站等大型建筑物，这些活动需要幼儿互相帮助和进行合作。

在幼儿末期，由于幼儿认知范围的扩大、思维能力以及社会化程度的提高，从幼儿末期到整个小学阶段，象征性游戏和结构游戏进入了结束期，并出现了新的游戏形式。

3. 有规则游戏阶段

有规则游戏阶段是幼儿末期的游戏新发展。幼儿末期，一方面，游戏角色的数量在不断增加，使规则的产生成为可能，象征性游戏开始转变成有规则游戏；另一方面，幼儿思维的发展要求游戏越来越接近现实。结构游戏逐渐演变成为真正的成人式的智力活动，出现了有规则游戏。规则游戏是由两人以上参加的，按游戏规则判胜负的竞赛性游戏，包括智力性质的竞赛（如下棋）、运动技巧方面的游戏。

带有感知运动特点的简单的规则游戏在幼儿初期就出现了，如捉迷藏、丢手绢、老鹰捉小鸡等。规则游戏的大量出现是发生在幼儿末期以后，在6～10岁呈稳步上升趋势，规则游戏演变成带有智力活动特点的下棋、拼图、猜灯谜等。幼儿在规则游戏的发展中，对规则理解的认知水平和规则遵守的行为水平随幼儿年龄的增长表现出由低到高的增长趋势。对规则的理解是幼儿参与规则游戏的前提，幼儿对规则理解的认知水平和规则遵守的行为水平，随幼儿年龄的增长表现出由低到高的增长趋势。6岁的幼儿能够理解游戏至少要由两个人一起玩，大家必须遵守游戏的规则。幼儿在规则游戏中以社会成员的身份遵守社会准则，打下遵守规则和道德的基础。

在有规则游戏中幼儿更加关注行为的结果。如果说在象征性游戏中，幼儿关注的是角色的扮演过程，而不在意自己是否真的就是这一角色或是像这一角色，而在有规则游戏中，幼儿在遵守规则的基础上克服困难，为取得行为的结果（赢、取胜）而积极参与到游戏中。幼儿末期游戏的目的性、坚持性增强，并通过有规则游戏的竞争性体现出来。

在幼儿期，有一些简单的规则游戏通常由成人发起，因此在这些游戏中，规则是由成人确定的，而不是由幼儿制定的，幼儿常常由于不理解规则而破坏规则。如幼儿园经常开展的一些体育游戏、数学游戏、智力竞赛游戏等。随着年龄的增长，规则游戏在成人生活中演化成体育游戏、纸牌游戏等，这些游戏将伴随人的一生。

（二）以社会性为主线的幼儿游戏的发展

每个个体从幼儿时起就处于父母、教师、同伴以及其他人的影响之中，这些影响不仅包括有关自然现象的知识经验，而且包括礼貌、卫生、劳动、道德等各种行为规范。个体就是凭借着与他人的交往过程，掌握人类的社会知识经验以及社会所要求的行为规范和价值观念，也就是从生物人、自然人向社会人的转化过程，也就是社会化。

幼儿的社会化主要是在游戏活动中，在与同伴的相互影响、相互交往中形成的。在游戏中他们彼此建立起一定的联系，形成一定的社会关系。游戏是幼儿进行社会交往的一种活动，同时，游戏又为幼儿社会性的发展创造了有利条件。幼儿的游戏由非社会性游戏向社会性游戏转变，只能走这样一条路——从单人游戏到双人游戏，从双人游戏到具有不同协同动作的游戏或小组游戏，最后又从小组游戏到集体游戏。美国学者帕顿提出的游戏类型体现了游戏的不同社会性水平。

1. 单独游戏阶段

婴儿期和幼儿早期的幼儿通常以这种方式进行游戏。该阶段幼儿的游戏并没有表现出明显的社会性特征，以自我为中心，不太容易察觉别人的存在。即使有其他幼儿在附近，他们也都是独自地玩着自己的玩具，不理会他人在玩什么。在这一阶段游戏的发展还没有表现出明显的社会性特征。

2. 平行游戏阶段

幼儿到 3 岁左右时，游戏的性质发生变化，逐渐具有社会性。几个幼儿往往坐在一起，各自玩着自己的玩具，幼儿之间没有针对游戏的口头语言上的沟通和身体语言上的交流。他们会察觉到其他幼儿的存在，偶尔会看一下其他幼儿，但接着又会把注意力集中到自己的游戏中，并不设法影响或改变其他幼儿的游戏活动。这个时期的游戏是孩子们初步学习社交的机会。这个阶段游戏的特点是相互模仿，形成初步的玩伴关系。在托儿所、幼儿园里的三四岁的孩子身上，常常能看到这种形式的游戏：一个孩子用积木搭高楼，越搭越高，另一个孩子也模仿他搭起高楼；一个孩子玩娃娃游戏，另一个孩子也模仿他的动作。

3. 联合游戏阶段

联合游戏多见于三四岁，这时的幼儿能够注意身旁其他幼儿的活动，有时会互借玩具，有时会加入他人的游戏，相互交谈，并会涉及他们共同进行的活动，但没有建立大家一致的共同目标，没有真正的组织者或领导者。幼儿对于与其他幼儿一起玩表现出较大的兴趣，但相互的交流时间不会太长，游戏时间也不会持久。幼儿在联合游戏中开始表现出明显的社交行为，但每个幼儿在游戏中仍以自己的兴趣和愿望为中心。

4. 合作游戏阶段

幼儿大约到 5 岁以后，开始出现较多的合作游戏，此时幼儿经过了联合游戏阶段学习到了与人沟通的技巧，已具有较流畅的语言表达能力和较丰富的社交经验。幼儿在游戏中有共同的目的，有达到目的的方法，有活动的组织，有分工，可以相互商讨，确定游戏的主题、角色的分配、游戏材料的选择。这时他们开始感到游戏中必须有某些规则，使所有参与者都能遵守。6岁左右的幼儿在合作的角色游戏中，能建立整体的角色结构，不仅挑选自己感兴趣的角色，也能关心别的伙伴担当什么角色，并为别人积极地出谋划策，如"你当'医院'的'医生'吧"。合作游戏是社会性程度最高的游戏，在这一阶段里，幼儿可以进行较长时间的合作，游戏的内容也较多样化。

总之，幼儿的游戏从个人的单独游戏向集体（或小组）的合作游戏转变，这是幼儿社会性发展的必然趋势。每一个幼儿的发展速度都不同，无论是身体还是智力、社会行为，因此每个阶段的长短和过渡时间也不尽相同。另外，后一个阶段在前期仍保留着前一个阶段的痕迹，这也是正常的现象，比如已经到达合作游戏阶段的幼儿偶尔也会有独自游戏的时候。

三、幼儿游戏的发展趋势

幼儿游戏的发展是一个多维、复杂渐进的动态过程。我们可以从认知和社会性的发展角度分析游戏的发展进程和趋势，这是具有针对性的分析。同时，我们也可以从游戏本身，如游戏内容和游戏形式等角度来分析游戏的发展变化，这是具有整体性、全局性的分析，可以清楚、全面地看到游戏的总体发展趋势。

（一）幼儿游戏内容的发展趋势

游戏内容是指幼儿在游戏中所反映的现实生活中事物的范围规定，它构成了幼儿游戏的核心，幼儿游戏内容的发展主要是伴随着幼儿生活经验的积累和生活范围的扩大而发展的。幼儿所在环境中一切影响其发展的外部条件构成了幼儿丰富多彩的现实生活并成为幼儿游戏内容的丰富源泉。

婴儿时期游戏的内容更多是反映婴儿周围日常生活的琐碎事物和现象，游戏中并无明确、明显的主题。这个时期婴儿活动的范围小，知识经验少，婴儿在游戏中只能更多地反映他们所熟悉的日常生活中的事物和现象，没有明确、明显的游戏主题。婴儿进行游戏的动机仅仅在于感知器官对于新异刺激（如鲜艳的图片等）的满足及运动器官对于活动的需要，游戏本身往往表现为简单的动作的重复或练习，常常是模仿成人运用物体的一些动作（如用勺子、碗等作吃喝的动作）。但到婴儿末期，婴儿开始不再满足于自我的单纯的动作的重复，而是力图赋予这些动作以一定的意义，即在模仿动作的同时反映着事物之间的关系，带有一定的探索意义，如将小木块按到水里去，让它浮起来，再按下去。这样经过诸多的感觉运动性经验，婴儿开始能运用不同的动作对待不同性质和功能的物体如拍球、摆积木、抱娃娃、吹泡泡、捏泥，改变了以前用同一动作对待所有客体的现象。

2~3 岁幼儿的生活不再局限于家庭生活而是进入幼儿园等更多的社交场合，游戏内容反映的社会现象的范围逐步扩大，游戏出现了较明确的主题。

随着幼儿年龄的增长，活动范围在不断扩大，知识经验在逐步增加。游戏主题是反映游戏内容范围的中心议题，常表现为游戏的题目。如"娃娃家"、"医院"、"商店"、"邮局"、"公共汽车"等主题成为幼儿最喜欢的游戏内容。此时无论是有角色游戏还是结构游戏都出现了较明确的游戏主题，并且 3 岁幼儿游戏的主题意识增强，游戏的主题不断增加。

3~4 岁幼儿游戏的内容由反映日常生活过渡到反映社会生活和人们之间的社会关系，幼儿逐渐不再单纯依赖感知觉，而是根据自己的兴趣和愿望来构思游戏主题。

随着幼儿生活经验的不断丰富以及驾驭游戏主题能力的增强，4 岁幼儿游戏的主题逐渐过渡到反映社会生活和人们之间的社会关系。例如，在"医院"游戏中，不再是简单的打针、看病，还有反映医生、护士及病人关系的内容。特别是，幼儿选择游戏主题的有意性逐渐增强。最初，幼儿往往是受眼前的某一种或某些玩具的启发而产生了游戏的念头，而到了 4 岁以后，幼儿逐渐能根据自己的兴趣和主观愿望来构思游戏主题，而不再单独依赖于当前的实际知觉，选择游戏主题的有意性在增强。4 岁以前的幼儿只有看到像听诊器、注射器这类形象逼真的玩具，受到这些医护人员职业用具的模拟玩具的暗示性的影响，才会玩起"医院"或"当医生"的游戏。而 4 岁以后的幼儿则不再受眼前实物的影响，自己首先根据兴趣和愿望来构思游戏主题，然后再寻找这个主题需要的材料，这种材料不一定是非常形象和逼真的，最后利用这些材料进行游戏。

4~5 岁幼儿游戏的主题更具有社会意义，并增加了较难的智力活动，游戏主题的意识性、灵活性、社会性和深刻性逐渐增强。

5 岁以后幼儿游戏的内容更加丰富、复杂，成为具有更多社会意义的主题游戏。如进行结构游戏，反映工人建高楼大厦、架大桥的劳动，或进行表演游戏，展现电视里警察斗坏人的勇敢情形等。另外，在幼儿后期，游戏的发展也反映出较难的智力活动内容的增加，如打扑克、下棋等。

（二）幼儿游戏形式的发展趋势

游戏形式是指幼儿在游戏中的一切行为的表现方式，它构成了游戏的外部形式，任何一种游戏都是通过其外在的形式表现出来的。游戏内容制约着游戏形式，而游戏形式最终是由幼儿身心发展的程度所决定的。游戏动作、语言、持续时间、参加人数、规则等反映了游戏形式的整体发展趋势。

1. 游戏动作的渐次连贯

游戏动作的发展是呈序列化的，游戏动作的序列化是指幼儿游戏动作的发展经历一个逐渐连贯的过程，游戏的成熟动作是按照某种逻辑顺序先后发生的。

1岁左右幼儿的游戏动作没有逻辑顺序，表现为同一简单动作的重复。我们常常可以见到：幼儿用勺子在这个碗里搅，然后又到另一个碗里去搅；用梳子给母亲梳头，之后又给自己梳头，或者交替使用两把梳子梳自己的头发等行为。在此基础上，游戏的动作进一步发展，表现为两个以上的不同动作呈现一定的逻辑顺序，如先用勺子把"饭"盛到"碗"里，然后端起碗来吃"饭"。到幼儿时期，这种动作的序列化过程已基本达到成熟期和稳定期，无逻辑顺序的动作现象少有发生。这就为在幼儿阶段象征性游戏及其他游戏提供了较好的发展条件。在动作序列化完成的基础上，游戏动作由零星动作或姿态向逐渐连续的动作方式过渡。这使角色游戏中的动作更为丰富和逼真，使结构游戏中的动作由最初的简单堆积、叠高等发展到复杂的联合、拼插等，反映了游戏在动作上渐次连贯的发展趋势。

2. 游戏语言的准确化

幼儿期是语言飞速发展的时期，语言的发展使幼儿和成人交往有了工具，日益扩大了他的眼界，增加了他在交往过程中的经验。游戏离不开语言的参与，幼儿游戏的发展过程伴随着语言的发展。游戏语言是反映游戏发展状况的重要指标，在各种不同的游戏行为中，语言的表现形式和功能都在发生变化。总体而言，幼儿的游戏语言的发展反映了幼儿语言发展的一般过程，游戏语言是由最早的有意识的重复发声到简单的只言片语，最后发展到连贯、准确的语言表述。

1岁以前的幼儿在游戏中只能用"噢噢"等发声活动，来表达感知到新异刺激的兴奋体验。1岁半的时候，幼儿有了更强烈的表达欲望，在玩游戏的过程中往往自言自语地解释着自己在做什么。这是幼儿游戏语言在感知行动性认知水平上的反映。

2~3岁的幼儿说出来的词已能成句，且注意力增加得很快。这个时候的联合游戏以及合作游戏无疑增加了幼儿使用语言的频率及准确性。此时，游戏语言一方面表现为同伴之间的交流、协商，即伙伴之间的交际性语言，如幼儿向同伴建议："我们来玩医院的游戏吧"或"你来当妈妈吧"等，对游戏进行安排和调节；另一方面表现为在游戏的情境中幼儿扮演的角色的语言，即角色之间的交际性语言。角色之间的交际性语言成为游戏本身的具体内容或情节，并随年龄的增长日趋形象、逼真。

3．游戏持续时间的推延

幼儿在同一个游戏过程持续时间的长短反映出幼儿对游戏目标的坚持性水平，幼儿一次游戏持续的时间伴随着幼儿年龄的增长而逐渐延长，同时幼儿游戏的坚持性也在逐渐增强。

幼儿早期，游戏的发展主要基于感觉运动性的认知水平上，游戏活动根本没有明确的目的性，幼儿随外界刺激的变化而不断转变自己的注意，游戏的发生和结束常在片刻之间。3岁的幼儿仍不能真正预先计划自己的活动，只能够大体上思考将采取的动作，往往也容易受外界因素的影响而改变游戏的目的或主题。如看到别的幼儿在玩手偶，他就会丢下自己正在进行的游戏，也去玩手偶，游戏的坚持性较差。4岁的幼儿游戏目的的稳定性有所增强，但在集体共同的游戏活动中彼此缺乏联系，游戏会偶有间断。幼儿末期游戏的坚持性较强，并能在合作游戏中为达到目标而共同努力、克服困难。有调查表明，80%的3岁幼儿在游戏进行中时常离开，间断时间可达15分钟，他们保持个人游戏的时间平均只有5~10分钟。4~5岁幼儿保持自己游戏的时间平均可达15~25分钟。6岁幼儿保持同一游戏的时间可增加到35分钟以上，而且对感兴趣的游戏，可以在好几天内连续地玩；对于某些有竞赛性的游戏，往往更难以停下来。这说明幼儿的坚持性是逐渐增强的。

4．游戏规则的明朗化

"规则是游戏本质的特征"。在幼儿的游戏中，如果没有幼儿的规则行为，就没有游戏可言。规则游戏中的"游戏规则"大多数是由成人根据儿童发展的某种需要设计而成的，更多地体现在竞赛性游戏中。幼儿在游戏中对规则的理解是循序渐进的，对规则的遵守程度也是逐步提高的。在幼儿游戏的发展过程中，游戏的规则呈现逐渐明朗化的趋势。游戏的规则逐渐由隐性状态转变为显性状态，一方面反映出游戏重心的转移过程，另一方面也反映出幼儿在游戏规则遵守上的不断自觉化过程。

婴儿时期主要进行感知运动游戏，动作成为游戏的重心，游戏规则是内隐的，规则在于动作与客体之间的逻辑关系。婴儿在最初的游戏中仅满足于单纯的动作练习，因此，常出现用同一动作作用于不同物体或对同一物体施以不同动作的现象。到婴儿晚期及以后，婴儿已能较好地掌握物与动作之间的对应关系，逐渐能够针对不同性质和功能的物体而施以相应的符合现实要求的动作，如对碗做吃饭的动作、对球做拍的动作和对娃娃做抱抱的动作。

幼儿时期主要进行象征性游戏，角色扮演成为游戏的重心，游戏规则也是内隐的，规则在于正确地表现现实生活中每个角色应有的动作、态度以及人们之间的相互关系。如玩"抓坏蛋"游戏，分配谁当"坏蛋"，谁就得当，而且规定"坏蛋"最后一定要被打败、被抓到，这是规则，参加游戏者都要遵守。尽管幼儿在游戏中是在"假装"，但是，他们总是试图尽可能准确地表现人们的生活。在结构游戏中，幼儿也尽量追求对真实物体形状的最大相似，来表现生活的现实，这并不妨碍幼儿创造性的发挥。同时，规则是可以改变的，游戏者可以随时按自己的意愿改变游戏中的情节和规则。

到幼儿后期，象征性游戏逐渐由规则游戏所代替，游戏的规则逐渐明朗化，成为外显的某种规定，也就是所有参与者都要明确游戏中关于时间、角色等的相关规定。规则成为游戏重心和活动得以开展的保证。同时，规则是比较严格和规范化的，个人的随意性范围较小，如"老鹰捉小鸡"，"石头、剪子、布"，棋类游戏等游戏的规则不是随意改变的，游戏者需要严格遵守，否则游戏无法进行。游戏规则的更改必须经过集体的协商和同意。

5. 游戏活动的社会化

随着幼儿生活范围的不断扩大，人际交往技能以及表达能力的不断发展，幼儿在游戏中越来越趋向于群体活动，往往是小组游戏活动。从单独游戏、平行游戏到联合游戏，最后到合作游戏的发展过程，反映出幼儿游戏活动的社会化程度在不断提高。

幼儿从单独游戏向合作游戏的转变过程，也就是从非社会性游戏向社会性游戏的转变过程。3岁以前的幼儿一般进行单独游戏，自己玩自己的，这种单独游戏是非社会性游戏，或者说，社会性程度不高。3岁幼儿游戏的性质发生了变化，逐渐具有社会性，能够进行平行游戏。平行游戏是社会性游戏的初级形式，它说明，幼儿已经注意到其他人的行为，幼儿之间已经出现了相互的模仿，形成了初步的交往关系。4岁幼儿能够进行联合游戏，游戏的社会性提高到一定程度。5岁以后幼儿能够进行合作游戏，合作游戏是幼儿期社会性程度最高的游戏。幼儿开始学会合作并且能够反映角色之间的关系。他们用语言共同协商，确定游戏的主题、内容、规则。在大班幼儿的角色游戏中常常出现一个主要角色，并和几个有关的社会性角色建立联系。例如，医生不仅和生病的孩子有联系，而且要和孩子的爸爸、妈妈有联系。游戏的情节也从简单的动作发展到表现不同角色的特点和职责、相应的行为规则以及角色之间的关系，开始表现具有人类活动的社会意义的游戏。

本章回顾

⊙内容小结

● 本章分两部分系统讲述幼儿游戏的分
类和发展。第一部分为幼儿游戏的分
类。幼儿游戏的典型分类方法有：按
幼儿的认知发展分类、按幼儿的社会
性发展分类、按游戏的教育作用分
类、按游戏与教育的关系分类以及按
游戏的关键特性分类。此部分为本章
重点，在学习时需要多观察现实生活
中各个年龄阶段幼儿所进行的游戏，
比如观察小班幼儿和中班幼儿所进行
游戏的形式和内容有何不同。

● 第二部分为幼儿游戏的发展，包括幼
儿游戏的发生、幼儿游戏的发展过程
以及幼儿游戏的发展趋势。幼儿的游
戏随着年龄的增长在不断发展。游戏
发展阶段的划分以幼儿的认知为主
线，分为感觉运动游戏阶段、象征性
游戏阶段和有规则游戏阶段；以幼儿
的社会性为主线，分为单独游戏阶
段、平行游戏阶段、联合游戏阶段和
合作游戏阶段。

⊙关键词

幼儿游戏　游戏分类　感觉运动游戏　象征性游戏　游戏发展　游戏发展趋势

⊙思考练习

一、名词解释

感觉运动游戏　象征性游戏　角色游戏　表演游戏

二、简答题

1. 简述幼儿游戏的认知分类。

2. 简述幼儿游戏的社会性分类。

3. 简述以认知为主线的幼儿游戏的发展过程。

三、论述题

1. 举例说明本体性游戏和工具性游戏在幼儿园教育中的作用，并谈谈如何更好地
发挥各自的作用。

2. 举例说明幼儿游戏形式的发展表现出哪些趋势。

四、案例分析

一天，小班老师组织幼儿开展"娃娃家"游戏。在指导过程中，她问一个正在喂娃娃吃饭的幼儿："你在干什么?"回答："喂娃娃吃饭。"再问："你是谁?"回答："我是文文。"又问："娃娃的妈妈呢?"答道："不知道。"

试分析这个幼儿是否进入了游戏角色，并评价教师的提问。

⊙ 推荐阅读书目

[1] 刘焱. 幼儿园游戏教学论 [M]. 北京：中国社会出版社，2003，11.

[2] 邱学青. 学前儿童游戏 [M]. 南京：江苏教育出版社，2008，1.

[3] 丁海东. 学前游戏论 [M]. 济南：山东人民出版社，2001，11.

[4] 邱学青. 对幼儿园游戏分类问题的思考 [J]. 学前教育研究，2000 (3).

[5] 刘焱. 我国幼儿教育领域中的游戏理论与实践 [J]. 北京师范大学学报（社会科学版），1997 (3).

第四章

幼儿游戏的指导、观察与评价

⊙**学习目标与要求**

1. 了解幼儿游戏的环境创设要求。
2. 掌握幼儿游戏的观察策略与评价，幼儿游戏的设计与组织。
3. 重点掌握幼儿游戏的现场指导的方式、方法和时机。

⊙**学习重点与难点**

学习重点：掌握幼儿游戏的指导方式、指导方法和指导时机。

学习难点：掌握幼儿游戏的观察与评价。

⊙**学习建议**

本章是游戏的实践部分，在前几章学习了游戏基本理论的基础上，运用理论分析能力具体分析游戏中的实践问题。因此，在学习中，要结合理论具体分析游戏的设计、组织、现场指导、评价等环节。

⊙**本章导读**

在游戏过程中，幼儿需要教师的指导与帮助。教师合理地对幼儿施加一定的影响或干预是保证游戏发展价值和教育作用实现的基础。教师对幼儿游戏的指导，一方面要通过创设体现一定教育意图的游戏环境间接影响幼儿的行为，激发其对周围事物的兴趣，积极投入游戏；另一方面，要通过直接参与游戏过程，具体指导幼儿的游戏，引导其深入，不断提高行为质量和活动水平，通过游戏促进幼儿身心全面和谐发展。教师对幼儿游戏过程中的指导是教师利用游戏教育幼儿、促进幼儿发展的关键环节和重要职责。

第一节 幼儿游戏的环境创设

《幼儿园教育指导纲要（试行）》明确指出，环境是重要的教育资源，应通过环境的创设和利用，有效地促进幼儿的发展。以游戏为基本活动，寓教育于各项活动之中。正如陈鹤琴先生所说：游戏是儿童的心理特征，游戏是儿童的工作，游戏是儿童的生命。因此，幼儿要想尽情地游戏，还必须要有一定的游戏空间。为幼儿创设必要的游戏环境是保证幼儿游戏的必要条件。

游戏环境是为幼儿设计的学习、发展和接受教育的场所，在创设游戏环境时无论是户外还是室内环境，都要遵循一定的原则。第一，促进幼儿的发展。游戏场地是为幼儿提供创造性行为的环境，幼儿在环境中探索发现，促进幼儿知识经验的丰富，同时环境的刺激也可以使幼儿增强对周围事物的兴趣和探索的欲望。因此，富有吸引性、挑战性、兴趣性的游戏环境可以加速幼儿心理、生理以及精神上的发展。第二，符合幼儿特点。游戏场地应是为幼儿提供一个适合幼儿玩耍、想象和操作的和谐、丰富、有趣的立体游戏场地，让幼儿充满自信地获得信息和锻炼。场地的设置要考虑幼儿的特点，考虑其生活经历、已有的知识经验及兴趣和能力等。另外，还要保证场地环境的刺激必须是适度的，既不过于单调，又不可琳琅满目，因为前者无法调动幼儿的兴趣，后者又使幼儿情绪浮躁、行为不定。第三，保证幼儿的安全性。安全是游戏场所设计时需要考虑的第一原则和要素。游戏场地环境和一切设施以及游戏过程都要排除危险的存在，安全的游戏场地是使幼儿免受社会环境的一切危险因素影响的地方。

一、户外游戏场地的创设

对于幼儿来讲，户外总是充满了诱惑和刺激，因为户外活动空间广阔，意味着更多的自由和快乐。户外游戏是幼儿生活中不可或缺的重要内容，在我们国家也明确规定，幼儿园的幼儿每天户外活动时间不能低于 2 个小时，寄宿制幼儿园不能低于 3 个小时。所以，幼儿园应该认真而科学地规划户外游戏场地，使其更好地为幼儿健康成长服务。

（一）按结构特征分类

户外游戏场地是幼儿运动量较大的活动得以开展的主要场所。户外游戏场地从结构特征上可以分为传统的游戏场地、创造性的游戏场地以及冒险性游戏场地几种。

1. 传统的游戏场地

传统的游戏场地上，一般安置的是一些固定的常规运动设施，在开阔的草坪上或者塑胶操场上设置一些游戏设施，如滑梯、秋千、跷跷板、转椅等。这些设施之间缺乏有机联系，几乎每种设施只有单一的功能。这种传统的游戏场地有利于幼儿的动作和大肌肉运动能力的发展，但由于各个设施之间缺乏联系，不利于幼儿想象力的发挥，只是满足了幼儿机能性的快乐，同时这些设施的游戏方法有限，缺乏可探索性，枯燥乏味，幼儿很难长久地保持对这些器械的兴趣。传统的游戏场地由于条件的缺乏，很多设施都安置在沙土地或水泥地上，另外，一些器械是木质或铁质的，也存在安全隐患，容易发生安全问题等。

2. 创造性的游戏场地

随着对幼儿教育的关注与重视，传统的游戏场地的缺点逐渐暴露，刺激了现代游戏场地的开发。在这种游戏场地上，提供了多样化的游戏设施，以引发多样化的游戏经验，所以称为创造性游戏场地。之所以是创造性的游戏场地，主要表现为：第一，出现了大型组合运动器械；第二，安置了可移动的设施和器械，自然化地利用了很多废旧物品，如废旧纸箱做成的小推车、卧倒的树做成的平衡木、可移动的轮胎等；第三，开辟了自然区域，如玩沙区、玩水区、种植园区、养殖园区等。幼儿在这种创造性的游戏场地上活动，大大增加了想象性、合作性、装扮性，提高了游戏的层次，为幼儿提供了更丰富的游戏经验。

3. 冒险性游戏场地

这种游戏场地起源于丹麦，第二次世界大战后备受英国等欧洲国家欢迎。现在美国、日本等国也开始注重这种冒险性游戏场地为幼儿带来的游戏经验。之所以是冒险性游戏场地主要是指利用了自然环境及各种废弃物规划的游戏场地，场地中的各种设施都是临时的，由幼儿自己建筑，用木材、绳索、轮胎、砖块等工具进行各种创造性的活动，可以不断拆掉重建，通过对环境建造培养幼儿的独立性、胜任感，并获得很多技巧。日本的一些幼儿园大多设置这样的游戏场地，为落实培养幼儿独立性、自我保护意识和能力，特别设计了探索性的游戏场地，如高低不平的土坡上钉有木桩，让幼儿知道如何谨慎地避开障碍物；特意开辟了坑坑洼洼的雨天会积水的泥地，还有泥泞的小路，让幼儿体验路滑该如何保持走路的平衡。冒险者场地为城市幼儿提供了接近自然，了解一些农业、手工业生活技能等的机会，但是这种游戏有着不确定性、挑战性和一定的危险性，因此必须配备专业的成人在场指导，所以安全问题是冒险性游戏场地的主要问题。

以上三种户外游戏场地是按照场地的结构特征划分的，当前户外游戏场地已经不再是传统意义上的运动场地，而突出地体现了其自然性、趣味性、挑战性和富有变化性。

（二）其他分类

一般的幼儿园户外游戏场地除了宽敞平坦的体操区及一般运动区外，还可设有球类区、玩沙区、玩水区、种植区、养殖区等。

1. 大型组合运动器械区

大型组合运动器械是户外游戏场地的主要设施，也是现代幼儿园室外必备的游戏设施，一般由高度不同的木制平台、旋转滑梯、网状锁链梯等组成（图4-1）。在这些大型组合运动器械下面铺设塑胶地板或者细沙等，防止幼儿因意外摔伤。通过在这种大型组合玩具上玩耍，幼儿不断练习攀登、平衡、走、跑、跳、爬等动作，促进大肌肉动作的发展，加强身体的运动能力，提高身体运动的灵活性、敏捷性、协调性，增强力量、耐力等。除此之外，一般室外场地还设置一些秋千、跷跷板、滑梯、绳梯等运动器械，这些室外的大型组合运动器械促进了幼儿身体的各部分发展和幼儿感觉统合能力的发展。由于这些器械是由塑料、木头以及铁质金属材料组成的，所以在设计游戏器械时应注意安全性，器械要牢固，各种器械尽可能做成圆角，表面光滑，游戏器械之间保持一定距离以避免碰撞等。由于器械终年露天日晒雨淋，又受气温变化影响，故游戏器具材料要选经久耐用的，同时幼儿园应定期为这些器材进行安全检查。

图4-1 大型组合运动器械

2. 玩沙区

英国有家报纸曾举办了一次有奖征答活动，题目是"这世界上谁最快乐？"获大奖的四个最佳答案之一就是：正在用沙子筑城堡的幼儿。玩沙能给幼儿带来快乐。玩沙是对幼儿进行感官刺激的主要方式，能充分发展幼儿动作的协调能力，培养幼儿的想象力和创造力，满足幼儿渴望成功的心理需要，有效促进幼儿身心健康和谐发展。在沙池里游戏，幼儿处于自由交往的环境之中，他们一起交谈各自的构思，商量怎样玩，给幼儿提供相互交流的机会，对幼儿的发展起到非常重要的作用。成人要为幼儿玩沙提供一定的条件和工具并对幼儿玩沙游戏起到正确的引导作用（图4-2）。用木头箱子装上沙子，再准备些小碗、小盘等不大不小的容器，"盛饭"、"炒菜"等游戏就能开展起来。在沙滩上可以打洞、挖井、搞建筑，可以用沙子修公路，用冰棍棒插篱笆、路灯，还可以建游乐场、乐园等。如果有细沙，可以让幼儿在沙子上面绘画写字。在沙子里画画，有利于培养幼儿作画的兴趣，使其大胆作画（图4-3）。

图4-2　日本幼儿园的玩沙区　　　　　图4-3　幼儿在玩沙区作画

3. 玩水区

水是生命之源，水与我们的生活密切相关。幼儿对水非常好奇，玩水是幼儿的天性。从出生开始多数幼儿就喜欢游泳，喜欢接触水。一般幼儿园都设置一个戏水池，也有的幼儿园把水池变成小湖或者池塘等，幼儿可以蹲在路边玩水，水里养有小鱼等，既是一道美丽的风景，还可以供幼儿观察、玩耍（图4-4）。玩水是一种创造性的游戏活动，幼儿通过玩水可以感知水的特性、作用。同时玩水活动也能很好地激发幼儿对科学的探索兴趣。在玩水区要为幼儿准备各种大小、形状各异的勺、瓶、壶、桶等器具，让幼儿舀水、盛水，而且在玩水的过程中，幼儿会自然地了解到各种盛水器皿的大小。玩水区可以使幼儿学会湿-干、沉-浮、满-空、稀释、溶解等丰富的概念。

4. 种植区、养殖区

幼儿园中种植区、养殖区是大自然的缩影。种植区可以为幼儿提供观察和体验播种、栽培、施肥、浇水等种植活动的机会，了解植物生长的过程与外界环境之间的关系，让幼儿从小观察大自然种子发芽、开花、结果的变化过程，可以让幼儿体验到花草的变化，感悟自然界的神奇魅力，满足幼儿亲近自然的需要（图4-5）。在养殖区，幼儿园可以养殖一些小兔子、小山羊等。幼儿从小就喜爱和温顺的小动物玩耍，在喂养小动物时也可以近距离接触这些小动物，观察小动物的特征，了解它们的生活习性等。因此圈养一些可爱的小动物能激发幼儿对小生命体的爱护、关怀，学会关心周围事物，但小动物房舍必须经常打扫，设置时最好接近后勤区，以便管理人员对小动物的照料。通过直接接触各种各样的动植物，幼儿可以了解各种动植物的基本特征，帮助幼儿建立保护自然环境、爱护动植物的良好习惯。

图4-4　玩水区　　　　　　　　　图4-5　日本幼儿园的种植区

5. 攀爬区

幼儿通过触摸岩石、伸展四肢、摆动身体，能刺激大脑的学习能力，因而对体能与智能均有明显的助益。临床实验证明，"攀爬"是改善儿童感觉统合的绝佳活动，在富有乐趣的攀岩游戏中更可增进幼儿的体能、手脚抓握力、平衡感、高度适应、专注力、进取心、手眼协调能力，进而训练幼儿克服困难的勇气与自信心（图4-6）。攀爬墙（图4-7）的设计不仅不占场地、美化环境，还弥补了现有教玩具的不足，能够很好地培养幼儿的勇敢精神和探险意识。幼儿都喜欢攀爬，尤其是中大班的幼儿。可以在墙面设计横向攀岩，在绿色长廊设计软索爬梯，在草坪上设计轮胎爬墙、软索爬墙等。

图4-6　攀爬架

图4-7　攀爬墙

二、室内游戏环境的创设

室内游戏通常是幼儿早期教育课程的一个重要组成部分，为了满足和鼓励幼儿经常开展游戏特别是自选游戏，可在户内通过设立游戏活动区，特别是室内设置较稳定的游戏区、游戏角或兴趣中心，以使游戏贯穿幼儿在园的每一时段。通过创设丰富多样的游戏环境来支持和引导幼儿的学习活动，是适宜于幼儿身心发展特点的教学方式。人类发展生态学家曾对在不同环境下生活和学习的幼儿做过大量的观察研究，他们的结论几乎是一致的。如材料配备齐全的积木角能激励幼儿积极的动手操作及进行想象游戏；安静的阅览室和图书能养成幼儿认真阅读书籍的良好习惯；在美术角，幼儿经常更多地独立完成自己的创作；而在娃娃家，幼儿则会频频地与人交谈，认真扮演自己的角色，使社会交往能力得到良好的发展。可见，理想的幼儿园室内环境布置，能使幼儿在潜移默化中学习和发展。在幼儿园里常规的游戏区一般包括以下几种。

（一）积木区

积木是各个年龄阶段幼儿都喜欢的一种游戏材料。在幼儿教育领域中积木一直被作为具体形象的学习材料来使用。一个托幼机构的教室应该有一个宽敞的、装备得较好的积木区，不仅因为搭积木对许多幼儿来说是一种有吸引力和富于挑战性的活动，还因为幼儿能以许多不同的方式来使用积木以达到不同的目的（图4-8）。幼儿能用积木搭出高低不同的、长长的或圆形的建筑物，在搭的过程中，他们会遇到平衡、围合等空间和结构的难题，他们还会遇到相同和不同的问题，并在建造中创造出不同的风格和类型。

幼儿还会用积木、小人、动物、家具和玩具车辆玩象征性游戏。积木区应设在远离幼儿来往走动较多的地方，一般可设在不靠门的角落里。积木区与中心区相连可容纳许多较大的积木建筑，因为有时会有较多的幼儿计划到这个区活动。积木区的材料应放置在幼儿容易看到和取到的地方。大的笨重的积木、箱子、地毯块、大型木拖车和玩具可放在地上，但要归类堆放，并贴上标记。标记可为不同形状以使大小积木类别分明，也给幼儿的排序和分类能力练习提供了机会。把相同的积木区材料放在一起和做好标记还可节省打扫的时间。

图 4 - 8　积木区

（二）美术区

幼儿园美术活动是一种能让幼儿按照自己意愿和兴趣来表达自己体验和情感的极好方式。美术活动可以充分发挥幼儿的想象力，培养幼儿的创造性思维。美术区（美工活动区）的选点最好是靠窗台、近水源，便于幼儿在活动中自由取、换水，更重要的是采光好，利于保护幼儿视力。有条件的教室内，还要考虑其空间位置应利于幼儿进行个体活动，自由组合活动，稍作调整，又可进行小组活动。区内除了设置工具、材料柜外，应保留有一定位置的墙壁图板，供两名以上幼儿自由组合进行各种粘贴或绘画活动，为在美育中培养幼儿的社会交往能力提供空间环境的有利条件（图4-9）。美术区的设置除了空间位置、材料、艺术氛围的创设外，更重要的是为孩子创造一种自由、愉快、和谐的民主气氛，使他们能在自由的游戏中学习和创作，从而无拘无束地表现自己、发展自我。

图 4－9　美术区

（三）角色游戏区

角色游戏最适合幼儿身心发展的需要，是幼儿期最典型的、最有特色的游戏。它也是创造性游戏中最有代表性的一种游戏。在幼儿园的班级中我们通常可见的角色游戏区的设置大多是娃娃家、商店、医院、快餐店、理发店等。以幼儿最喜欢玩的娃娃家为例（图 4－10），娃娃家的布置应贴近家庭并充满童趣。在场地布局上，最好用小屏风或积木将娃娃家分隔成"厨房"和"卧室"，以便活动的开展。"厨房"摆放"炊具"，"卧室"里放置"家具"，再挂上一张反映家庭生活或合家欢的图片，有条件的话，铺上一块地毯，使娃娃家变得更加舒适温馨。娃娃家所投放的玩具与道具，应是幼儿在家常见的东西，如摇篮、布娃娃及日用品（奶瓶、菜篮、小桶、扫把、簸箕、围裙、抹布）等。此外还要准备一些反映角色特征的服饰、道具或小标志，使角色更加形象逼真，也使扮演者牢记自己的身份和职责。

（四）益智操作区

幼儿园通常设置一些益智类的玩具。益智类玩具一般包含一定的问题或任务，要求幼儿在游戏的过程中解决问题、完成任务，属于比较典型的教育型玩具。因此可以把这一类玩具或游戏材料集中起来，专门设置一个益智操作区。此区应备有各种积木、插板、木钉板、智力玩具、结构材料、手工材料、建造材料、电动玩具等，培养幼儿的操作兴趣和手眼协调能力，发展注意广度、记忆力和语言技能及合作精神。此外益智游戏需要一个相对安静的环境，以保证幼儿专心致力于自己的游戏中（图4-11）。

图4-10 娃娃家　　　　　　　　　　　　图4-11 益智操作区

（五）科学区

幼儿都喜欢探索新奇事物，在室内可以开辟科学区（科学探究区），让幼儿在生活中时刻可以学习科学知识。科学区可以设有沙、土、水、平衡秤、塑料瓶、小桶、肥皂、草、花以及各种小实验用品和用具（图4-12），培养幼儿善于观察、思考、动手动脑的能力，发展幼儿的探索精神。该区游戏活动性低，宜设于安静区，避免干扰。还应注意光线要好，可近窗设置。

图4-12 科学区

（六）图书区

在学前期帮助幼儿掌握前阅读技能，培养幼儿对阅读的兴趣，对幼儿日后的学习有重要作用，一般幼儿园都非常重视图书区的设置。图书区是开展幼儿园阅读活动的载体和桥梁，是活动区不可或缺的组成部分。图书区一般设有各类适合幼儿的图书、画册、手工制作的图书和杂志，以及摆放一些桌子、椅子、书架等（图4-13）。该区活动以静态为主，要避免干扰，可设在角落与其他区隔离。另外，要注意采光，使光线明亮。此类活动可培养幼儿阅读和学习的兴趣，发展语言能力等。

图4-13 图书区

此外，一些幼儿园还设有一些特色区域，如以奥尔夫音乐为特色的音乐区、蒙氏游戏区等。

第二节　幼儿游戏的设计与组织

一、幼儿游戏目标与内容的制定

（一）幼儿游戏目标的制定

幼儿园游戏目标是幼儿园游戏的组织者期望通过游戏得到的结果或要达到的标准。幼儿园的教育实际上是由一个个内容丰富、形式多样的游戏组成的。而每个具体游戏的成功与否，又与它的游戏目标密切相关。因此，游戏目标的设置便成为幼儿园游戏设计的首要环节。科学的目标是计划可行性的保证。

1. 考虑儿童年龄特点

不同年龄特点的幼儿发展水平是不同的，在幼儿园的小、中、大班幼儿发展目标也是不同的，因此游戏计划要适合本班幼儿的年龄特点。例如，教师将小班的玩水游戏目标定为"了解物体的沉浮"，这对于小班幼儿来说较难，应作为中班的目标来实现，小班幼儿只能在玩水过程中感受水的基本特性，知道水是无色的、流动的等，还不能清楚判断出沉浮这种物理现象，所以目标可以改成"感受水的特性"，让幼儿在游戏中感受水。

2. 根据游戏类型确定不同的目标

制订游戏计划时，需结合对各游戏类型的教育功能特点的分析，确定侧重点不同的游戏目标。无论游戏类型和游戏目标是什么，保证幼儿游戏的兴趣是首要选择。有的教师带幼儿来户外，在方砖铺成的场地上，准备通过玩投沙包的游戏达到教幼儿测量知识的目的。幼儿没有机会尽情地投沙包，而是在老师的严格要求下，一人投一次，然后回答老师的问题："怎么知道谁丢的远"。在引导幼儿回答出可以数地上的方砖之后，在一再的提问和要求下，幼儿终于说出可以用棍子、跨步、绳子测算和尺子去科学测量。教师很满意这样的结果，随后拿出几样测量工具，让幼儿测量结果。然而，整个活动过程中，幼儿全然没有体会到投沙包的乐趣。

3. 游戏的目标要有实际针对性

游戏的目标切忌过于笼统，含糊不具体。例如，将美术区的教育目标确定为"培养幼儿美感和动手操作能力"，语言区则为"培养幼儿语言表达能力"，这无疑是正确的，但却失之过泛，不够明确具体，不具有针对性，因而难以在教育实践中实施，教师无法在游戏活动中对幼儿的行为给予切实引导和影响，目标也就不容易达到。如教师发现小班幼儿玩完玩具不能把玩具放回原处，就可以设置这样的活动"送玩具宝宝回家"，目标设置成"玩完玩具知道把玩具放回原处"，这样目标清晰，指导起来就比较有针对性。

4. 游戏的计划和目标应体现渐进发展性

在实施游戏活动之前教师都要制订一定的计划，作为行动的指导。但是游戏计划的制订如果千篇一律，或者前后学期都用同一个，就形同虚设了，完全起不到循序渐进、促进幼儿发展的作用。所以教师要通过游戏计划的制订，有目的、有计划地指导幼儿游戏，从而促进学前儿童在游戏这一感兴趣的活动中得到发展。因此，游戏计划应体现出渐进发展性，各周、各月的游戏目标应逐步提高要求。

总之，幼儿园的游戏目标应该是内在的、长时的。在新一轮课改理论精神的指导下，幼儿游戏目标要体现"以人为本"的要求。游戏作为幼儿的基本活动，其长远的大目标应充分考虑孩子的年龄特点、成长规律、兴趣爱好等，同时尊重他们的独立人格和尊严，为孩子今后的学习生活、走上社会服务；其内在的、细小的方面，我们应考虑该游戏孩子是否喜欢玩，投入的积极性如何，游戏中孩子将获得哪方面的情感和能力（特别是在创新意识方面）等。总之，幼儿游戏目标的制定要具体，便于操作；游戏目标包含的内容要全面；游戏目标的制定要从幼儿的年龄特征出发；游戏目标的确立要在过程前完成；游戏目标的表述前后要一致。

（二）幼儿游戏的内容选择

幼儿园游戏的内容应是广泛的、启蒙的，各方面的内容都应发展幼儿的知识、技能、能力、情感态度等。在选择内容时，既要符合幼儿的兴趣和现有经验，又要有助于形成符合教育目标的新经验。既贴近幼儿的生活，又有助于开拓幼儿的经验。既体现内容的丰富性、时代性，又注重幼儿学习的必要性、妥当性以及与小学教育的衔接。

1. 游戏内容的选择要体现趣味性

游戏的趣味性能使幼儿注意力集中，保证对活动的专注、持久。幼儿的注意力具有无意性和不稳定性，在活动中表现为凭兴趣、靠新鲜感，一旦新鲜感消失了，活动的兴趣也就没有了。而趣味性游戏常常能让幼儿在游戏活动中保持兴奋、积极的状态。这就要求教师对幼儿随时产生的兴趣和需要做出敏锐的反应，根据幼儿的兴趣与发展需要的变化随时调整游戏内容，这不仅有利于更有效地激发幼儿游戏兴趣与主动性，而且有利于丰富和完善游戏活动内容。如在主题"两只小手"中设计的游戏"小手变变变"，一开始主要是让幼儿通过变化自己小手的动作，来模拟出各种物体，进行语言游戏。可是幼儿在游戏想象中，把原来单纯的手部游戏拓展成了全身游戏。他们不满足于只活动自己的小手，把整个身体都参与了进来，教师马上调整了自己的设想，把运动游戏融入原来的游戏中去，丰富了游戏的内容。在游戏中教师添加了模仿小动物的运动性游戏等内容，不仅满足了幼儿的好奇心和兴趣，还充分调动了幼儿的视觉感受力和动脑思考的能力。

2. 游戏内容的选择要体现生活性

幼儿的现实生活本身就是一部活生生的"教材"，幼儿所接触的新的现象、新的问题、新的环境都是游戏活动的源泉。把幼儿日常游戏中出现的行为问题融入游戏活动中进行教育，效果会非常好。如在户外玩滑梯时，教师发现个别幼儿玩完滑梯后不马上离开，形成了滑梯上的拥堵现象。教师组织了"开小汽车上立交桥"的游戏，把滑梯当做"立交桥"。在游戏中，教师引导幼儿逐个"开车"上"桥"，并在幼儿"开车"下"桥"时变绿灯，让幼儿滑下后根据绿灯指示即时离开，避免了"桥上"的拥堵现象。通过这个游戏，不仅锻炼了幼儿大肌肉动作的协调性及灵活性，还促使幼儿树立起了规则意识。

3. 游戏内容的选择要具有可操作性

游戏的操作材料具有暗示性，能够激发幼儿的操作兴趣，所以在游戏活动中，为幼儿提供大量可操作材料，同时在为幼儿提供材料时，要注意适合幼儿的年龄和认识水平，难易适度，具有科学性、实用性、安全性。对材料的操作，教师要尽可能地精简程序，使之操作简便，这样才能有效地激发幼儿对游戏活动的兴趣。操作性越强的活动，它的趣味性也就越强，越容易激发幼儿学习、活动的兴趣。

二、幼儿游戏的组织安排

根据幼儿在选择游戏过程中的参与程度，幼儿园的游戏可以分为"自主游戏"和"教学游戏"两类。对于不同形式的游戏其组织形式也是不同的。

（一）自主游戏的组织

幼儿的自主游戏包括三个基本环节：自由选择、自主展开和自发交流。在幼儿园教学过程中，自主游戏只是强调和突出了幼儿在活动过程中的主体地位，并不否认教师在其中的共享、观察、帮助的职能。相反，教师必须通过在幼儿游戏过程中的认真观察和总结，及时地在游戏后对幼儿游戏的情况进行分析，这样可以为幼儿选择和进行下一次的游戏活动提出指导，从而更为有效地引导孩子的发展。因此，自主游戏突出体现了游戏是幼儿自主自发的意愿活动这一本质特点，明确了教师作为游戏环境的创设营造者、游戏过程的观察支持者、游戏成果的分享激励者的角色地位。

1. 自由选择

任何游戏都是从选择游戏的题材、内容和方式开始的。自由选择是幼儿游戏的起始部分。这部分的关键在于：教师应通过提供幼儿自主游戏的环境条件，包括各种游戏所需要的材料并创设宽松的游戏氛围，鼓励幼儿自己选择决定要玩什么、在哪儿玩、和谁一起玩，激发幼儿的游戏热情、投入游戏的主体意识。教师在这个活动过程中，可以扮演游戏小组中的一个与其他幼儿平等的"普通"成员。当然，幼儿由于缺乏经验，心里的有意性差，对日常生活的体验、周围的环境认识还缺乏理解，需要成人的引导，对不同经验能力的幼儿提供相应的帮助。因此相对幼儿游戏的自由选择，教师对幼儿的游戏选择给予引导，但不强求；给予帮助，但不干预；给予建议，但不评比。在这一过程中教师的指导策略如下。

（1）鼓励幼儿自由选择

教师要鼓励幼儿自由选择，共享幼儿自由选择获得的快乐。鼓励的方法有语言的启发暗示，如"你可以去玩你自己想玩的游戏"，"你还想玩什么游戏，想和谁一起玩"或"你认为玩什么能使你最开心"。教师也可以通过身体语言，如首肯的方式，鼓励幼儿大胆选择。重要的还是教师必须向幼儿明确每个幼儿享有合理的、自由选择游戏的权利，并表明自己的支持态度，使幼儿在宽松自如的氛围中学会选择，敢于选择，培养自我，享受个性的自由快乐。

（2）提供幼儿选择的条件

真正的游戏是自由选择的。但是，幼儿的游戏总是在一定的场合、一定的时间和一定的人物情景中进行的。而如果没有足够的时空条件、适宜的人物情景，幼儿就很少或不能有选择的余地，幼儿的自由选择也就不能实现，游戏的自主性也就无法体现。例如，有些幼儿喜欢玩诸如开公共汽车等集体游戏或者比赛跳绳等竞争性的游戏，这时，教师可以将召集有类似兴趣的幼儿，创设游戏的情景，组织游戏。教师在协助幼儿组织、完成自主游戏的过程中，必须注意以下几方面的问题：第一，满足幼儿自由选择商议、决定游戏的时间空间；第二，为幼儿提供感兴趣的、适合年龄特点的、促进幼儿学习发展的玩具材料，让幼儿选择并与各种玩具材料发生交互作用；第三，教师要重视幼儿知识经验的积累。

（3）帮助幼儿解决选择中的困难和矛盾

幼儿在选择游戏的过程中，会遇到各种可能的冲突。选择的过程就是判断的过程，也是决策的过程。教师通过观察幼儿游戏开始的行为，可以发现幼儿的表现是不同的。有的幼儿能很快找到游戏材料、伙伴，友好协商、达成共识、进入游戏，有的幼儿到处转悠未有结果，有的幼儿行动迟缓而无所适从，有的为了玩具材料、分配角色发生争执等。这些游戏中的行为表现、需要、困难和矛盾，需要教师的指导帮助，以使幼儿顺利开展游戏。例如，游戏中教师发现一名新入园的幼儿在阳台上来回走动近6分钟也未选择游戏，即走过去对她说："和大家一起玩好吗？"幼儿摇摇头回答不想玩。后来，教师又看她手里拿着玩具娃娃在公园好奇地看公园饲养员喂动物，教师主动接近她："公园真好玩，你做妈妈带宝宝一起逛公园好吗?"于是，幼儿手抱娃娃开始了游戏。过后教师还专门组织了"我们都是好朋友"的谈话活动。这里，教师的亲近和建议，一定程度上消除了幼儿的陌生感，帮幼儿选择进入游戏克服了障碍。

2. 自主展开

这是游戏的主体环节，教师应引导幼儿自主地开展游戏，使幼儿自由选择游戏后能更好地与人物、情景相互影响，自主展开游戏，使幼儿的兴趣需要得到满足，情绪情感得以激发，自我价值得以体现，社会交往技能得以培养，促进其身心的和谐发展。自主展开的游戏过程是幼儿主体内在动机完全得以激发的过程。在这一过程中，幼儿主动地调动机体的各种感觉，展示自己的经验才能，积极地与环境发生交互作用。因此，教师要善于为幼儿自主展开的游戏提供必要的帮助指导，以推进其游戏进程，绝对避免为了提高幼儿的游戏水平或者为了发挥游戏的教育作用而去教幼儿游戏或过多地干预幼儿游戏。因此教师要通过观察了解幼儿的各方面的发展水平和内心世界，为教育教学提供依据，同时也为游戏指导提供依据。教师根据对幼儿的观察了解，顺应幼儿的需要、进行随机指导是非常重要的，教师一定要把握好随机指导的时机和和分寸，以不干扰幼儿的游戏为前提，指导的目的是为帮助幼儿获得一定的经验。面对游戏中的突发状况教师要根据情况加以针对指导，如在游戏中往往会发生争抢角色、争夺玩具、破坏别人的玩具等情况，此时教师必须介入，进行协调，让游戏继续进行下去。

3. 自发交流

幼儿在游戏中，大多时候不是单独的游戏，所以在有其他幼儿参与的游戏中，幼儿之间就需要有交流和沟通，这种交流是幼儿自发的，不仅可以促进幼儿语言能力的发展，同时也是幼儿培养合作行为的前提和解决冲突的有效途径。但是每个幼儿的个性又是不同的，对游戏中的交流也有一定的影响。有些幼儿比较内向，喜欢静静地独自完成活动；有些幼儿喜欢表现自己，每完成一项活动就迫不及待地希望得到老师和其他小朋友的注意和赞许，所以显得活跃。在集体活动中，有些幼儿喜欢担任领导角色，对其他小朋友"发号施令"，有些幼儿则乐于接受指令。教师在这个过程中，要给幼儿充分自由表达的机会，当幼儿之间发生冲突时，在保证幼儿之间没有身体上的伤害的前提下，教师不要过快或者过多地干预幼儿在游戏中自己处理矛盾和冲突的过程，这对幼儿来说同样也是学习的过程。当遇到不善于与他人交流的幼儿时，教师可以适当引导他与其他小朋友交流。例如，如果有个幼儿想要玩其他幼儿已经玩了很久的游戏但又不敢与其他正在游戏的幼儿交流，教师就可以鼓励这个幼儿对其他幼儿说："你玩一会就该下班了，让我玩好吗?"教师的鼓励通常可以有效地激发和促进幼儿的交流过程。

自主游戏将游戏活动的主动权还给了幼儿，而这种类型的游戏的组织，对教师也提出了新的要求。教师需要明确幼儿喜欢游戏是由于幼儿的天性自发的需要。通过自主游戏，幼儿能够在属于自我的游戏中满足在现实社会生活中得不到满足的需求，在没有任何控制关系的背景中实现自己的意愿，从而达到情感上和智慧上的平衡。教师通过协助幼儿组织自主游戏，有了更多的时间观察、了解幼儿的游戏，并用适时适宜的提问建议、适时适当的材料提供、适时适度的角色参与积极地影响幼儿游戏的开展。教师把自己当做与幼儿平等的一员，拉近与幼儿的关系，使幼儿在游戏过程中变得更为轻松愉快，改变过去那种教师对幼儿时时处处的"关心"，幼儿在教师监控下小心翼翼地"游戏"。幼儿真正成了游戏的主人，教师既是教育者，更是幼儿游戏的伙伴。

（二）教学游戏的组织

以教学（狭义的教学，即正规的、以集体形式为主实施的系统学科教学）方式来组织幼儿的游戏，是教学游戏的组织形式。这种游戏的实施、组织，实质上是以游戏的形式开展活动实施教学，完成特定的教育教学目标。如在教育活动中注意采用游戏的形式与手段，激发幼儿兴趣，从而促进教育效果的提高。所以，此类组织形式之下的游戏，也称手段性游戏。在组织这种游戏时，应有以下几个环节。

1. 准备游戏经验，投放材料

教师要将幼儿的需求、教育的要求体现在游戏环境的创设之中。游戏材料的准备、给幼儿提供充足的时间、合适的空间与场地、丰富的经验都是保证幼儿顺利完成游戏的必备条件。材料准备是教师组织游戏的重要的、不可缺少的环节，教师可以通过对材料的提供，将教育意图与教师期望达到的行为来展现给幼儿；游戏时间的长短，直接影响游戏的质量，只有在充足的时间里才能去寻找伙伴、选择角色、计划游戏的情节等；游戏空间的大小、密度及场地结构等对幼儿游戏都会产生影响，游戏前教师要考虑这些因素是否有利于游戏的开展；经验的准备就是要为幼儿提供多种途径，丰富和完善幼儿的知识经验，并在游戏之前以多种方式来刺激、激活已有的经验，为游戏的顺利开展提供保证。

在幼儿游戏前，我们可以给幼儿准备许多有利于游戏的材料，以保证幼儿有充分的发挥空间。比如在角色游戏区，放上幼儿自制的电话，两个幼儿商量后，就可能玩"打电话"的游戏，这样既培养了幼儿的语言表达能力，同时也培养了幼儿之间的相互合作能力；放上听诊器、白大褂的时候，三四个幼儿一商量，可能会玩"医院"游戏；在一块空地上放上沙包，他们可能不由自主地就玩起丢沙包的游戏等。所以，我们应尽可能地给幼儿创造一个能引发他们游戏的环境，包括游戏用的场地及游戏用到的材料等。但要注意其适宜性，既不能琳琅满目，给幼儿过多的刺激，使幼儿无所适从，又要适量增加引起幼儿兴趣的东西，以便更长时间地激发幼儿游戏的兴趣。

2. 确定游戏活动的规则和方法

掌握一定的游戏活动技能是顺利开展游戏的前提条件，也是激发幼儿游戏活动兴趣的良好保证。教师要在游戏开始之前用简单明了的语言和适当的动作示范，让幼儿明白游戏的名称、玩法及规则，可以先教会个别的幼儿玩游戏，然后让他们以互相学习的方法学会玩游戏；也可以运用教具演示讲解游戏的玩法和规则。在进行游戏时，教师应指导幼儿遵守游戏规则，同时对个别的幼儿进行指导，掌握游戏的时间，使每个幼儿都有机会参与游戏。

3. 观察游戏

教师只有观察幼儿的游戏，才可能发现幼儿游戏的兴趣和需要，了解游戏的现状及存在的问题，从幼儿的视觉出发理解他们的内心活动，接纳幼儿特有的感受方式、表现方式，把握他们的游戏线索，并顺应游戏流程和需要，对环境进行调整，使幼儿的游戏得以拓展。因为这种观察针对幼儿的需要，有利于帮助幼儿形成系统的、丰富的经验体系，促进幼儿全面和谐发展。

4. 参与游戏，指导游戏

幼儿非常喜欢教师以玩伴的身份参加他们的游戏，成为他们游戏中的一员。在游戏中教师可以以"艺术家学徒"、"调解人"、"监护人"、"平行游戏者"等身份去参与游戏，但要警惕那种以教育者、指挥者、主导者自居的思想和做法。当教师成为主导者时，幼儿的游戏行为往往被迫中断。所以教师应带着一颗童心去参加游戏，尊重幼儿在游戏中的自主权，和他们共同分享游戏中的快乐。游戏之外，大家用不同的方式交流讨论甚至解决问题，教师要巧妙地将分享中有教育价值的内容升华，潜移默化地深入到幼儿的心灵中去。

对于幼儿游戏的指导没有固定的模式，因此，在指导幼儿游戏的过程中，我们应根据不同的游戏活动，给予幼儿不同的指导。如幼儿进行角色游戏的时候，我们要通过丰富幼儿的生活经验，同时也要尽可能以发挥幼儿的想象力和创造力为主要指导方向；在指导表演游戏的时候，则要帮助幼儿选择健康而又适合的作品，通过各种方式，使幼儿熟悉、理解作品的内容，如讲故事、听录音、看电视等形式；当幼儿进行结构游戏的时候，则要以丰富幼儿对物体的想象和加深他们的印象为主要指导目标；等等。

5. 评价游戏，分享游戏体验

　　游戏结束时，教师引导幼儿就开展游戏的情况进行讨论，帮助幼儿整理游戏经验，找出存在的问题，并分享成功的经验。这种评价不是指结束时的讲评，而是指对幼儿游戏行为表现作分析、研究，以了解幼儿身心发展的状况；对幼儿游戏做出评价，是对幼儿已有经验的提升，也是下一次游戏计划的依据，它不仅可以丰富幼儿游戏的内容，而且有助于幼儿综合能力的发展，是教师组织游戏的重要环节；对教师在幼儿游戏中的组织指导工作做出自我评价，以便改善游戏环境的创设和游戏组织工作，进一步提高教师的素质。

第三节　幼儿游戏的现场指导

　　游戏对于促进幼儿发展的突出作用毋庸置疑。在幼儿游戏过程中，教师要合理地对幼儿施加一定的影响或干预，即指导，以保证游戏发展价值和教育作用的有效实现。如果说，为幼儿创设游戏的环境条件，以及做好游戏开展的组织工作及其计划的制订，是对幼儿游戏活动的外部帮助和支持，是一种场外指导，那么教师对幼儿游戏过程的介入和指导，就是对游戏活动本身的现场指导。教师对游戏活动本身的现场指导是游戏实施计划得以实现的关键环节。

一、幼儿游戏的指导方式

　　对于教师来说，在游戏过程中的指导是一个开放性的与幼儿互动的过程。这种互动过程，要求教师应掌握一定的技巧或策略，并具有较强的随机应变的能力，在实践中能够灵活机动地运用，所以游戏中的指导充分体现了幼儿教师教育工作的科学性、艺术性和创造性。教师指导游戏就需要介入幼儿的游戏，介入的目的是引导幼儿继续游戏，促进幼儿游戏向高一级水平发展，从而提高游戏质量。

（一）平行式介入法

　　平行介入法是指教师在幼儿附近玩与幼儿游戏相同或不同材料的游戏，目的在于引导幼儿模仿教师。教师起暗示指导的作用，教师的指导是隐性的。当幼儿对教师新提供的材料不感兴趣或者不会玩，不喜欢玩，只会一种玩法时，教师可用这种方式介入进行指导。

案 例

一个男孩在用积木搭"大高楼",但他把小块积木放在下面,大块积木放在上面,因此"大高楼"总也搭不高、"站不稳"。在这种情况下,教师可以坐到他身旁去,也拿一堆积木来搭"大高楼",一边搭一边说:"我把大积木放在下面,小积木放在上面,这样我的大高楼就搭得高了。"

本案例改编自:赵金珍,俞关英:《指导幼儿深入开展角色游戏》[J],载《儿童与健康》,2007 (2)。

采用平行游戏的指导方式,可以传递成人对幼儿游戏关注的态度,增进幼儿游戏的兴趣,同时成人的行为本身成为幼儿可以参照的范例或榜样,益于幼儿掌握游戏技能。它最大限度地避免了指导成为干扰的可能性。

(二)交叉式介入法

交叉介入法是指当幼儿有教师参与的需要或教师认为有指导的必要时,由幼儿邀请教师作为游戏中的某一角色或教师自己扮演一个角色进入幼儿的游戏,通过教师与幼儿角色之间的互动,起到指导幼儿游戏的作用。当幼儿处于主动地位时,教师可扮演配角。

案 例

教师当成"邻居"到娃娃家,假装发现娃娃发烧,并劝"爸爸""妈妈"应带娃娃到"医院"看病或请医生,使原本平淡的游戏情节得以扩展。在邮局游戏中,教师扮演"寄信人"却假装不知要写邮址或贴邮票,贴多少钱的邮票等,吸引邮局"工作人员"主动前来介绍,丰富了游戏中幼儿的角色对话。在"菜市场"游戏中,教师扮演顾客,专买"市场"上没有的东西,如"海带"、"乌龟",引发幼儿自己寻求代替物,用纸条代替"海带",用小扁瓶子代替"乌龟",发挥了幼儿的积极性和创造性。

本案例改编自:丁海东:《幼儿区域活动中的教育指导策略》[J],载《教育导刊:幼儿教育》,2005 (11)。

（三）垂直介入法

垂直介入法是指幼儿游戏出现严重违反规则或攻击性等危险行为时，教师直接介入游戏，对幼儿的行为进行直接干预。教师的指导是显性的，如在游戏当中，幼儿因争抢玩具而发生打骂，或者是玩一些如"死"、"上吊"、"暴力"等内容的游戏时，教师应直接干预，加以引导。这种方式易破坏游戏气氛，甚至使游戏中止，一般情况下不宜多用。

教师对游戏的指导方式也可分为直接介入指导和间接介入指导。直接介入是指在不影响幼儿游戏意愿的情况下，教师通过提示一个问题或建议，给出一个鼓励或参照，邀请一个同伴加入或营造一种气氛支持幼儿的游戏行为。间接介入是指教师以同伴身份参与游戏，潜移默化地影响幼儿的游戏行为，提高幼儿的游戏水平。无论是直接介入还是间接介入，都要以不干扰幼儿游戏为前提，以不破坏幼儿游戏的兴趣和游戏的发展为原则，以让幼儿获得游戏体验以及促进幼儿游戏水平的提升和全面发展为目的，在一种自然的状态下进行。

教师介入的方式还可分为情感性鼓励和技艺性帮助。情感性鼓励即在介入时侧重采用鼓励、欣赏、融入、暗示、启发、建议和引导等方法。如，教师的一个微笑、一声赞美，能鼓起幼儿战胜自我的信心和战胜困难的勇气。技艺性帮助主要包括示范、参与、帮助、指导和练习等。如，教师通过动作模仿、操作示范和实物提供等给予幼儿具体的支持，使幼儿破解难题，实现游戏愿望。幼儿游戏既需要教师的情感性鼓励，也需要教师的技艺性帮助。

案 例

点心店里的小水壶

玩点心店游戏的几个幼儿围坐在桌子边捏橡皮泥，教师在一旁观察了许久，发现幼儿什么也没捏出来。有的幼儿开始不耐烦了，流露出沮丧的情绪。这时，教师坐了下来。教师说："我帮你们捏把水壶好吗？"幼儿立刻说："好。"教师边示范边讲解，幼儿边听边模仿，不一会，"水壶"就捏好了，幼儿高兴地玩起了点心店游戏。几天后，幼儿又玩点心店游戏了，他们依旧要教师捏水壶。这时，教师把幼儿的注意力引向一个正在默默地捏橡皮泥的幼儿，并鼓励幼儿："每个人都试一试，相信你们一定会成功的。"教师在旁边仔细观察幼儿的动作，在幼儿碰到困难时给予帮助。果然不出所料，幼儿自己捏出了一把把水壶。

本案例改编自：陈美菊：《教师介入幼儿游戏的支持性策略》[J]，载《幼儿教育（教育科学版）》，2007（9）。

在这个案例中，由于幼儿细小动作发展还不够灵敏，在水壶造型方面难以实现自己的愿望。于是，教师通过技艺性帮助给幼儿游戏带来了很大的支持。但第二次游戏时，教师更多的是鼓励幼儿摆脱依赖，大胆尝试，并将情感性鼓励和技艺性帮助有机结合，促进幼儿能力等各方面的发展。

案 例

　　三个孩子用磁铁在板下吸着板上的小动物走迷宫，互相比着谁走得快。这时，齐齐说："我们来玩捉迷藏吧。"大家同意了。严严操作着小鸭子玩具说："我跳到水里藏起来。"其他幼儿各自用磁铁操作自己的动物说："我也躲起来了。"齐齐说："你们来捉我呀。"他们纷纷挤到齐齐的小板上玩，板太小，他们操作的范围一下子变小，静挤得难受说："我不跟你们玩了。"在一旁观察他们活动的我寻找出一块大的板，在板上放上一张背景图，将板递给他们说："我有一块大板，可以许多人一起玩。"他们一起将动物全移到这块板上，并把动物放在背景图上的各个位置，这次他们边操作动物边想象动物语言，互相进行故事表演。这时，静操作小动物说："我掉在水里了。"其他幼儿用磁铁互相连接当成一根长棍，将小动物吸到岸上的位置。静觉得这样吸小动物很好玩，将小鱼玩具放在水里的位置，玩起了钓鱼游戏，其他幼儿看见了也一起参与这个游戏。严严玩了一会说："我要回家睡觉了。"并用磁铁搭了一张小床。我在一旁说："磁铁搭小床真好玩，还可以搭成什么东西。"大家互相议论起来，并用磁铁搭成了各种各样的物体：小车、火车、桥等。

　　本案例改编自：岳建英：《幼儿园游戏中的教师介入指导研究》［EB/OL］，2008－11－25，http：//uc. sjedu. cn/uchome/space. php？ uid＝1808&do＝blog&id＝4432。

　　大班幼儿认知经验、思维等方面表现出明显的差异性，而且大班幼儿乐意与同伴合作游戏，在互相游戏过程中，他们能互相补充，影响其创造性行为，使创造性活动内容更丰富。如在此次活动中，他们的玩磁铁活动从最初的齐齐发起的捉迷藏游戏，到最后的想象故事内容、表演故事，整个过程中他们自发地寻找活动伙伴、不断地进行互动交流，而在交流互动中也不断地充实丰富操作内容，不断地发挥着各自的创造能力。

　　教师运用的策略主要有：顺应幼儿的需求，提供互相学习、交流的环境，让幼儿在相互影响、交互作用中自由表现与表达，促进创造力的充分发展。如在这个案例中，幼儿由于板小，不好合作操作材料、互相游戏。教师及时提供了大的板，为幼儿合作游戏提供机会。幼儿在这样的交流互动环境中，不断用自己的思维影响同伴。教师在活动过程中，及时发现培养幼儿创造想象的契机，鼓励幼儿大胆探索，进行创造想象活动。

教师在对幼儿游戏进行指导时，应融合多种形式，发挥互补优势。只有灵活选用不同方法，才能有效提升幼儿游戏水平，使幼儿获得游戏体验，实现游戏目的。

二、幼儿游戏的指导方法

教师在对幼儿游戏进行指导时，无论教师是以参与者还是旁观者的身份，多采用语言及非语言等混合的方法对游戏行为进行指导。

（一）语言指导

1. 发问

发问主要是用于了解幼儿游戏的现状及幼儿的具体想法或进行启发引导等，宜用亲切平和的询问，以了解孩子的真实想法。如"你想做什么呀?""你要做什么呀?"等，目的是引起幼儿的思考，逐渐学会辨别是非，做出明确的行为判断。

案　例

两个小男孩在创想乐园里面搭着什么，一个在搭着轨道，另一个一会帮着他搭轨道，一会又搭轨道边上的绿化，看上去他们两个很忙碌，可是搭了好一会也没有搭出什么样子来，好像要放弃了。于是我问："你们在搭什么呢?""我们在搭轨道9号线。""哦，轨道9号线是由什么组成的?""肯定要轨道的呀。""还必须有一辆轻轨开来。"我说："那你们开始搭吧，不过我希望能快点看到你们搭的轨道9号线。"于是，一个说："那我们再请一个人来帮忙吧，这样快点。"于是请来了恒恒，并开始提出分工合作，他的提议得到了其他孩子们的赞同。一个找轨道积木，一个负责搭轻轨，当其中一个人在连接轨道时遇到困难，其他几个小朋友马上停下去帮助他……

本案例改编自：岳建英：《幼儿园游戏中的教师介入指导研究》［EB/OL］，2008 - 11 - 25，http：//uc. sjedu. cn/uchome/space. php? uid = 1808&do = blog&id = 4432。

在老师的提问引导下，不仅幼儿游戏的坚持性有所进步，而且在碰到困难时，孩子们的表现是共同帮助、合作解决问题。

2. 提示

提示主要是当幼儿遇到困难或不知所措，缺乏目的时，教师用一两句简单的建议性提示，帮助幼儿明确想法，促进游戏顺利开展。

案例

一个幼儿在用纸盒子做"书包"。他先用蓝纸把盒子整个包起来，然后再对它进行装饰。他从图片上剪了一只卡通狗，把它贴到了盒子上，但是贴的位置偏向了左边。他把卡通狗小心翼翼地揭了下来，对准中间位置，粘好。教师一直在关注着这个男孩的行动。这时，她走过去，说："哦，你发现歪了，偏在了左边，所以你又揭了下来，重新贴，把卡通狗放在正中间，这样左右两边就对称了，更好看了，对吧？"

本案例改编自：刘焱：《在游戏中老师应当"教"还是"不教"》[J]，载《学前教育》，2001（2）。

通过教师的这种提示，不仅使幼儿体验到教师对自己行为的关注与理解，而且教师也不失时机地把"对称"这个词介绍给了幼儿。

3. 鼓励与赞扬

鼓励与表扬主要是教师针对游戏中幼儿表现出的创造性及正向的游戏行为加以肯定并提出希望。对幼儿在游戏中能自觉遵守规则、克服困难、坚持游戏等良好的意志品质给予赞扬，以强化幼儿正向行为的出现。在班级集体中，教师可对正在进行着的幼儿游戏进行个别式的评论，也可在游戏结束时进行总结性的评论。如"这个房子是你建的吗？真漂亮。""今天亮亮扮演的国王趾高气扬，演得非常好。"等。评论不能面面俱到，宜点到为止，也不能变成教师的上课。

4. 建议

教师通过言语试探地或协商性地要求或暗示儿童去做什么和如何做，重在对学前儿童游戏行为的引导。如："你们想玩过节的游戏吗？""小明，小牛的角是在头上的，你该向上戴呀！""娃娃家的娃娃是不是饿了，做饭了吗？"等。建议可以帮助儿童确立游戏的主题，明确自己的角色，扩展游戏的内容，开拓儿童的思路等。

（二）行为指导

除了语言的方法以外，教师也要充分利用自己的表情、眼神、手势、动作、身体运

他们带来痛苦的体验，而积极的感情体验才是幼儿良好发展的有效成分。所以，教师要根据幼儿的不同个性，有足够的耐性，在幼儿放弃之前给予适度的支持。这样，既让幼儿得到充分的尝试机会，又能得到积极的情感体验，游戏对幼儿发展的价值才能得以体现。

案　例

超市营业员

中班角色游戏开始好一会了，教师发现"超市"里的三个营业员站在"超市"门口无所事事，眼睛看着"娃娃家"，手里一直无意识地拨弄着小玩具，而"超市"里的物品倒是琳琅满目，于是教师走进了"超市"。

教师问："营业员，你们站在门口看什么呀？"

幼儿回答说："'娃娃家'很热闹，我们这里没人来，不好玩。"

教师又问："怎么会没人来呢？"

幼儿回答说："'爸爸''妈妈'都不来买东西……他们大概太忙了。"

教师说："哦，原来是这样。那要是他们的娃娃吃完牛奶怎么办呢？"

幼儿说："我们送货上门好了。"

教师说："送货？不错。怎么送？"

三个幼儿热烈地讨论起来。不一会，一个幼儿找来一辆手推车，装上货物就出发了。他一边走一边喊："我给娃娃送牛奶来了。"

本案例改编自：陈美菊：《教师介入幼儿游戏的支持性策略》［J］．载《学前教育（教育科学版）》，2007（9）。

在这个案例中，教师通过观察发现"营业员"因没有对应的"顾客"玩伴而无法深入展开游戏，便立即引导幼儿讨论和想象，使游戏情节有了突破，保证了游戏的顺利进行，充分体现了观察对教师介入的作用。

（二）当幼儿在游戏中有不安全的倾向时

由于幼儿天生好动，在游戏时由于不遵守游戏规则等原因常出现一些不安全倾向，如不安全场地的快跑、容易导致肌肉拉伤等大幅度运动。这时就要求教师在游戏活动之前约好游戏规则，讲清楚注意安全的事项。

案 例

在走平衡木游戏中，小朋友一个个地走，男孩在前，女孩在后。第一轮时小朋友都还听老师的口令小心翼翼地一个一个通过。第二轮时，由于一些小朋友已经掌握了技巧，没等老师下口令就开始跑向平衡木了，可前边一个小朋友还没通过，两个人就撞在一起了，这时老师开始强调游戏规则："我希望小朋友都要遵守体验规则，不遵守规则的我要出示黄牌了，撞到其他小朋友的我要出示红牌罚下场，就不能玩了。"当老师强调完规则时，几个不遵守规则的小朋友马上停止了自己的不安全行为。

在角色游戏中，材料是游戏必不可少的元素，一些生活用品都是替代的材料，尤其现在材料丰富，出现了一些逼真的替代品，幼儿在玩这些材料时要注意其安全和卫生。

案 例

这个不能吃

区域活动时间到了，我讲好了各个活动区域的要求后，就请小朋友们到自己喜欢的区域里去活动了。在"娃娃家"里，金金做娃娃家的"妈妈"，刘茜做"娃娃"，她给刘茜穿好衣服，来到餐厅准备用餐。金金对刘茜说："你在这里坐好，我给你买好吃的东西！"刘茜很听话说："好的，妈妈！"金金买了胡萝卜、青菜、面条、鸡腿等好多菜（都是一些塑料玩具）。金金开始喂刘茜吃东西，只听金金一个劲地说："你把嘴巴张开来呀！""你张大嘴巴！"只见刘茜张大嘴巴，"啊——"金金拿起萝卜准备送进她嘴巴里。我着急地说："这个萝卜是不能吃的！这个萝卜是假的！"两个幼儿你看看我，我看看你，开始假装吃起来。这时教师要直接告诉幼儿，"这个萝卜是假的，不能真吃"，以唤起幼儿的装扮意识，防止这一"以假当真的行为"可能带来的危险。

本案例改编自：张颖颖：《九月份教师行动研究记录》[EB/OL]，http://www.chian babys.cn。

（三）当幼儿在游戏中主动寻求帮助时

幼儿在游戏时，尤其是小班的幼儿，对一些材料充满好奇，想玩又不会玩，这时就会主动向教师寻求帮助。

案 例

智力角里新添了一套动物卡片，我向孩子们作了说明，介绍了新增内容应该如何游戏。有几个孩子想玩，可是他们不知怎么玩，摆弄了一会就走了。子叶小朋友没走，她继续坐在桌边，将桌上的卡片翻来覆去地琢磨，过了一会，她找老师问："这怎么玩？"老师说："这是找家禽的游戏，要在许多动物中把家禽找出来。你能把家禽找出来吗？"子叶小朋友说："我不会玩找家禽游戏。"老师说："我们两人一起玩，你马上就会玩的！"于是老师和子叶两个人玩起抽卡片的游戏。

本案例改编自：《当幼儿不会玩新游戏而求助老师时》〔EB/OL〕，2007－04，http：//www.jiaoan.net/ziliao/html/200748195340－1.html。

（四）当幼儿在游戏中出现过激行为时

幼儿在游戏时因为争抢玩具或者角色而发生的争吵或者过激行为在幼儿园是时有发生的事情。那么教师在幼儿游戏中出现这种过激行为时，就应及时介入指导。

案 例

一天，在自选活动时，钱科航和蒋旭东为一辆小汽车争抢起来，开始我并未马上介入，希望他们能够自己解决，可谁知正处于情绪激动状态下的两个孩子谁也不让谁，竟要大打出手了。我赶快走过去，果断地将汽车拿到手里，告诉他们："你不让他，他也不让你，干脆放我这儿吧！"他俩见状都撅着嘴摇摇头，看样子很后悔。我又故意说："反正你们老抢也玩不成，放我这儿不是挺好吗？"钱科航说："我们不抢了。"蒋旭东也期盼地看着我。我缓和了一下口气问："怎样才能俩人都玩上，又不打架呢？"钱科航说："商量，我玩一会，他玩一会。"我又追问："什么叫玩一会？"他说："20圈。"考虑到时间太长蒋旭东就玩不成了，我建议玩5圈，他们同意了，两个孩子又玩起来。由于我的适时介入，不仅解决了矛盾，更重要的是我让孩子们意识到不轮流、不谦让所带来的结果是两个人都玩不成，从而让他们理解了轮流、谦让对每个人都是有意义的。

　　本案例改编自：曾夏英：《选择适当时机引导幼儿游戏》，2007-04，http：//www.cnsece.com/news/7/1740.html。

（五）当幼儿在游戏中出现不符合社会规范的消极内容时

　　游戏是幼儿对现实生活的反映，现实生活内容有积极的，也有消极的。幼儿在游戏中玩消极内容，会强化其负面效应，教师必须介入予以引导。如游戏时，幼儿玩"死人"游戏，有的哭，有的提出要烧香。这时教师就介入了，假装听听胸口说："没死没死，还有气，快救快救，救人要紧。"把幼儿从消极的内容引向积极的一面。虽然是游戏，但是对幼儿来说这很难从大道理上引导，于是就要采取转移游戏情节的做法，将幼儿的兴趣引向"救人"。

　　当幼儿的游戏主题不够积极健康时，我们应该用转移目标的方法向他们渗透积极的生活态度内容，而不应该只是一味地批评或表示出强烈的厌恶态度，这样的行为反而会使幼儿在一定程度上将那些不良内容得到强化。幼儿在生活中接触到什么，他们都有可能将之反映到游戏中。

案例

　　在一次棋类活动中，小朋友都能利用象棋玩出不同的花样：翻棋、五子棋等游戏。可是，后来我发现几个孩子竟然将棋子一一叠起，学起搓麻将的样子。我觉得要适当干预，引导幼儿游戏向积极健康的方向发展。于是，我走过去，说道："你们谁想和我比赛下象棋？"利用孩子愿意和老师一起游戏的心理，通过这样一句话，他们几个争着和我要轮流对弈，"搓麻将"终于转入了象棋比赛。

　　把握好介入的时机，是教师专业成长的必修课。如果在教学和游戏中出现了这几种情形，例如：当幼儿对自己所进行的活动或游戏并不投入时；当幼儿将活动或游戏情节延续下去有困难时；当幼儿进行想象或虚构的游戏时；当幼儿一再重复自己玩过的情节或难以与其他同伴一起相处进行活动时等，教师都可以适时介入。而当幼儿遇到以下情况时，例如：在活动或游戏中有不安全的倾向，出现过激行为时；在活动或游戏中因遇到困难、纠纷，难以实现自己的愿望，主动寻求教师帮助时，教师也有必要介入。

第四节　幼儿游戏的观察与评价

一、幼儿游戏的观察

意大利著名教育家蒙台梭利（Montessori）说过：教师唯有通过观察和分析，才能真正了解幼儿的内在需要和个别差异，以决定如何协调环境，并采取应有的态度来配合幼儿成长的需要。幼儿在游戏中有着最真实的自我表现，教师作为游戏过程中的观察者，应关注幼儿在游戏过程中的言行举止，分析、思考和了解幼儿的需要、意愿、困难和情绪体验，并以此作为自己指导游戏的依据，只有这样才能满足幼儿的游戏需要，推进游戏的发展。因此，教师的观察、指导游戏的能力是必不可少的专业素养。

对幼儿游戏进行观察是教师了解幼儿游戏行为的关键。通过对幼儿游戏的观察，教师可以获取关于幼儿游戏的丰富信息：幼儿喜欢的游戏类型，幼儿喜欢的玩具和游戏设备，幼儿喜欢的游戏空间，幼儿乐于参与的游戏主题，幼儿与同伴、教师互动的方式以及有关幼儿在游戏中表现出来的认知与社会性等方面发展的有价值的信息。教师只有在充分观察的基础上，才能对游戏进行情况作出正确的判断，有的放矢地引导，帮助幼儿获得发展，并使其游戏得以延伸。只有通过观察，教师才能知道幼儿是否需要更长的时间去玩，材料是否恰当，经验丰富程度如何等，由此再决定是否加入幼儿的游戏，以帮助幼儿提升游戏的技巧。教师只有通过观察去了解幼儿的游戏内容，并在幼儿游戏的兴趣与需要的基础上来帮助他们，才可能避免以成人的需要和看法去干涉幼儿游戏的现象发生（图4-14）。①

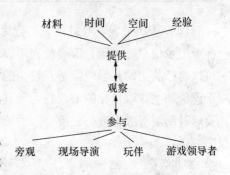

图4-14　教师观察指导幼儿游戏

（一）观察的方法

1. 根据观察使用的工具分类

根据观察使用的工具可以将观察分为行为核对表、等级量表和轶事记录。

---

① 王滨：《幼儿游戏的观察》[J]，载《幼儿教育》，2004（3），10页。

行为核对表和等级量表都是高结构的观察工具，它们详细地说明了观察的问题和记录的方法，使用便利，但是提供的是对幼儿游戏限定的描写及有限的背景信息。轶事记录的结构化程度较低。观察者可以在空白的卡片或纸上记录幼儿的游戏行为，并对幼儿游戏行为产生的背景进行丰富的描述。

（1）行为核对表。行为核对表主要用来核对幼儿在游戏中重要行为出现与否，观察者将准备观察的项目列出，当出现此项目行为时，就在该项上画"√"。运用行为核对表进行的游戏观察比较系统，记录信息更快捷。如表4-1所示。

表4-1　行为核对表

游戏名称					
班级		观察时间		记录者	
项目	愉悦的情绪	有假想活动	自觉遵守游戏规则	乐于同伴合作	创造性地使用材料
幼儿1					
幼儿2					
幼儿3					
幼儿4					

（2）等级量表。等级量表与行为核对表有相似之处，两者都关注特定的游戏行为，便于记录信息。然而，等级量表不仅仅简单地显示幼儿出现或未出现的行为，观察者还可以自己决定幼儿呈现的游戏行为的等级，并评价这些游戏行为的质量。等级量表可用于评价那些难以量化的游戏行为及其品质。与行为核对表相比，等级量表的不足在于需要通过制定等级来进行评价，这可能会降低资料的可靠性，也易出错。如表4-2所示。

表4-2　等级量表

幼儿姓名_____　　　游戏名称_____　　　观察时间_____

项目 \ 等级	等级（1~5分别代表由低到高的程度）				
	1	2	3	4	5
遵守游戏规则					
同伴合作					
材料运用					
游戏持续性					

（3）轶事记录。轶事记录是指简短地记录幼儿的游戏或游戏中的偶发事件。这些记录可反映幼儿的游戏技能以及社会性、认知、情感和身体等方面发展的状况。轶事记录可以在观察幼儿游戏的过程中进行；也可以在游戏结束之后进行——通过回忆描述游戏过程中发生的事件，这样做的不足之处是有可能遗漏游戏中的重要信息。

轶事记录的内容可能很简短，但应包含以下信息：幼儿的姓名、性别，记录的日期，游戏的背景，以及对事件的客观描述和观察的结果等，如表4－3所示。焦点应放在对游戏中所见所闻的描述上。观察者在记录时还应注意以下几点：记录要观察幼儿的游戏行为和内容；客观记录幼儿所说的话，保留原始对话的情趣；记录时保留游戏情节发展的顺序；记录应客观而准确。

表4－3 轶事记录

游戏名称：瓶中取物		观察班级：××幼儿园中班
观察日期：2009年2月16日	观察者：××老师	被观察者：曾××
幼儿行为过程： 　　将瓶中的绿豆和回形针反复摇晃，然后拿着磁铁在瓶子外面从下往上吸，可是每到瓶颈打弯处，回形针都会因为吸力不足而掉下去，曾××反复探索，一枚回形针都没有取出，最终放弃。 　　用磁铁吸引里面的回形针，在瓶颈处回形针掉落，曾××再次尝试，快到瓶颈处将瓶子倒过来，结果绿豆撒出来，满桌都是。 　　在遇到同样挑战的环节里，王××将瓶子稍稍倾斜，结果，回形针被一点一点吸引出瓶口，她将瓶子中的所有回形针都取了出来。 　　曾××看着王××，学着她的方法也尝试取出回形针，试了几次也成功了，他高兴地把回形针捧到我跟前，说："老师，我终于成功了！"我摸摸他的头，送他一个大拇指。		分析和对策： 　　对于5~6岁孩子来说，对创造性、探索性的活动更感兴趣，它们可以帮助幼儿丰富和积累有关主题的知识，而老师的材料投入有利于拓宽幼儿思维，激发幼儿的创新意识。但是这样的活动具有一定的挑战性，孩子们只有不断尝试才能尝到成功的喜悦。 　　每个幼儿都具有不同的经验水平，而这些经验水平是在自己的反复探索中积累而成的。当幼儿成为一个群体时，他们会从同伴的行为中得到启发，会进行借鉴和再次发明。所以，当幼儿在没有成功的情况下，我们教师应先站在一旁，静静观察，让孩子们自己尝试着去解决问题，或许这样的方法能让他们更快地成长。

资料来源：《大班区域游戏观察记录表》[EB/OL]，2009－03，北京学前教育网，http://www.bjchild.com/Html/Article/200903/7110.html。

2. 根据观察的时间段分类

根据观察的时间段可以将观察分为扫描观察、定点观察、跟踪观察。

（1）扫描观察。扫描观察即分时段定人观察。对班里的幼儿平均分配时间，在相等的时间里对每个幼儿轮流进行扫描观察。这一方法适用于全体幼儿游戏的情况。一般在游戏开始或者结束时选用较多，如教师想了解全班幼儿游戏中开展了哪些主题、每个幼儿选用了什么主题、扮演了什么角色、使用了什么材料等。通过扫描观察，可以大体了解全班幼儿的情况。如：角色游戏开始阶段，教师采用扫描观察。

游戏类型：角色游戏

观察时间：＿＿＿＿＿＿＿

观察描述：

角色游戏开始之前，老师请小朋友自主选择区域以及角色。首先在娃娃家区域，丫丫主动选择扮演妈妈，家明扮演爸爸，明明扮演孩子；在超市区域，佩佩扮演售货员，青青扮演收银员；在医院区域，诚诚选择扮演医生，小华扮演他的助手护士小姐；还有一个饭店区域，胖胖当起了老板，小丽和敏敏做起了服务员；其他的小朋友当顾客，有的在饭店就餐，有的去医院看病，还有的在超市购物。

（2）定点观察。定点观察即定点不定人观察。教师可以固定在游戏中的某一地点进行观察，见什么观察什么，只要在此点的幼儿都可以作为观察的对象。定点观察适合于了解一个主题或者一个区域幼儿游戏的情况，可以获得一些动态的信息，了解幼儿在游戏中使用材料的情况、幼儿交往情况、游戏情节发展等，一般多在游戏过程中使用。运用这种方法，可以较为全面地了解某一个主题的开展情况，了解幼儿已有的经验，以及在游戏中的种种表现，使指导能有的放矢。

游戏类型：结构游戏

观察时间：＿＿＿＿＿＿＿

观察描述：

小明和诚诚选择了积木区游戏，两个人开始搭建积木，小明负责选择积木块，诚诚负责搭建，不一会大楼一层已经搭起来了，两人配合得比较默契。齐齐走过来，起初蹲在旁边看他俩搭积木，慢慢地也参与进来，先是和小明一样选择积木，递给诚诚，后来也开始和诚诚搭建，齐齐负责搭建围墙，两个人的游戏变成了三个人的游戏。诚诚发现积木块不够了，就开始拆卸齐齐搭建的围墙，齐齐没有阻拦，看了一会就站起来，走了出去，不在积木区玩了。

（3）追踪观察。追踪观察即定人不定点观察。教师事先确定一到两个幼儿作为观察对象，观察他们在游戏中的活动情况。被观察的幼儿走到哪里，观察者就追随到哪里，固定人而不固定地点。这种方法适合于了解个别幼儿在游戏全过程中的情况，了解其游戏发展的水平，获得更详细的信息。运用这种方法可以了解幼儿在游戏全过程中的情况。

　　游戏名称：_____

　　幼儿姓名：_____　　　　　观察时间：_____

　　观察描述：

　　在角色游戏中，美美选择了扮演妈妈。在娃娃家里，美美先是抱着娃娃在屋里走来走去，突然她对娃娃说："不哭，宝宝不哭，哪里疼啊？"然后对着扮演爸爸的小强说："宝宝病了，我要带她去医院。"就抱着娃娃走出了家门，可是她并没有带着娃娃去医院，她看见在超市区域的小朋友玩得不亦乐乎，她就把娃娃放在旁边，走进了超市。可她没有"钱"，什么都没买成，就又走了出来。看到躺在旁边的娃娃，抱起来又走回了娃娃家，最终忘了去医院的事。

（二）观察的要点和原则

1. 观察的要点

　　观察什么、如何观察是观察的要点。观察是一种有目的的行为，这种有目的的观察有助于教师从大量的幼儿活动的信息中筛选有用的内容。有的教师观察一次游戏，可以看到许多有价值的东西，可以看出幼儿的发展水平和游戏水平；有的教师观察一次游戏什么都没有看出来，看到的只是表面的游戏行为和发展的关系，即这些游戏行为意味着什么？这就需要教师具备一定的幼儿心理发展的知识和经验，以便观察时从幼儿发展的角度，对幼儿的游戏行为进行思考，提出一系列发展上的问题，这样就能摆脱观察的盲目性，提高指导游戏的有效性。可以把以下几方面作为观察的视角。

　　（1）幼儿的兴趣点，幼儿喜欢的游戏主题、内容和玩具材料等。

　　（2）幼儿的行为类型（表征行为、构造行为、合作行为、规则行为）；幼儿在游戏中说些什么、做些什么；游戏中遇到了什么困难，解决了没有，是怎样解决的。

　　（3）幼儿与环境、同伴的互动情况，幼儿通常和谁一起玩，认识经验和社会性水平哪些方面有了进步；还存在什么问题等。

　　（4）幼儿的情绪体验。

　　（5）影响幼儿行为的因素，给幼儿提供的游戏时空是否合适；材料的投放有没有问题等。

　　（6）幼儿是否遵守游戏规则。

2. 观察的原则

（1）应明确观察的目的，并选择适当的观察方法。

（2）观察应在确保幼儿有机会展示他们所有游戏能力的情境中进行，既保证幼儿有丰富的、能引发他们各种游戏行为的材料，又保证幼儿有充分的游戏时间。如果不能满足以上要求，幼儿就有可能出现低水平的游戏行为，而事实上幼儿并非缺乏游戏技能。

（3）如果可能，应保证对幼儿室内和室外游戏进行观察。研究表明，有些幼儿在室外游戏比在室内游戏更能表现出较高的社会性和认知水平。

（4）应在幼儿彼此熟悉并熟悉环境后才开始对幼儿进行观察。在与熟悉的同伴游戏时，幼儿会展现较高水准的社会性和认知水平。若开学初就进行观察，可能会低估幼儿真实的游戏能力。

（5）应持续观察，以确保记录的是幼儿典型的游戏行为。①

（三）观察的有效性

首先，教师在观察孩子的游戏过程中，横向面要广泛，要关注班内每一个孩子，知道他们都在哪个游戏主题里玩，玩什么，和谁在一起玩，产生了哪些有价值的游戏情节。

其次，从教师观察的纵向说，要有一定的深度，不要简单地只看到游戏的表面，而应看到孩子出现的游戏行为背后所蕴涵的发展意义。

最后，教师在观察孩子游戏过程中，还需要具备观察的灵敏性，要善于捕捉幼儿在游戏中的兴趣热点和所出现的矛盾焦点。

教师对儿童游戏的观察，不仅仅是为了当前游戏的现场指导必要性和针对性的确定。教师通过观察在游戏中充分自由地表现自我的儿童，了解其个性特点和能力水平，从而也有助于以后游戏活动的组织与指导以及其他方面教育工作的开展。游戏是了解儿童的窗口，观察是游戏指导的基础和依据。

二、幼儿游戏的评价

游戏评价是幼儿游戏的一部分，客观有效的游戏评价能推动幼儿在认知、情感、社

---

① 王滨：《幼儿游戏的观察》[J]，载《幼儿教育》，2004（3），10页。

会性等方面的发展，也能推动游戏内容与情节的发展。

（一）游戏评价的目的

（1）提供每位幼儿发展状况的客观资料，作为计划教育教学并与家长沟通的依据；了解每位幼儿与幼儿园课程目标有关的发展状况，以衡量和调整课程目标；了解幼儿之间的个别差异性和某些特殊的幼儿，作为施以因材施教和个别教育的依据。

（2）了解教师在游戏中与幼儿互动的情况，了解教师对幼儿游戏的指导技能，以及环境创设的情况，以树立正确的儿童观和教育观，强化游戏作为幼儿园基本活动的认识，促进对幼儿游戏的科学研究。[①]

（二）游戏评价的取向

游戏活动的价值取向决定了游戏活动的评价方案，而评价又决定了活动的实施方案。作为游戏活动的价值取向，体现在以下三方面。

1. 强调幼儿自主发展

这是以幼儿为中心取向的。要强调的是幼儿的发展以及发展的主动性。因为游戏时幼儿的自我表现形式、活动的组织是以幼儿的需要、兴趣、能力、经验为核心的，幼儿自发地与人、事、环境互动。教师创设的环境需顺应幼儿的发展需要，其目的是幼儿主动发现知识，这一知识包含了幼儿当时的全部事实经验。因此评价时不应以系统的学科目标为依据。

2. 强调个别差异性和具体感受性

这是以个体经验为取向的。游戏中的每一个人都有不同的体验，因为在个体和集体的游戏中，每个人都在进行自我表现，分别在与同伴的比照中认识自我、认识他人、认识周围的事物，在活动的体验中获得的是个人的发展。因此在评价时不应以既定的统一目标为依据。

3. 强调发展的不同层次和水平

这是弹性发展的取向。因为游戏时每个幼儿在自己原有水平上表现，而且是每个幼儿在自己的最近发展区里的活动，幼儿的游戏行为总是与他个人的发展水平相符合，并在此能力的发展范围里小步向前发展的。游戏重视的是每个幼儿原有水平上的进步，不局限于狭隘目标的即时达成。因此，评价时不应以预定的终极目标为依据。[②]

---

① 华爱华：《幼儿游戏理论》［M］，235 页，上海，上海教育出版社，2003。
② 华爱华：《幼儿游戏理论》［M］，236 页，上海，上海教育出版社，2003。

（三）游戏评价的原则

1. 客观性

客观性原则是指教师在对幼儿游戏进行评价时要做到一切从实际出发，采取客观的实事求是的态度，尽量减少主观臆断和个人因素的影响。坚持客观性的原则要求教师正确把握幼儿游戏心理，了解幼儿游戏时的行为，对幼儿做出科学合理的客观评价。教师要克服主观臆断心理，因为每个人的知识结构和经验都不同，所以在对幼儿游戏行为进行评价时，尽量排除自己主观因素的影响，科学地分析事实。例如幼儿在角色游戏中发展得比较好，教师就认为其在其他游戏中都发展得比较好。所以教师应该尽量避免受这些个人感情的左右，遵循客观性原则进行评价，尤其是在进行诊断性评价时更要谨慎，以免错误的结论给幼儿的发展带来严重的后果。

2. 描述性

游戏过程的评价不能完全用量来测量，因为游戏是一种人文现象，它注重的是人的主体性。由于人的主体精神的丰富性、复杂性，对其进行评价是很难用量化工具实现的，单纯的数量关系难以从质的角度来概括人的活动的多样化和特殊化。所以当我们在游戏过程中评价幼儿的情绪情感、主动性、创造性和交往能力等行为时，通过质的描述更能全面反映幼儿的发展状况。例如在娃娃家游戏时，通过幼儿之间的沟通交流评价幼儿的同伴交往能力，我们不能用谁说了几句话这样的数量来评价幼儿的交往能力发展，还需要看在游戏中幼儿的行为是否为推动游戏继续起到作用。幼儿的动作行为、语言态度等都可以看出在游戏中幼儿交往能力的发展程度。所以在评价幼儿的情感、品质、社会性行为时，我们更需要描述幼儿的行为，而不是测量的结果。

3. 形成性

游戏评价的形成性强调发展的过程，而不是结果，评价应注重幼儿的变化发展过程，这一过程的许多表现具有偶然性，不急于论断其达到的层次水平，不用既定目标的测量结果去评判，而是对某一层次过程中的现象进行描述。如在幼儿搭建积木活动中，充分发挥想象力，在不同阶段搭建了不同形状的物体，也许最终没有实现教师的要求——搭建一座高楼，但是在这个过程中，幼儿曾经创造性地做出了自己的作品。所以在游戏中，教师要持续地观察幼儿的行为，在过程中发现幼儿的发展，而不能用最终的结果判断幼儿的发展水平。

4. 差异性

幼儿的发展存在个体差异，这种差异同样存在于他们行为的发展中。在游戏行为中，不同的幼儿呈现不同的发展水平，即使在相同的情境下，认知水平具有相同成熟度的幼儿也会因为他们的个性偏好和独特的人格显示出不同的行为，在游戏中形成不同的游戏风格。为此，对幼儿的游戏行为进行评价时要遵循差异性原则。尤其在一些建构性游戏中，由于智力水平、经验水平以及手指的肌肉发展程度不同等，幼儿在游戏中的发展水平是各不相同的。例如，在跳格子游戏中，每个小朋友按照数字的顺序从数字 1 跳到数字 9。鹏鹏是班级里长得最小的孩子，当他跳的时候，都不能准确地跳到下一个格子里，好不容易跳到了最后一个格子。老师对所有小朋友都给予了鼓励和表扬，并单独表扬了鹏鹏，虽然他最小，但是还能像大家一样坚持跳完了格子，还对鹏鹏提出了期望，希望下次跳的时候可以跳得更好。可见，教师对幼儿游戏进行评价时，并没有一视同仁地要求所有幼儿都达到一个标准，而是遵循了差异性原则，从促进每一个幼儿健康全面发展的角度考虑，作出具有个性化的评价。

（四）游戏评价的内容

从广义上讲游戏评价包括两方面：一是对幼儿游戏的教育实施的评价，如对教师指导游戏的行为评价、环境及游戏材料的创设与提供的评价、游戏计划制订的评价、游戏时间安排的评价等；二是对幼儿游戏行为本身的评价，如评价幼儿在游戏中的情绪状况，兴趣偏好、认知和经验水平，使用操作材料的情况，语言水平，社会性的表现以及游戏的自主性、创造性等。狭义的幼儿游戏的评价只是指对幼儿游戏行为本身的评价。

1. 对幼儿游戏教育作用的评价

评价游戏对幼儿发展的教育作用是否得以实现，或幼儿通过游戏是否得到教育，是评价幼儿游戏是否成功的关键。而评价游戏教育作用的大小或游戏是否成功的根本出发点就是幼儿是游戏的主人。具体来讲，从以下几方面来衡量游戏是否成功。

（1）幼儿在游戏中感到轻松、愉快，发挥了创造性。游戏要让幼儿按自己的意愿做游戏，感受到真正的快乐，也就是说，评价一个游戏的非常重要的条件，就是幼儿在游戏的过程中是否有了愉悦的体验。例如我们在一个游戏活动结束后，常常会听到幼儿兴奋地说："太好了"，"真好玩"，这表明游戏给予了幼儿快乐、愉悦。

（2）幼儿能认真游戏，在游戏中体现坚持性。在游戏中幼儿积极投入，能克服困难，能遵守游戏的规则。一个成功的游戏活动，使幼儿不仅有兴趣还对出现的困难有继续挑战的信心，并且对一些规则游戏能遵守一定的规则，保持较强的纪律性和组织性。

（3）会正确地、创造性地使用玩具。成功的游戏中，幼儿不仅能正确地使用玩具，而且能创造性地使用玩具。

（4）在游戏中能与同伴合作，并不妨碍他人游戏的进行。幼儿对同伴友爱、谦让，在游戏中互相协商、互助合作，这些都为游戏的继续深入增加了可能性，提高了幼儿游戏的主动性、积极性。

（5）游戏内容丰富、积极向上，有益于幼儿身心发展。成功的游戏中，幼儿游戏内容丰富，能广泛地、创造性地反映他们对周围世界的认识，且内容健康向上，有利于幼儿身体、智力、品德的全面发展。

总之，对游戏教育作用的评价必须从有益于幼儿身心发展出发，必须以幼儿是游戏的主人为出发点，对幼儿在游戏中的表现进行评价，而不应以场面大小、热闹程度等表面形式来评价。只有掌握正确的评价标准，才能明确指导的方向和重点，才能使游戏真正地促进幼儿全面发展。[①]

2. 对幼儿游戏发展水平的评价

评价幼儿游戏的一般性发展，可以了解幼儿身心整体发展的一般状况，特别是了解幼儿个性和社会性的发展特点。通过评价幼儿游戏一般性发展，还可以检验教育者组织和指导游戏的效果。幼儿游戏水平受多种因素的影响，如幼儿的身心发展水平、成人对游戏的态度、家庭和幼儿园游戏的设施等。由于上述因素的多层次性，各年龄幼儿及每个幼儿游戏的发展水平不同，正确地了解幼儿现有的游戏水平，可以更科学地指导，使幼儿游戏水平不断提高。

教师可以利用量表，在对幼儿游戏全过程观察的基础上，对其自选游戏情况、能否确定主题、活动中材料的使用、与人关系、活动持续性等作出评价，从而了解本班幼儿能力水平和特点的整体情况，同时掌握每个幼儿个体的具体特点。根据实际的观察评价制订本班幼儿发展目标和计划，会更具针对性，更加客观和具体。

教师如在学期初、末各对本班幼儿进行一次幼儿游戏一般性发展评价（表4-4），将材料加以汇总统计后，前后两次对照，就可以判断本学期幼儿的发展状况，明确取得的教育效果和质量。同时也可以对评价量表中的各因素加以分析，掌握本班幼儿各方面的发展特点和取得的进步。[②]

---

① 丁海东：《学前游戏论》[M]，175页，济南，山东人民出版社，2001。
② 丁海东：《学前游戏论》[M]，176页，济南，山东人民出版社，2001。

表4-4 幼儿游戏一般性发展评价表

项 目	评 价 标 准	评 分
1. 自选情况	不能自选	
	自选游戏玩具	
	自选活动及玩具	
2. 主题目的性	无意识行为	
	主题不确定、易受他人影响而变换	
	自定主题、能很快进入游戏情境	
	共商确定主题、主题稳定	
3. 材料使用	不会用或简单重复	
	正确熟练常规玩法	
	材料运用充分、玩法多样复杂	
4. 常规	行为有序/基本遵守规则/行为混乱，不守规则	
	轻拿轻放、爱护玩具/基本爱护/不爱护、乱丢玩具	
	及时收放、认真整理/部分做到/不能整理	
5. 社会参与性	独自玩	
	平行活动	
	联合游戏	
	协作游戏	
6. 伙伴交往	积极交往：互助谦让、轮流合作、协商解决问题	
	一般友好交往：交谈逗趣、请求询问、追随模仿	
	消极交往：独占排斥、干扰破坏、退缩攻击对抗	
7. 持续情况	变换频繁（记录次数）	
	有一定坚持性	
8. 其他	是否参与环境创设、与教师交往情况及能否正确评价游戏	
总体印象		

3. 对教师指导行为的评价

对幼儿游戏的指导水平反映了教师对幼儿游戏和自己在幼儿游戏中的地位、角色的基本认识，以及对游戏的指导原则和指导方法的把握，同时也反映教师的教育观念和教育机制。对教师指导进行评价，既要注重教师作为教育者的主导作用发挥程度，又要强调教师对幼儿游戏主体地位的尊重，做到评价的科学性、全面性、合理性。另外，评价教师在游戏过程中的指导，应注重对教师工作的激励，调动教师对游戏正确指导的积极性和创造性。

教师对游戏过程中的现场指导的评价内容可以参考以下一些方面（表4-5）。

（1）引导游戏的进程。引导幼儿选择活动、开始游戏，如教师可先介绍材料、建议活动方式、提出行为要求等，启发引导幼儿自选活动；参与幼儿的游戏过程，激励、启发幼儿的操作与实践及交往，促进幼儿与周围环境的相互作用；依照幼儿的不同需要给予适当的帮助；游戏结束时引导幼儿评价游戏。

（2）教师与幼儿的相互作用。每一个教师都要树立现代的儿童观、游戏观，要具有善于发现幼儿需求的眼光，充分尊重每个幼儿的个性、情感、想法，民主地对待每个幼儿，在适宜的范围内，使幼儿拥有自主选择权、表达意愿权，培养幼儿积极、主动的参与意识，以欣赏的眼光来看待每一个幼儿的游戏情况，及时肯定和鼓励每个幼儿的长处、进步和积极的游戏态度和行为，帮助他们获得成功的体验，以增强他们的自信心。例如教师可多运用鼓励、赞许、肯定，表现出对游戏活动的兴趣，可以表扬幼儿的良好行为，或是用眼神、表情等身体语言作出赞许的表示，尽量避免强行控制、禁止、批评等。教师的积极态度会促进幼儿的努力和进步，激励幼儿去创造和发现。

（3）教师指导对象的差异性。教师在指导过程中既要照顾全体幼儿，又要特别注重对幼儿个体的指导，针对幼儿的不同特点，给予具体帮助；同时教师还应注意逐渐增加对幼儿活动小组的指导，从而激发小组内幼儿之间积极的相互影响；避免单一性的集体指导和整齐划一的要求。

（4）探索多样化的指导方法。教师应注意在教育实践中，探索多样化的指导方法，如及时出现适宜材料、建议、提问、启发和丰富知识经验、提供范例、共同参与、行为示范、教授或指导具体技能、利用幼儿之间相互影响互教互学等，从而促进游戏的不断深入。教师要根据具体情况，采用适当的指导方法，并注意综合运用多种指导游戏，才能发挥良好的效果。

（5）激励式指导方式。教师应在尊重幼儿的基础上，运用启发激励式指导方式，创造一种民主平等的心理环境和气氛，激励幼儿的积极活动，鼓励幼儿的探索创造，如设置问题情境，提供机会并鼓励幼儿自己克服困难、解决问题等，力戒强制包办和随意放任式指导，从而培养和增强幼儿自主精神。教师在具体指导游戏过程中，还应注意发挥常规的作用，使幼儿通过执行游戏常规，逐渐形成行为自律和自我管理的能力。教师还应注意要全面指导幼儿行为，从而促进幼儿在游戏中身心和谐发展。

（6）常规的建立。依幼儿年龄不同，引导幼儿在活动中建立必要的游戏常规，结合环境中的自治因素，引导和督促幼儿执行常规，逐渐培养幼儿在行为方面的自律、自治特性。

表 4-5　教师对游戏过程指导情况的评价表

项　目	内　容	评　分
1. 引导游戏进程	依游戏计划引导游戏的整个过程（开始、中间、结束），使游戏顺利开展	
2. 教师与幼儿相互作用	教师积极参与游戏，增加与幼儿的接触交往，多运用肯定互动，减少否定性接触	
3. 指导的对象	重点与一般结合，游戏过程中以面向个人的指导为主，逐渐增加对小组的指导，班级教师均参与指导	
4. 指导方法的运用	能结合幼儿年龄和各类游戏的特点，选择适宜的指导方式，并注意综合运用，能运用多样化的指导方法（如及时提供材料/建议、提问/启发、提供范例/共同参与/行为示范/指导技能/利用幼儿之间相互影响等）	
5. 指导方式	指导方式为激励式（非旁观或被动反应式，非控制导演式），注意引导幼儿发现和学习，促进幼儿游戏的深入和活动质量的提高	
6. 游戏常规的建立	依幼儿年龄不同，引导幼儿在活动中建立必要的游戏常规，结合环境中的自治因素，引导和督促幼儿执行常规，逐渐培养幼儿在行为方面自律、自治	

4. 对幼儿游戏环境创设的评价

游戏环境的创设也是教师的工作，看教师是否具有环境创设的能力，主要是看他对环境的安排是否具有明确的目的，是否具有一定的创意。这里体现的是教师对幼儿游戏与游戏环境之间关系的认识，体现的是游戏环境与幼儿发展目标之间的隐含关系。评价游戏环境主要对场地或各活动区及游戏材料或玩具投入等方面进行评估，既要对室内游戏环境（场地）进行评价，也要对室外环境（场地）进行评价，可以先单就每个或每类活动区域分别评价，然后综合对游戏环境整体效果进行评价。

大体上我们可以从以下几方面来评价游戏环境。

（1）时间安排。是否有足够的自由游戏时间，是否有多种类型游戏的时间安排，是否有多种时段的安排，户内外的时间是否有搭配。

（2）户外场地特征。是否具有各种粗大动作练习的设备，是否具有组合性的运动器具，是否具有可移动的游戏活动设施。

（3）室内空间结构。是否具有开放的和区隔的空间搭配，活动角的布局是否合理。

（4）游戏材料的提供。材料的摆放是否便利幼儿，材料的种类和搭配是否丰富，材料是否符合幼儿年龄特征，材料对幼儿是否具有多种潜在的发展层次，材料是否具有多种功能。[①]

对于游戏环境创设的整体效果评价可参照如表4－6所示的各个项目进行。

表4－6　游戏环境创设的整体效果评价量表

肯 定 评 价	1	2	3	4	5	否 定 评 价
1. 活动区的设置有利于促进幼儿身心全面发展，类型与数量适宜						1. 活动区的设置类型单一、不足或过多
2. 各活动区位置适宜						2. 位置不当，如图书角设在楼道
3. 各活动区提供的材料、种类、数量适当						3. 材料不足或过多，未体现教育意图
4. 活动区的设置与幼儿年龄特点和实际水平相适应						4. 活动区的设置与幼儿年龄不符
5. 能依计划投放和更换材料，变换玩法，激发幼儿新需要						5. 材料投放一次性，无变换
6. 各活动区之间关系协调						6. 各活动区关系不当，相互干扰
7. 因地制宜，充分利用场地						7. 场地利用率低，未依需要加以调整
8. 幼儿有机会参与环境创设						8. 环境创设由教师包办，幼儿无参与机会

[①] 华爱华：《幼儿游戏理论》［M］，240页，上海，上海教育出版社，2003。

续表

肯 定 评 价	1	2	3	4	5	否 定 评 价
9. 结合游戏规则的建立，增强环境中的自治因素						9. 环境中无自治因素，儿童游戏混乱
10. 自选游戏与集体教学适当联系，相互配合促进						10. 自选游戏孤立进行，未注意与正规教育教学的配合
11. 保证集中游戏时间，并充分利用零散时间						11. 时间安排不足或游戏时间无保证

本章回顾

⊙ 内容小结

- 本章主要介绍了游戏的环境创设、设计与组织、现场指导、观察与评价。

- 幼儿游戏的顺利完成首先要给幼儿创设良好的游戏环境，无论是室内环境还是室外环境都要丰富多样、安全有趣，满足幼儿全面发展的需要。

- 在游戏的设计与组织中，主要介绍游戏目标和游戏内容的制定，在科学合理的目标下，选择适合幼儿年龄特点的游戏内容，才可以针对游戏类型进行合理的组织安排。

- 对游戏过程的现场指导是本章的重点内容。教师选择合适的介入方式和多样化的指导方法，利用多种身份，采用语言与非语言的结合，促进幼儿游戏发展，并在幼儿游戏过程中灵活掌握指导时机，保证在游戏顺利进行的基础上提高游戏的层次和水平。

- 对游戏的观察有不同的方法，要抓住观察要点，保证观察的有效性。在对幼儿游戏进行评价时，要把握评价的原则，从对幼儿游戏教育作用的评价、对幼儿游戏发展水平的评价、对教师指导行为的评价、对幼儿游戏环境创设的评价四方面进行游戏评价。

⊙ 关键词

游戏环境创设　游戏目标制定　游戏内容制定　游戏的组织安排　游戏的现场指导　游戏的观察　游戏的评价

⊙ 思考练习

一、名词解释

轶事记录法　交叉式介入法

二、判断下面的观点是否正确

1. 户外游戏活动不仅为幼儿提供了活动的机会，也为幼儿提供了对环境探索的机会。（　　）

2. 为幼儿选择玩具时要注意玩具的个体适宜性。（　　）

3. 幼儿游戏目标是多变的，有个大致的目标就可以。（　　）

4. 生活中的场景都可以选为幼儿游戏的内容。（　　）

5. 幼儿游戏是幼儿自主的行为，所以教师不应该干预幼儿的游戏。（　　）

6. 教师介入游戏时应多使用鼓励性的语言支持幼儿游戏。（　　）

7. 当幼儿游戏出现过激行为时教师应及时介入，给予指导。（　　）

8. 教师可以没有计划性地随时观察幼儿的游戏。（　　）

三、简答题

1. 简述幼儿游戏的室内外场地环境创设。

2. 简述教师组织教学游戏时的主要环节。

3. 简述幼儿游戏指导的方式方法。

4. 简述教师如何制定幼儿游戏的目标。

四、论述题

1. 举例说明教师指导游戏的时机。

2. 结合教育实际，论述幼儿游戏中对教师指导行为的评价。

五、案例分析

大班游戏："飞机场"

地面监控台的"播音员"开始播音："MF8417飞往海南的航班准备好了吗？"播音过程伴随着笑声，由于孩子本身发音较为含糊，再加上麦克风的扩音效果，整个游戏区显得异常嘈杂。紧接着下来就开始播："MF0188飞往北京的航班准备好了吗？"由于两个航班摆放在同一个区域，加上整个游戏区原先就较为嘈杂，"播音员"口齿不清的通知确实听不清楚。十五分钟过去了，前往海南的候机"乘客"还没有等到登机的通知，孩子们开始显得不耐烦了。这时候教师以乘客的身份介入了，教师手拿着机票很不耐烦地说道："你们这航空公司也太不准时了，怎么到现在还不起飞，我可是要去谈生意的，迟到了你们要负责的！"监控台幼儿连忙通知道："飞往海南的航班准备起飞。"老师又问道："什么时候可以登机？"接着"播音员"又开始通知："飞机马上就要起飞，请乘客们在 2 号登机口登机。"下面的乘客立刻为"播音员"纠正过来："不是 2 号登机口，是 1 号登机口。""播音员"连忙改正过来。"乘客们"开始伴随着音乐陆陆续续登机了。这时，教师离开了。过了一会，孩子们登上了飞机，但飞机仍然不起飞，教师就来到孩子旁边一字一句地教孩子通知飞机该起飞了，但由于孩子的声音很模糊，"机长"在教师眼神的暗示下起飞了。飞机随着音乐的声音慢慢地飞行着，这时"机长"突然朝着"空姐"大喊："赶快把东西收起来，飞机要冲下去了！""空姐"连忙把东西收起来，这时又听到"机长"喊道："飞机就要爆炸了，请大家准备跳机。"地面监控台的孩子听到后，就拿起麦克风问道："MF8417 的航班出了什么问题，机长请回答，请回答。""机长"回答道："起落架出问题了。"监控台发出指示："紧急迫降。"紧急迫降成功，"乘客"安全降落。剩下飞往北京的"乘客们"开始向老师抱怨道："老师，我们都等好久好久了，飞机怎么还不起飞呢？"老师一手拿过麦克风自己充当起了地面监控员，飞机顺利地起飞了，也很顺利地降落了。

结合游戏的观察与指导，分析案例中教师的指导行为与时机是否正确，给出你的建议。

⊙ 推荐阅读书目

[1] 刘焱. 幼儿园游戏教学论 [M]. 北京：中国社会出版社，1999.

[2] 刘焱. 儿童游戏通论 [M]. 北京：北京师范大学出版社，2004.

[3] 姚伟. 游戏活动与幼儿成长 [M]. 长春：东北师范大学出版社，2009.

[4] 丁海东. 学前游戏论 [M]. 济南：山东人民出版社，2001.

[5] 邱学青. 学前儿童游戏 [M]. 南京：江苏教育出版社，2005.

第五章

幼儿游戏的分类指导

⊙**学习目标与要求**

1. 了解幼儿表演游戏的指导。
2. 掌握幼儿角色游戏的结构与指导，幼儿结构游戏的特点与指导，幼儿规则游戏的指导。

⊙**学习重点与难点**

幼儿角色游戏、结构游戏、规则游戏和表演游戏的特点与指导。

⊙**学习建议**

本章内容主要包括不同类型幼儿游戏的基本理论知识和实践指导策略，是理论和实践紧密结合的一章。因此，在学习中，要多观察幼儿一日生活中的游戏活动，加强对理论知识的理解，同时在掌握理论知识的基础上对幼儿游戏活动进行指导，并不断进行反思。建议通过与同事的交流和拓展阅读，加深对幼儿游戏指导的理解。

⊙**本章导读**

游戏是幼儿园的基本活动，幼儿园中游戏的主要类型有角色游戏、结构游戏、规则游戏和表演游戏。角色游戏是幼儿最喜欢、最经常玩的游戏，能提高幼儿对现实生活的理解水平；结构游戏是塑造工程师的游戏，可以锻炼幼儿动手动脑的能力；规则游戏是成人为一定教育目的而编制的游戏，能够培养幼儿的规则意识及其意志品质；表演游戏是幼儿按照童话或故事中的情节扮演一定角色的游戏，能够发展幼儿的艺术语言和文学艺术的兴趣及才能。了解不同类型游戏的结构、特征、年龄特点及作用，有助于我们在教育实践中更好地对幼儿游戏进行指导，促进幼儿智力、情感及社会性的发展。

第一节　幼儿角色游戏的指导

角色游戏是幼儿期最典型、最有特色的游戏。通过探讨角色游戏的结构、特点与作用、年龄特征，可以帮助教师掌握如何有效地对角色游戏进行指导。教师应该在开展角色游戏之前丰富幼儿对于角色的认识，与幼儿一起共同布置角色游戏的环境，当幼儿在进行角色游戏时，教师要在确保幼儿游戏主体地位的同时进行有效的指导。

一、幼儿角色游戏的结构

角色游戏是幼儿以模仿和想象，通过扮演角色，创造性地反映现实生活的一种游戏。角色游戏的主要结构因素有：游戏的主题、游戏的角色、游戏的材料、游戏的动作以及游戏的情节。

（一）游戏的主题

游戏的主题是指游戏的题目，角色游戏都有明确的主题。幼儿会选择所熟悉的内容和所了解的人物活动为游戏的主题。据调查，城市幼儿园角色游戏的主题，按出现次数的顺序排列主要有：娃娃家、汽车、医院、幼儿园、理发店、超市（图5－1）、电影院、火车、动物园。

图5－1　角色游戏——小超市

随着幼儿眼界的扩大，生活经验的增加，对成人的生活了解越来越多，幼儿角色游戏的主题由简单的、自由的内容发展到比较复杂的、有规定的内容。角色游戏主题的范围逐渐由幼儿所熟悉的家庭和幼儿园生活，扩大到社会生活。例如小班幼儿经常选择的角色游戏是"娃娃家"游戏，而中大班幼儿则经常进行"超市"、"银行"等角色游戏。

（二）游戏的角色

角色是游戏的中心，幼儿常扮演他们认为重要的人物。角色游戏的实质在于扮演某个角色，即幼儿通过自己的形体动作、面部表情和言语等来塑造某一特定的人物，如果幼儿只是以自己的身份进行游戏，就不是角色游戏。在扮演角色时，幼儿既是别人，又是自己，把自己融入角色之中，又把自己和他人区别开来，这要求幼儿要达到一定的心理发展水平。扮演角色对发展幼儿的想象力和自我意识，幼儿从自我中心过渡到一个社会化的个体有重要作用。

（三）游戏的材料

游戏的材料是进行角色游戏的物质条件。角色游戏的材料是多种多样的，在游戏中幼儿会以一个物品代替另一个物品。幼儿不仅能以物代物，而且能用被代替物的名称命名当前的代替物，幼儿边用积木喂娃娃，边说："吃饼干。"这里，积木是饼干的代替物。在角色游戏中，幼儿用一件物品可以做出多种动作。例如，一个木棍，幼儿可以当马骑，可以当教鞭给娃娃上课，可以当饼干吃；一把小椅子，可以当汽车、当火车，还可以当娃娃的床。在游戏中，幼儿用来"喝水"的"碗"可以是橘子皮、鸡蛋壳、瓶盖、半个乒乓球等。将一个物体代替另一个物体（以物代物），要求摆脱眼前对实物的知觉，而以表象代替实物进行思维，体现了思维的概括性。

苏联教育心理学家维果斯基认为，代替物的利用表明幼儿从注意具体实物转向物体的意义，并由对一个物体的动作迁移到另一个不相同的物体，不仅学会了按照对人、物和情境的直接知觉和当前的影响去行动，而且能根据物体和情境的意义去行动，使动作出自观念，而不是出自眼前的实物。幼儿在游戏中以物代物是依赖表象进行的思维，是一种发展思维的练习。

（四）游戏的动作

幼儿是以动作和语言来扮演角色的。游戏的动作是实现游戏程序的主要手段，只有借助这种手段，才能把主题变为真正的游戏过程。例如，在"理发店"游戏中，幼儿像美发师一样接待小朋友，请小朋友坐好、系上围裙、冲洗头发，然后拿毛巾给小朋友擦头发。就是这一系列的动作构成了游戏过程。幼儿在游戏中的动作，不是具体的某人的某一具体动作的翻版，而是概括的动作。如图 5 - 2 所示，做翻炒动作是厨师行为的概括，正是由于概括的动作，使角色游戏给幼儿以广阔的想象空间，也使不同的幼儿在不同的条件下都可以进行角色游戏。

图 5 - 2　角色游戏——我是小厨师

（五）游戏的情节

在游戏中，幼儿不是单纯地玩玩具，而是通过使用玩具的动作来表现假想的游戏情节，以表达自己的思想、感情和体验。3 岁幼儿常把娃娃、狗熊等玩具当成学生，玩"幼儿园"的游戏，他们把玩具在椅子上摆成一排，自己弹琴，教唱歌。到四五岁时，"幼儿园"的游戏情节和内容更加丰富，幼儿分工选出小老师，他们在小老师的带领下做操、画画、学儿歌、学舞蹈，小老师会逼真地模仿老师，批评做操时没站好队的小朋友。总之，角色游戏的情节随着幼儿年龄的增长而日益丰富，也更接近现实生活。

二、幼儿角色游戏的特点与作用

幼儿角色游戏具有假想性，能够吸引幼儿主动地、积极地进行活动。角色游戏对发展幼儿的认知能力，促进幼儿社会性发展和激发积极的情感体验具有重要的作用。

（一）幼儿角色游戏的特点

1. 假想性

模仿和想象是幼儿角色游戏的主要特点。在游戏中，幼儿通过扮演妈妈、老师、司机、警察等现实生活中的各种角色，模仿社会生活中人们的行为，体验着他们的情感，反映着现实生活中人与人的交往关系。在游戏中，幼儿会以物代物，一根小小的冰糕棍，幼儿可以想象成吃饭的筷子、喝汤的勺子、炒菜的铲子等。

2. 主动性

角色游戏是幼儿主动、积极、乐于进行的游戏。在游戏过程中，即使简单的游戏动作，如"妈妈"反复炒菜，"交通警察"站立不动、指挥汽车，也使幼儿在游戏中自得其乐、津津有味。通过在幼儿园里长期的实践和观察发现，幼儿普遍喜欢角色游戏。一项有关幼儿园里幼儿最喜欢什么游戏的调查表明，角色游戏是幼儿最喜欢的游戏，占41.8%，其他游戏所占比例较小。

3. 创造性

角色游戏突出的特点在于它是幼儿自己创造的，游戏的主题、角色和情节等都是依照幼儿自己的兴趣、意愿、经验进行的，在游戏中幼儿可自由地发挥想象力和创造力，独立自主地再现成人的劳动和活动。这种创造性是幼儿认知发展、情感发展、身体发展的重要基础。

（二）幼儿角色游戏的作用

1. 发展幼儿认知能力

幼儿游戏能唤起幼儿的兴趣，使幼儿在轻松愉快的氛围中加深对社会生活的认识，将社会知识系统化；同时幼儿在游戏中通过以物代物可增强联想、表征能力，从而激发创造的潜力。

按照皮亚杰的理论，游戏是同化的过程。幼儿在游戏中，以原有的心理图式，吸收和加工外界的信息，发展幼儿的社会认知能力。

2. 促进幼儿社会性的发展

游戏中的角色扮演和对现实人际关系的反映，有力地推动了幼儿社会化的过程，促进了幼儿良好品德和行为习惯的形成。例如，在"医院"的游戏中，有的幼儿当医生，有的当病人，有的在挂号处，有的在病房当护士。幼儿通过承担角色与伙伴共同游戏，学习理解社会角色行为，有助于幼儿学会和实践社会性行为，发展幼儿的社会性。

3. 激发幼儿积极的情感体验

角色游戏是幼儿建立积极情感、调整消极情感的途径，也是表露或发泄情感的渠道。在游戏中幼儿体验各种情感，如快乐、对别人的关心和同情、成功的喜悦或恐惧等，又可以控制这些情感。角色游戏一方面提供消除消极情感的出路，减少情感上的失调，战胜情感上的障碍；另一方面以活动成功的满足，增强控制环境的能力，增长自信心。

三、幼儿角色游戏的年龄特征

幼儿角色游戏的发展受幼儿身心发展程度的影响，不同年龄阶段幼儿的想象力、注意力和思维能力存在差异，他们对现实生活认识的范围和深度不一样，感受和体验的程度也不同，这使得幼儿在角色游戏中表现出不同年龄各不相同、同一年龄则相对稳定的年龄特点。

（一）小班幼儿角色游戏的特征

小班幼儿以无意注意为主，活动随意性强，他们在游戏开始前对游戏的主题没有明确的目的，时时转换游戏角色。大多数幼儿对同一角色不能保持长时间的兴趣，他们很容易被同伴的游戏或玩具吸引而参加另一个角色游戏的活动，有时甚至会出现"角色混淆"。例如一个扮演"医生"的幼儿抱着娃娃说："宝贝，饿不饿？妈妈去做饭。"

小班幼儿不是按角色需要使用玩具，而是凭兴趣使用玩具，他们看到娃娃就会当家长，看到小汽车就会当司机。对玩具也只能进行简单的操作动作，当扮演"妈妈"时会反复地喂娃娃，当扮演"司机"时会来回地做转动方向盘的动作。小班幼儿喜欢单独游戏，或者模仿同伴做相同的游戏，即使幼儿在同一游戏主题下扮演不同的角色，角色之间也没有实质性的配合，仅在一些熟悉的游戏中会出现简单的合作行为。

（二）中班幼儿角色游戏的特征

中班幼儿在游戏开始之前能够明确游戏的主题，根据自己的兴趣、爱好选择角色，幼儿喜欢扮演的角色经常是幼儿所熟悉的"妈妈"、"教师"、"汽车司机"等。同伴之间会商量分配角色，但因为幼儿都喜欢在游戏中扮演能够支配其他角色的"中心角色"，因此在分配角色时幼儿容易发生纠纷。

中班幼儿会按照角色需要使用玩具，能够按角色要求行动，做出符合游戏角色身份所需要的动作。幼儿与同伴之间的交往增多，能够按照游戏的要求进行协商，能在同一主题下扮演不同的角色进行活动。

（三）大班幼儿角色游戏的特征

大班幼儿能够在确立主题、选定角色后，根据主题的需要和角色的身份来展开活动。大班幼儿有明确的角色意识，能够相互协调角色之间的关系，在行动上互相配合，持续地进行同一个游戏。游戏的主题从单一的"娃娃家"、"医院"等到较复杂的"超市"、"银行"。

大班幼儿可以创造性地使用玩具，或者为游戏自制玩具。例如在玩"银行"游戏的时候，幼儿会用塑料泡沫制成取钱的柜台，用纸片制成货币。大班幼儿在角色游戏中的动作更加连续，游戏的情节更加完整。例如在玩"超市"游戏时，扮演售货员的幼儿会对顾客说："你好，请问你需要什么？"扮演顾客的幼儿会说："我想要面包和火腿肠。"售货员递给顾客所需的物品，收钱，然后说"下一位"，使游戏能够持续进行下去。

四、幼儿角色游戏的指导

角色游戏是幼儿主动地、积极地开展的游戏，带有很大的自发性。然而游戏是幼儿园重要的教育手段，要实现游戏的教育作用，必须有教师的指导。教师对角色游戏的指导主要体现在帮助幼儿按自己的意愿和想象进行，而不是把教师的意愿强加给幼儿。指导角色游戏的核心问题是使教师的指导与幼儿在游戏中的主动性和积极性结合起来。

（一）丰富幼儿对于角色的认识

角色游戏是幼儿对现实生活的反映，幼儿的生活经验越丰富，就越能了解不同角色的动作和语言，角色游戏的内容也就越充实、越新颖。帮助幼儿了解现实生活中不同角色的表现是发展角色游戏的基础。幼儿的生活经验主要来自家庭、幼儿园的生活，教师要在上课、日常生活、劳动和节日娱乐等多种活动中丰富幼儿对周围生活的知识和经验。教师要利用一切机会引导幼儿观察周围的社会生活，积累角色印象。例如，带领幼儿散步或外出参观时，沿途引导幼儿观察警察叔叔如何指挥交通，行人如何遵守交通规则，红绿灯的作用等。幼儿对生活观察得越仔细，游戏的情节越丰富，幼儿扮演角色就越逼真。

案 例

在主题游戏"医院"中，幼儿扮演医生给病人开刀，常常不假思索，举刀就做手术。显然幼儿对做手术的过程缺乏了解，当我发现这个问题时，就提出一些问题，让幼儿展开讨论：①医生给病人开刀要做哪些准备工作？②在开刀过程中病人可能会发生什么问题？医生要采取什么措施？这个说："开刀就要用酒精棉球消毒。"那个说："开刀时病人要出血，要打止血针，还要输氧气、输血。""开刀的房间只有医生和护士可以进去，家人只能在门外。"经过讨论，孩子们知道了医生给病人做手术的粗浅知识，以后的"医院"游戏中，孩子们自然地应用了这些知识。

本案例改编自：《浅谈幼儿角色游戏的间接指导》［EB/OL］，2010－8－28，http：// new.060s. com/article/2010/08/28/210547.2. htm。

（二）和幼儿一起创设开展游戏的物质条件

游戏的玩具材料、场所、设备是幼儿进行角色游戏的物质条件，这些物质材料对激发幼儿的游戏愿望和兴趣、发展幼儿的想象力有重要作用。例如，娃娃在角色游戏中不仅起着角色的作用，而且能增加游戏情节、丰富游戏内容。娃娃的装束不同，也会引出不同的游戏情节和内容。教师为幼儿提供丰富的玩具材料，除了形象逼真的玩具之外，如娃娃、玩具、炊具，还要注意为幼儿提供真实程度较低的简单物品和材料，以发展幼儿的想象力。有关研究指出，如果教师想在"娃娃家"里激发幼儿更高水平的游戏行为，就应将幼儿熟悉的真实玩具换成积木、橡皮泥等需要幼儿进行更高水平的认知转换的材料。因此，积木、小木棍、小玻璃瓶、医药盒、易拉罐、纸浆玩具等都是幼儿可以用来游戏的材料。

固定的游戏场所和设备能吸引幼儿进行游戏，也便于幼儿开展游戏。所以，教师应在活动室或户外设置固定的游戏场地，和幼儿一起进行游戏环境的创设。如图5－3和图5－4所示是长春市某幼儿园为幼儿布置的角色游戏场地。"娃娃家"中有可以扮演不同角色的衣服、各种各样的毛绒玩具、积木及其他简单的材料，幼儿可以进行多种选择，玩自己喜欢的角色游戏。"理发店"中的设备齐全，幼儿可以进行洗发、烫发、剪发等游戏。

图 5-3 室内游戏场地——娃娃家

图 5-4 室内游戏场地——理发店

（三）帮助幼儿进入游戏，学会分配和扮演角色

角色游戏是幼儿自主、自愿的活动，角色游戏的主题应由幼儿自己提出。但有时需要教师启发幼儿游戏的动机，帮助他们进入游戏。例如，教师看到一个 3 岁的幼儿骑在

小椅子上，摇着椅子背，嘴里发出"嘀、嘀"的声音，教师可以问："你开的是公共汽车吗？""公共汽车上除了司机还应有什么人啊？"

教师除了帮助幼儿进入游戏，还要教会幼儿分配和扮演角色。幼儿喜欢扮演自己认为重要的人物，并以扮演角色和模仿角色的动作为满足。教师要教会幼儿与同伴共同商量分配角色，轮流担任主要角色，一方面可以使幼儿学会谦让，另一方面也能使每个幼儿都有扮演不同角色、锻炼自己的机会。幼儿学习分配角色有一个过程。教师可以让小班幼儿自己选择角色；在中班、大班，对于几个小朋友都愿意扮演的角色，可以让小朋友共同推选。

案 例

娃 娃 家

游戏开始了，只见5个孩子同时进入了娃娃家。A说："我来做妈妈。"B说："我来当爸爸。"C说："我想做奶奶。"D说："我也想做妈妈。"A说："不行，我是妈妈，你不能做妈妈，是我先说要做妈妈的。"D说："为什么不行？我也可以做的。"A和D因为都想当妈妈而争吵了起来。这时，E说："我们去告诉老师，请老师来帮忙。"

老师对此事的看法：幼儿有了初步的角色分配意识；为了争夺一个角色幼儿之间发生了冲突；老师的工作事先没有考虑周到。

老师的做法：第一，游戏讲评时，请幼儿进行讨论：你的家里有几个妈妈？"娃娃家"里需要几个妈妈，如果2个孩子都想做妈妈时，应该怎么办？第二，针对"娃娃家"里出现的情况，老师和幼儿商量的结果是提供"娃娃家"人员的象征性标记。如妈妈穿个大围兜，爸爸戴个帽子，奶奶戴上一副袖套和小围兜，爷爷戴副眼镜等。

本案例改编自：《幼儿在角色游戏中的角色分配和角色扮演》［EB/OL］，2010－10－17，http：//www.age06.com/Curriculum/WorksDetail.aspx？worksid＝6910。

（四）观察幼儿，与幼儿展开互动，促进游戏情节的发展

角色游戏是幼儿按自己的意愿进行的活动，在游戏中他们充分地表现着自我。教师要善于观察幼儿的游戏，通过观察了解幼儿的发展水平，了解幼儿的想法、能力和行为特点，给幼儿以及时的帮助和指导。教师观察到胆小害羞的幼儿只是自己摆弄玩具，可以带着她参加其他幼儿的游戏活动，如以"客人"的身份到"娃娃家"做客，当"顾客"到"商店"买东西，使幼儿逐渐与其他幼儿接近、交往。教师要具有敏锐的观察力和随机应变的能力，及时解决幼儿之间的冲突。在游戏中幼儿可能会争得面红耳赤，甚至吵起来。年龄小的幼儿多半是由于抢玩具而争吵，教师只要给他们充足的同样的娃娃或汽车玩具等，就不难使他们和解。

教师可以通过亲身参加游戏、扮演角色，促进游戏情节的发展。

案 例

　　幼儿玩"医院"的游戏，最开始他们只是一会听诊，一会打针，来回重复这些动作，为了使游戏内容更加丰富，教师可以当做"病人"参加游戏。

病人：医生，我肚子疼得厉害，您看我得了什么病？

医生：肚子疼？噢！你肚子里可能长虫子了，吃点打虫子药吧！

病人：肚子里怎么会长虫子呢？

医生：那是你吃饭时没洗手吧，以后一定要注意卫生。

病人：谢谢。

　　教师在指导幼儿角色游戏时，要尽量保持幼儿做游戏的自然状态，避免因教师观察游戏而影响幼儿游戏的真实感。教师在幼儿的游戏活动中，不是领导者、控制者，而是准备者、启发者、支持者和参谋，帮助、支持、引导幼儿去开展角色游戏的活动，对幼儿良好的行为表现及时给予支持、赞许与鼓励，对不正确的加以纠正。

案 例

"娃娃服装店"的指导

游戏目标：

1. 培养幼儿参与角色游戏的兴趣，积极开展"娃娃服装店"游戏主题，并从中体验游戏的乐趣。

2. 幼儿在初步了解服装买卖过程的基础上继续大胆模仿成人的工作，并根据游戏发展的需要进一步发展新的游戏情节，如增设服装加工厂，为顾客订做服装、修改服装等。

3. 培养幼儿遇到困难或问题能积极思考解决及合作协商的能力。

材料提供：

1. 娃娃家的餐具、煤气灶、娃娃、小床、桌子、被子等。

2. 菜场的一些自制的蔬菜、鱼、螃蟹等。

3. 商店的一些商品、货物。

4. 理发店的自制剪刀、吹风机、洗发水、毛巾等。

5. 娃娃服装实物若干件、一些自制服装的材料（旧挂历纸、白纸、剪刀、蜡笔、水彩笔等）。

指导重点：

一、引出游戏主题

1. 教师：（出示玩具娃娃）新年就快到了，我要去给我的娃娃买套新衣服，让她过新年的时候打扮得漂漂亮亮的。小朋友，你们说，我去哪里买好呢？（引导幼儿说出服装店。）

2. 你们知道服装店里都卖些什么东西呢？

3. 你们去过服装店买东西吗？你们是怎么买的呢？

二、角色分配和场景布置

幼儿根据自己的兴趣自由选择角色进行扮演，教师带领幼儿一起布置游戏场景，特别要帮助服装店的幼儿布置柜台，引导他们分类摆放，并将衣服、帽子等有的展示出来，有的折叠好后放在柜台上，要求放得整齐、美观。

三、幼儿游戏，教师巡回指导

（一）以娃娃服装店经理的身份参与游戏进行指导

1. 组织在娃娃服装店工作的幼儿讨论：服装店应该有哪些人？根据幼儿的意愿让他们自由扮演角色进行游戏。

2. 组织幼儿商量如何布置游戏场景（柜台），并进一步引导幼儿考虑如何扩大服装店的影响，如为服装店做广告；如何扩大服装店的规模，满足众多顾客的需求，如开设一个服装加工厂等。

（二）以顾客的身份参与游戏进行指导

1. 进入娃娃服装店：你们好！请问你们这里卖些什么呀？有卖小孩衣服的吗？这里的娃娃服装柜台在哪里呢？（引导幼儿热情接待来店中的顾客。）

2. 请问你这是娃娃服装柜台吗？你这里有些什么服装？有什么新货呢？

3. 我想买件一岁小孩穿的衣服，你这里哪些衣服合适呢？你能给我介绍介绍吗？

4. 这件衣服款式、颜色我都挺喜欢的，就是觉得袖子太长了点，你说怎么办呢？（引导幼儿提出他们可以将衣服拿到他们的服装加工厂改一下，可以满足顾客们的各种需求。）

5. 我们想买很多件一样款式的服装，你们这儿有吗？（引导幼儿提出可以让他们的服装加工厂设计制作出一批服装来。）

四、组织幼儿围绕游戏主题进行讲评

五、组织幼儿收拾整理游戏材料

本案例改编自：《娃娃服装店》［EB/OL］，http://new.060s.com/article/2008/10/21/123944.htm。

第二节　幼儿结构游戏的指导

结构游戏是一种使用各种结构材料进行建筑和结构的游戏。有研究表明，结构游戏是除角色游戏外幼儿最喜欢的游戏，有 34% 的被调查幼儿喜欢积木游戏。通过探讨角色游戏的结构、特点与作用、年龄特征，可以帮助教师掌握如何有效地对角色游戏进行指导。教师在指导幼儿结构游戏时，要让幼儿了解不同建筑物的形状和结构，知道各种材料的用法和功能，教给幼儿各种搭建的技巧，当然也要给幼儿充分的时间，使幼儿能够自主地进行创造。

一、幼儿结构游戏的结构

结构游戏是幼儿利用积木、积塑、沙、土等玩具和材料进行构造活动的游戏。例如，幼儿用积木搭成大楼，用沙土筑成堤坝，用积塑插成手捻。人们常称结构游戏为"塑造工程师的游戏"。

结构游戏的最主要构成部分就是结构游戏材料。幼儿结构游戏的材料可以分为排列组合类、接插连接类、螺丝连接类、穿线编织类和磁性结构类。排列组合类中的典型代表是积木，现代意义上的积木来源于 19 世纪福禄倍尔制作的"恩物"，包括球及圆柱体、正方体、长方体的木块。20世纪初美国的进步主义幼儿园运动主要领导人之一帕蒂·希尔（Pantee）为幼儿设计了可以在地面上玩的大型空心积木——希尔积木（Hill Blocks）。美国教育家卡洛琳·普拉特（Carolyn）在希尔空心积木的启发下设计了以原木制成的"单元积木"。蒙台梭利设计的蒙氏教具中也有积木，包括粉红塔、棕色楼梯和红色木杆等。

接插连接类结构游戏材料一般是由塑料制成的，典型代表是积塑。积塑上有凸出的头和凹进的口或开有可接插的槽，可以相互镶嵌、接插、套叠，连接组合成整体。螺丝连接类是由螺丝和螺帽等结构通过旋转连接组合成一个整体，一般是由木头、塑料和金属制成的。穿线编织类是由线和带有小孔的珠子或者木块组成的，需要幼儿把线穿过材料上的孔组合成物品，可以锻炼幼儿小肌肉的活动能力和手眼协调能力。磁性结构类是由磁铁制成的，磁铁具有同极相斥、异极相吸的特质，玩磁性结构类游戏可以激发幼儿探索的兴趣。

除了人工制作的结构游戏材料之外，幼儿还可以运用沙石、泥土、冰雪、树叶等自然材料进行结构游戏。正如蒙台梭利认为的那样，儿童的本质即是工作（活动），工作即游戏，玩具就是儿童工作的材料，有玩具，其工作才不致落空，有玩具，才能引起儿童工作的兴趣，也才会专心地去操作学习，也才能帮助其自我建构与神经发展。因此，玩具的提供与应用直接关系着幼儿活动的效果。这点在幼儿结构游戏中体现得尤为明显。

二、幼儿结构游戏的特点与作用

幼儿结构游戏是通过使用一些结构材料来建筑或构造各种建筑物或物体，通过手的操作及其成品，反映他们对周围事物的印象。通过玩结构游戏可以促进幼儿感知运动技能的发展，促进幼儿智力的发展，培养幼儿的艺术兴趣、审美能力和坚持的意志品质。

（一）幼儿结构游戏的特点

1. 结构游戏是以建构为基本活动的及物活动

幼儿在玩结构游戏时必须要有结构材料，没有结构材料幼儿结构游戏无法进行下去。在结构游戏中，幼儿要不停地活动，不管是堆、放、握、挖、拼插，还是整理，幼儿必须通过直接动手操作，通过自己的建筑和构造活动来反映对周围生活的认识和感受。

2. 幼儿不同的智力发展水平会表现出不同的结构游戏水平

幼儿在不同的发展阶段会表现出不同的结构游戏水平。黄人颂老师在《学前教育学》中，以积木游戏的发展为例论述了幼儿结构游戏水平的发展。积木游戏是在婴儿有了手的抓握能力和小肌肉精细动作的能力时开始的。婴儿在七八个月时有了抓握能力，才能抓握小积木。在一岁半左右开始模仿把两块方积木堆叠起来，以后堆叠的积木数量逐渐增加。到三岁左右才能模仿着用三块积木搭桥。幼儿结构游戏的水平往往反映了其智力发展的水平，幼儿的智力发展水平测量往往都在一定程度上借助结构游戏这一手段。结构游戏中能较好地反映幼儿的手眼协调能力，把握物体能力，对物体的形状、颜色、大小、功能的认识水平，空间认知水平。

（二）幼儿结构游戏的作用

1. 促进幼儿感知运动技能的发展

结构游戏能够发展幼儿手的小肌肉活动，培养动作的精确性及手眼协调能力。例如，幼儿在玩穿珠游戏的时候，一方面需要幼儿用食指和拇指拿好小珠子，另一方面需要幼儿拿线对准小珠子上的圆孔穿过去。结构游戏有助于幼儿搬、拿、叠、放等动作技能的发展。例如在玩大型积木游戏的时候，需要幼儿来回搬运积木，叠放积木。

2. 促进幼儿智力的发展

幼儿在亲自操作结构材料时，可以认识不同结构材料的性质、大小、颜色、形状和重量，获得上下、中间、旁边、高低、前后、左右等空间概念，并可领会可逆性。例如，幼儿用积木搭成了房子，房子是一个整体，但是当幼儿把房子推倒后，又成了一个个单独的积木。同时，结构游戏是幼儿运用结构材料对周围事物印象的反映，可以促进幼儿想象力和创造能力的发展。例如，幼儿会用积木搭建圆形的汽车，或者用积塑组装成不同形状的轮船和飞机。

3. 培养幼儿的艺术兴趣和审美能力

幼儿在搭建和组装材料时，需要在形状、颜色等方面进行协调和配置。例如，幼儿在搭建楼房的时候，可以用正方形或长方形的积木搭楼顶，也可以用三角形或梯形的积木搭楼顶，对不同形状材料的选择可以培养幼儿的艺术兴趣。用不同颜色的材料搭配还能促进幼儿审美能力的发展。例如，幼儿在组装汽车时，可以选择不同颜色的车轮、车身和车顶。

4. 培养幼儿坚持的意志品质

幼儿年龄小，兴趣点很容易转移，但是在结构游戏的过程中，因为有各种各样的材料，幼儿可以自由建造各种物体，培养了幼儿长时间的专注力。同时，幼儿在搭建物品时常常有一定的目的性，幼儿会乐于不断尝试、设计和试验，以达到理想的效果。

三、幼儿结构游戏的年龄特征

幼儿结构游戏的水平往往反映了其智力发展的水平，幼儿在不同的发展阶段会表现出不同的结构游戏水平。

（一）小班幼儿结构游戏的年龄特征

小班幼儿在开始时通常只是无目的地摆弄结构材料，光拿着玩，还不会搭。例如，有的幼儿会拿着一块积木动来动去，如果你问他在做什么，他会说"这是我的小汽车，我在开车。"有的幼儿会把结构材料堆起来，然后推倒，乐此不疲。小班幼儿玩结构游戏的时间一般是 10 分钟，在 10 分钟内幼儿能够维持建构兴趣和游戏的乐趣，抑制非游戏行为产生。

（二）中班幼儿结构游戏的年龄特征

中班幼儿进行结构游戏的目的比较明确，如果你在幼儿摆弄结构材料时问"你要搭什么"，幼儿一般能够明确地说出他想要搭建的主题。与小班幼儿相比，中班幼儿不但对搭建材料的动作和过程感兴趣，同时也关心游戏的成果。如果幼儿觉得搭建的成果不符合他们的想法，他们会重新搭建或者在原有基础上进行整理和编排。中班幼儿结构游戏的时间一般是 20 分钟。

（三）大班幼儿结构游戏的年龄特征

大班幼儿已经基本掌握了结构游戏的技能，以积木游戏为例，大班幼儿能搭复杂的物体或建筑物，能对称或加以装饰。大班幼儿能围绕一个主题进行长时间的结构活动，并且出现多人参与的集体结构游戏。

四、幼儿结构游戏的指导

教师对幼儿结构游戏的帮助与指导是发挥结构游戏教育作用的重要条件。教师指导结构游戏的基本要求是：既要让幼儿学习和掌握一些结构游戏的基本知识和技能，又必须保证发挥幼儿的积极性、主动性和创造性。

（一）帮助幼儿了解建筑物的形状和构造

幼儿对周围生活中的物体和建筑物有比较细致的观察和了解，积累了丰富而深刻的印象，是进行结构游戏的基础。为此，教师要引导幼儿通过观察认识物体，认识物体各部分的名称、形状和结构特点等，只有这样，幼儿在结构游戏中才能有所建构，才能使游戏内容更丰富。例如，引导幼儿认识房子，可引导幼儿认识各种房子，如平房、楼房，并认识房子的结构特点，知道房子要有门、窗，窗户是对称的等。以此为基础，幼儿才能用积木、积塑、火柴棍等拼搭成各种建筑物和物体。

案 例

结构游戏"小房子"开始前教师的指导

我利用带领幼儿外出活动、散步、自由活动等机会，引导幼儿反复观察，然后说出物体各部分名称、形状和结构特点。如当幼儿生成房子这一个主题时，我就利用我们学校的优势，引导幼儿站在三楼平台上、五楼结构室内仔细观察房子的外形结构和特点。先观察房顶，房顶有平顶、圆顶、三角形等。再观察窗门，窗门有圆的、方的，还有的是半圆形和方形结合起来的形状。然后是房子的造型和墙壁，造型有高楼、平楼、凹凸型的等，墙壁都是用砖一块一块砌成的。最后是门以及其他与房子有关的东西。通过仔细观察以及观察后的谈话，幼儿对房子的外形结构和特点有了一个基本的了解。

本案例改编自：陈吉：《浅谈中班幼儿结构游戏的开展》［EB/OL］，http：//www. age06. com/gardenportal/Detail. aspx？InfoGuid =41a5963b-f02f-4f80-869e-79b6b4941b5f，2005 - 10 - 25。

（二）保证幼儿有适当的结构游戏材料和时间

结构游戏材料是幼儿进行结构游戏的必要条件，教师要根据不同年龄阶段幼儿的特点为其准备适当的结构游戏材料。2006 年上海市教委颁布《上海市学前教育机构装备规范（试行）》中对幼儿园构造玩具的配备提出以下规定：根据造型构造活动的需要，配备排列组合类、接插结构类、螺旋结构类、穿线编织类等各种平面造型和立体造型的结构系列玩具。木制几何形积木是主要的结构玩具，对儿童形成数量、形状、空间方位等概念有重大的意义，是各年龄的最基本的结构材料；配备不少于 4 种的结构材料，其中木制几何形积木为必备；配备数量应与活动室和专用室的大小相适宜。活动室中以区域活动的要求配备，数量上应能满足每班 6 名儿童同时开展活动的需要。还对专用活动室的材料配备以及空间布局做了说明：活动室中以小型的结构材料为主，专用室中以中大型结构材料为主。在专用室中可配备图书架、结构参考图片以及摆放构造玩具的橱和筐。

剥夺孩子的游戏时间，就是剥夺孩子的童年。对于结构游戏，如果游戏的时间过短，会影响幼儿的建构兴趣和建构规模，还可能使幼儿放弃建构而进行一些不用复杂构思的游戏。此外，不同年龄幼儿进行一次结构游戏所需的时间不同，应该根据幼儿的年龄特点进行适当调整。

（三）帮助幼儿掌握结构游戏的基本知识和技能

为了使幼儿的结构游戏进行得更顺利、有效，教师要让幼儿认识各种结构材料的性质，并学会使用各种材料。例如，积木游戏的基本技能是排列、组合，幼儿应学会铺平、对称、加宽、加高、围合等技能。教师还要教幼儿学会积塑游戏的基本技能，如接插、镶嵌等。

各年龄班应学会和掌握的结构知识和技能如下。

小班：认识建构材料，能叫出其名称，如积木、积塑片；认识建构材料的形状、大小、颜色；学习铺平、延长、围合、盖顶等技能；识别上下、中间、旁边等方向；会用材料建构简单物体，并能表现出物体的主要特征。

中班：认识高低、宽窄、薄厚、轻重、长短、前后，会选择和利用建构材料；能较正确地建构物体，能与同伴合作，围绕同一主题共同游戏。

大班：会区别左右，建构的物体比小班和中班幼儿更精细、整齐、匀称，构体的结构更复杂、更有创造性；会用辅助材料装饰物体或建筑。

教师可以通过示范、讲解、练习和语言提示等方法，帮助幼儿掌握建构的技巧和方法。此外，教师还要鼓励幼儿共同游戏，教会幼儿既分工，又合作。当结构游戏结束后，教师要引导幼儿将结构游戏材料整理好，放回原处。

案 例

一辆结实的"公共汽车"

游戏开始时，明明对老师说："今天我想造一辆公共汽车。"教师说："好的，这回你的公共汽车可要造得牢一点噢，过会儿我来乘你的车，好吗？"明明连忙点头。"公共汽车"完成了，他高兴地跑到老师面前说："老师，我的'汽车'造好了，你来乘吗？"教师把"车"放在地毯上摇了摇，说："这辆车还真牢呢，太棒了！我下了班一定乘你的车！"明明十分高兴。

本案例改编自：张美珍：《幼儿结构游戏的指导》[J]，载《幼儿教育》，2002（1）。

　　这里教师为什么要渗透技能的要求呢？原来在前次游戏中，教师观察到这位孩子曾因作品结构松散而心存遗憾，这次，幼儿提出游戏主题后，教师就以游戏伙伴的身份适时渗透了"造得牢一点"的要求，以促使幼儿提高结构技能，获得成功感。这种介入、点拨有助于幼儿保持游戏兴趣，使幼儿获得强烈的主体性体验。

案 例

一副"眼镜"

　　小杰在构建眼镜框时没能围合成功，他似乎失去了信心，准备拆除。此时，教师立即介入："哟，这副眼镜框马上就要做成功了！"小杰说："老师，镜框我搭不好。"教师说："我和你一起来试试看，好吗？"小杰点点头。当快要围合的时候，教师说："我们再加几片雪花片，看看行不行？"说完，递给他两片雪花片，果然镜框围合成功了。此时他按捺不住内心的兴奋，笑着对老师说："成功了，成功了！"当他将"眼镜"戴上朝四周观望时，教师又介入了："这副眼镜太好了，让我也戴一戴，行吗？"小杰说："行。"

　　这一案例说明当幼儿因技能困难影响游戏时，教师通过与幼儿共同探索、共享成功喜悦的互动过程，间接地提高了幼儿的围合技能，培养了幼儿的坚持品质，推动了幼儿游戏的发展。

第三节　幼儿规则游戏的指导

　　幼儿规则游戏是由成人创编、以规则为中心的游戏。规则游戏是幼儿园教学的有效手段或形式，在幼儿园有组织的教学实践中被广泛运用。通过探讨幼儿规则游戏的结构、特点与作用、年龄特征，可以帮助教师掌握如何有效地对幼儿规则游戏进行指导。教师在指导幼儿规则游戏时，要注意为幼儿选择或者编制适合幼儿年龄阶段的规则游戏，让幼儿理解游戏的规则，学会如何玩，使幼儿明白在规则游戏中必须遵守事先制定好的规则，如果违反，就要接受一定的"惩罚"。

一、幼儿规则游戏的结构

规则游戏的结构包含游戏的任务、游戏的玩法、游戏的规则和游戏的结果。

（一）游戏的任务

规则游戏有明确的任务。例如，"听一听，是什么声音"的游戏任务是发展幼儿的听觉和注意力，训练语言表达能力；"飞飞"游戏的目的是训练幼儿对答问题的能力、注意听的能力，以及分析、判断能力。不同的游戏有不同的任务，主要是帮助幼儿复习巩固知识和发展幼儿各方面能力。

（二）游戏的玩法

游戏的玩法要紧紧围绕和服从游戏的任务，并对幼儿有吸引力。例如，"听听谁在叫"游戏的玩法是：请一个孩子站到前边，教师给他戴上一个动物头饰，其余孩子按动物头饰发出叫声，由戴头饰的孩子猜自己戴的是什么动物头饰。"狐狸和小羊"游戏的玩法是：选一名幼儿当狐狸，其余幼儿半数当小树，半数当小羊，大家四处散开站在地上画的大圆圈里；游戏开始，小羊在树林里四处跑，当听到"狐狸来了！"狐狸即去追捉小羊；被狐狸抓到的小羊就去当小树，换一个当小树的幼儿当狐狸，原来当狐狸的幼儿当小羊，游戏重新开始。

（三）游戏的规则

游戏的规则是对游戏动作的顺序以及游戏中被允许或被禁止的活动的规定。游戏的规则一般由成人提出，参加游戏的幼儿必须明确和遵守。游戏的规则可以规范幼儿在游戏中的动作和行为，保证游戏任务的完成。每一个规则游戏都有一定的规则。例如，"听听谁在叫"的游戏规则是：戴头饰的幼儿不能看头饰，其余幼儿只能发出动物的叫声，不能说出动物的名称。"蝴蝶飞"的游戏规则是：幼儿动作必须符合教师的指令，左右方向弄错的幼儿要被罚唱歌或跳舞。

（四）游戏的结果

游戏结果是幼儿参加游戏努力要达到的最后目的。良好的游戏结果可以使幼儿获得满足的快乐，并能激发幼儿继续游戏的积极性。游戏的结果也反映了幼儿掌握知识和发展能力的情况。例如，"听听谁在叫"游戏的结果是猜对了的幼儿获得表扬，并可戴头饰回到座位上去。

规则游戏的构成因素是互相联系、密不可分的，若缺少了某一因素，则会失去游戏的性质和教育作用，变成利用玩具或直观材料的学习或练习活动。

二、幼儿规则游戏的特点与作用

规则游戏具有竞赛性，参加规则游戏的幼儿必须遵守一定的规则。规则游戏有多种不同的类型，主要包括智力游戏、体育游戏和音乐游戏。通过规则游戏可以促进幼儿认知和社会性的发展，有利于幼儿身体的发展。

（一）幼儿规则游戏的特点

1. 规则性

规则游戏，顾名思义必须有规则，这种规则是游戏前就决定的，并且是每个参加者都同意的，游戏中如果违反规则就会受到惩罚，甚至被取消游戏资格。例如，"老狼老狼几点了"游戏，幼儿必须遵守的规则是：①老狼回答几点钟时不准回头看；②幼儿与老狼问答时，必须往前走，不能停留；③只有老狼说"天黑了"或"12点"时，幼儿才能转身往回跑，老狼才可回转身追等。若违反这些规则，游戏将无法进行。

2. 竞争性

在规则游戏中，幼儿以行为的结果为目的，游戏具有竞赛性。例如，在"龟兔赛跑"的游戏中，幼儿分成四组，两组当兔子，两组当乌龟，当乌龟的要爬行，当兔子的要双脚向前跳，接力进行，每个幼儿都非常投入，努力争第一。因为规则游戏具有竞争性，所以必须有两个以上的幼儿参加，游戏才能顺利进行。

由于规则游戏要求游戏者必须遵守规则，并具有竞赛性，因此，规则游戏在幼儿游戏发展过程中出现得较晚。艾里康宁曾描述与不同年龄的幼儿玩捉迷藏游戏的情况：与3岁幼儿玩捉迷藏游戏，幼儿藏好之后，成人没有立刻"找"他，而是故意在他藏的地方旁边等二三分钟，装作找不到，这时，幼儿就不能控制住自己，而是破坏规则，跳出来说："叔叔，我在这儿。"而对于6岁的儿童来说，规则与结果对他们有了特殊的意义，如果让6岁儿童与3岁儿童一起藏起来，6岁儿童会阻止要暴露自己的3岁儿童，强迫他遵守规则。

（二）幼儿规则游戏的作用

1. 促进幼儿的认知和社会性的发展

规则游戏能使幼儿以愉快的情绪主动地学习知识和提高各方面的能力。以智力游戏为例，智力游戏是根据一定的智育要求，由成人设计的一种有规则游戏。它以生动有趣的游戏形式，使幼儿在自愿、愉快的情绪中增进知识、发展智力。它把一定的学习因素与游戏形式结合起来，大大提高了幼儿的学习兴趣，是增进智育的有效手段。

规则游戏是多人参与的社会性游戏，规则的制定需要参与者之间的协商、讨论和决策，当出现违规行为的时候，需要游戏者发明惩罚违规者的办法。通过规则游戏，幼儿学会倾听他人的意见，相互合作，逐渐形成诚实、果敢、坚毅等品质。

2. 有利于幼儿身体的发展

体育游戏和音乐游戏都是以发展幼儿基本动作为主的一种规则游戏。不同的是音乐游戏是幼儿在音乐伴奏或歌曲伴唱下进行的游戏，除了发展幼儿基本动作外，还能促进幼儿音乐感受力和表现力的发展。幼儿体育游戏按幼儿发展的基本技能，可分为奔跑游戏、跳跃游戏、投掷游戏、平衡游戏等；按照增强身体素质，可分为速度游戏、力量游戏、耐力游戏和灵敏游戏等。在体育游戏和音乐游戏中，幼儿的跑、跳、蹦等能力得到了锻炼，不仅增强了体能，而且也训练了运动技巧。

三、幼儿规则游戏的年龄特征

规则游戏在幼儿游戏发展过程中出现得较晚。根据皮亚杰的认知发展理论，幼儿规则游戏出现在前运算阶段的晚期（6~7岁），成熟于具体运算阶段（7~11岁）。幼儿园大班的小朋友才能够达到熟悉规则、遵守规则，并进行游戏的水平。因此有人质疑小、中班的幼儿是否适合玩规则游戏。其实，规则游戏的实质不在于掌握游戏的规则，而在于促进幼儿认知和社会性的发展。幼儿从不能掌握规则游戏的玩法到能够掌握规则游戏的玩法就证明了幼儿的发展。玩规则游戏能够促使幼儿从"现有水平"走向"更高水平"，符合维果斯基的"最近发展区"理论。

（一）小班幼儿规则游戏的特征

小班的幼儿在玩规则游戏的时候，感兴趣的是游戏的动作而不是游戏的规则。以"大饼、油条、两毛钱、臭豆腐"为例，这个游戏类似于"石头、剪子、布"，只是增加了出一根食指的环节，叫做"油条"。在此游戏过程中，小班幼儿不能完整地说出"大饼、油条、两毛钱、臭豆腐"，他们出的手势跟口令也不合拍，有时候甚至保持一个手势不动。因为小班幼儿不能理解游戏的规则，所以年长的幼儿不愿意跟他们一起玩规则游戏。

（二）中班幼儿规则游戏的特征

与小班幼儿相比，中班幼儿的理解能力和行动能力都有了发展，幼儿能够理解游戏的规则。"石头、剪子、布"根据游戏双方幼儿手势的不同判定输赢，"大饼、油条、两毛钱、臭豆腐"则要求游戏双方幼儿的手势跟随口令保持一致，游戏口令的顺序是固定不变的，幼儿手势出的顺序也是一样。当某个幼儿出现口令与手势不一致的时候，这个幼儿就输了，赢的人可以根据事先规定的惩罚措施进行惩罚。中班幼儿能够比较顺利地进行"大饼、油条、两毛钱、臭豆腐"的游戏，但会出现不遵守游戏规则的情况，当有幼儿不遵守游戏规则时，该游戏就会结束，幼儿转而去进行其他的游戏。

（三）大班幼儿规则游戏的特征

大班幼儿的规则意识逐步形成，他们开始学习控制自己的行为，遵守共同制定的规则。大班后期的幼儿特别喜欢玩规则游戏，对在活动中出现的违背规则的行为，幼儿会"群起而攻之"，要求所有人必须遵守规则。游戏往往会进行很长时间才结束。大班幼儿在玩"大饼、油条、两毛钱、臭豆腐"的时候，规则比中班幼儿的更加复杂，两个幼儿会隔着一段距离进行游戏，并在这段距离的中间位置画线。当幼儿每次出的手势一致的时候，他们都各自向前走一步；当幼儿出的手势不一致时，出错的幼儿保持原地不动，对的幼儿往前一步。首先超出画线的幼儿是胜利者，他（她）可以根据规定好的惩罚措施进行惩罚。

四、幼儿规则游戏的指导

规则游戏有其特有的结构。因此，在指导规则游戏时，必须符合其结构，才能保证其作用的实现。

（一）选择和编制适合幼儿年龄阶段的规则游戏

规则游戏有明确的任务、玩法、规则和结果。教师要根据班里的教育任务和要求，并考虑幼儿实际的知识范围和智力或动作的发展水平，选择和编制能适合于上述条件的任务、玩法、规则和结果的有规则游戏。首先，要根据教育任务和幼儿的发展水平确定游戏的任务；其次，要选择合适的玩法和规则。对小班幼儿来说，有形象的玩具和与动作相联系的游戏是适合的，而根据已有的经验或以语言进行的游戏则适用于中、大班。对小班幼儿来说，游戏的规则要简单易于遵守，而中、大班幼儿游戏规则难度则应提高。

案 例

规则游戏"跳皮筋"

　　教师把 10 条皮筋分发给 30 位幼儿让他们自由玩，要求游戏结束后用笑脸和哭脸表达游戏后的感受。结果 10 位幼儿表示笑脸，其余 20 位幼儿表示哭脸。哭脸幼儿表述：①大家拿着一根皮筋，谁都想当"柱子"，结果散架；②跳法不同，你跳你的他跳他的；③两个人当"柱子"没人来跳；④没人想和我一组。笑脸幼儿表述：①跑来跑去很好玩；②我争到了当"柱子"的机会；③我教小伙伴跳皮筋。从幼儿的感受和表述分析，由于缺乏游戏规则，幼儿体验不到游戏的快乐，就是表示笑脸的幼儿的快乐情绪也很少来自于游戏本身。针对这种情况教师及时引导"我们该怎样玩皮筋呢？"教师把幼儿不好的感受罗列出来，让幼儿一一对照着解决。经过一番讨论，决定玩皮筋时应该：①至少三个幼儿组成一队才能玩；②组成一队后要有统一的跳法；③人多的队必须排队等候不能推挤；④班级是一个团队不能排挤任何一位伙伴。有了这四点，在第二次游戏中孩子们玩得有序而开心。

　　本案例改编自：卢素芳：《在民间游戏中培养大班幼儿的规则意识》[EB/OL]，2010 - 08 - 22，http://www.jsjjedu.com/contentlist_1366_16952.html。

（二）教会幼儿游戏的玩法

　　规则游戏有一定的玩法和规则，幼儿只有学会了玩法，明确了规则，才能顺利地开展游戏。因此，在开始一个新的游戏之前，教师要以简明生动的语言、适当的示范，帮助幼儿学会游戏的玩法、掌握游戏的规则。在幼儿学会后，要鼓励幼儿独立地、积极地开展有规则游戏。在游戏中，教师要注意督促幼儿遵守规则，以保证游戏的顺利开展和游戏任务的完成。

　　教师要充分重视规则游戏在教育中的作用，广泛开展规则游戏。一方面要在语言、常识、计算、体育等各科教学中充分运用规则游戏，特别是在小班更要广泛开展，以提高幼儿学习的积极性、主动性，并获得良好的效果。另一方面，应安排开展规则游戏的时间，鼓励幼儿独立地开展已学会的规则游戏，促进全面发展。

案 例

"请你猜猜我是谁"

这天下午三点左右，幼儿园中一班的游戏活动开始了。这次玩的是规则游戏中的一种典型的猜测游戏"请你猜猜我是谁"。

游戏开始，首先教师说："今天下午我们一起玩一个游戏，游戏的名称是'请你猜猜我是谁'。现在，小朋友搬着自己的小椅子，围成一个圆圈。"在老师的指引下，小朋友们和老师一起围成了一个大大的圆圈，小朋友们都坐在自己的小椅子上。老师说："游戏需要两个小朋友参加，我先请一位小朋友，蒙上眼睛，然后另一个小朋友走近蒙上眼睛的小朋友旁边，要轻轻地、捏着鼻子说'我是你的好朋友，请你猜猜我是谁?'如果小朋友猜对了，那么被猜中的小朋友就要表演节目。一会游戏开始后，小朋友们都要坐在自己的小椅子上，不准出声。"

游戏开始了，首先是一个男孩子、一个女孩子参加游戏。男孩子被蒙上眼睛，女孩子走到他面前，说："我是你的好朋友，请你猜猜我是谁?"男孩子好像是猜不出来了，于是其他的小朋友们就发生了唏嘘声。忽然传来声音，说出了那个女孩子的名字。老师看着发出声音的那两个孩子，把他们"请"出了游戏圈。被老师强迫离开游戏圈的两个孩子，就站在了一边。因为他们没有站起来参与游戏，却坐在椅子上大声说出了小朋友的名字，这违背了教师在游戏前宣布的游戏规则。游戏继续进行，那两个被老师限制不准游戏的孩子，一个男孩子，一个女孩子，他们被罚站在一边。女孩子开始玩自己的手绢，五分钟左右后，慢慢靠近游戏圈，双眼注视着游戏的进行，她的眼神中流露出对游戏的渴望。男孩一直是多动的，被惩罚之后，表现出一种不在乎的神态。他的身体不停地动着，有种宣泄式的不满。我悄悄地问："不想玩吗?"他说："不好玩。我建造一个飞机轰炸他们。"直到游戏结束，被惩罚的两个孩子依然没有得到教师的允许，没有重新回到游戏中去。

本案例改编自：韩绮君：《幼儿园游戏中教师指导的个案研究》［D］，郑州，河南大学，2006。

在这个游戏案例中，教师好像是在指导幼儿游戏，但实际上她并没有认识到这个游戏对幼儿发展的意义，教师对游戏的潜在教育价值往往理解不够，甚至还会出现理解的偏差。教师认为在规则游戏中，幼儿首先应该明白游戏的"规则"，于是教师就把"捏着鼻子说话"直接告诉了幼儿。实际上，教师应在游戏中让幼儿自己体会规则的重要，用事实教育孩子，并不断提醒幼儿遵守规则。幼儿在规则游戏中学习遵守规则，这也是规则游戏的重要目标之一。教师把规则游戏中的"策略"直接告诉幼儿，实际上是剥夺了幼儿学习和思考的机会，也同时剥夺了孩子体会规则游戏乐趣的机会。

第四节　幼儿表演游戏的指导

表演游戏是幼儿根据故事和童话的内容，运用语言、动作、表演、扮演角色进行的游戏。通过探讨幼儿表演游戏的结构、特点与作用、年龄特征，可以帮助教师掌握如何有效地对幼儿表演游戏进行指导。教师在指导幼儿表演游戏时，要选择适合于幼儿表演的文学作品，帮助幼儿理解作品的内容，掌握故事的情节和人物形象特点，为幼儿表演游戏提供服装、道具和场地，支持幼儿进行游戏。

一、幼儿表演游戏的结构

表演游戏与角色游戏一样，都是幼儿通过模仿和想象扮演角色的游戏，幼儿以表演角色的活动过程为满足。幼儿表演游戏的结构也与角色游戏类似，包括游戏的主题和角色、游戏的情节、游戏的材料及游戏的动作与对白。

（一）游戏的主题和角色

表演游戏是幼儿按照童话和故事里的情节扮演角色，游戏的主题一般是事先确定好的。幼儿园一般根据文学作品进行表演游戏，经常采用的文学作品是《小熊请客》、《拔萝卜》、《灰姑娘》等。表演游戏中的角色与角色游戏中的不同，在角色游戏中，幼儿扮演的角色是生活中的各种人物，例如妈妈、教师、司机、售货员等，幼儿可以自主选择和创造游戏的情节和内容。表演游戏中的角色一般按照童话和故事里的情节进行扮演，例如在"小熊请客"中，幼儿可以扮演小熊、狐狸、小猫、小花狗、小鸡，不能扮演故事情节之外的角色。

（二）游戏的情节

表演游戏的情节一般是根据文学作品改编的，情节如同电影脚本一样，设计好了就不会轻易改变。例如在"小熊请客"中，幼儿按照游戏情节的发展依次进行狐狸、小猫、小花狗、小鸡、小熊的表演。在表演过程中，游戏的情节要跟事先设计好的内容保持一致。

（三）游戏的材料

幼儿需要借助辅助材料才能更容易进入角色。在表演游戏中，幼儿需要合适的衣服、头饰及其他辅助材料。例如在表演游戏"拔萝卜"中，戴上老爷爷头饰的幼儿会弯腰装驼背，一边走一边假装咳嗽。游戏材料的运用帮助幼儿更好地理解要扮演角色的特点，从而进行更自在的表演。

（四）游戏的动作与对白

在角色游戏中，幼儿只是用概括性的动作表现扮演角色的特点。在表演游戏中，幼儿要用更加具体和详细的动作表现角色，并且在表演过程中一直凸显扮演角色的特征。例如，在"拔萝卜"游戏中，戴着小兔子头饰出场的幼儿会把手指竖起来当成兔子的耳朵，两只脚一起跳跃前进；在"灰姑娘"游戏中，扮演小鸟的幼儿会把两只手张开并上下移动，两只脚交替小跑着上场，模仿小鸟的动作。表演游戏中的对白也是游戏的重要组成部分，通过旁白或幼儿之间的对白推动故事情节按照事先准备好的脚本发展。例如，在"小熊请客"游戏中，扮演狐狸的幼儿在每次受到别的小动物拒绝后都会说"哼，小猫咪（小花狗、小鸡）真是个坏东西！"

二、幼儿表演游戏的特点与作用

（一）幼儿表演游戏的特点

表演游戏是一种带有表演性质的游戏，兼具表演性和游戏性。对于幼儿来说，游戏性优先于表演性。

1. 游戏性

表演游戏与戏剧表演不同，表演游戏的实质是使幼儿在表演的过程中享受扮演不同角色带来的不同体验，戏剧表演是追求逼真的表演效果。游戏是幼儿主动、积极的活动，在游戏中幼儿会产生游戏性体验。游戏性体验是幼儿在游戏活动中产生的特定的主观感受或心理体验，其主要成分是兴趣性体验、自主性体验、胜任感或成就感等。表演游戏虽然需要教师参与引导，幼儿才能顺利进入角色进行表演，但幼儿的游戏性体验要优先于幼儿的表演。

2. 表演性

表演游戏中有角色、材料、情节、动作及对白，是幼儿通过扮演不同的角色，运用不同的动作和对白展示某个故事过程的游戏。在表演游戏中，幼儿需要理解所扮演角色的人物特征，尝试用具体的动作展现正在扮演的角色。一旦进入表演，幼儿就不是以自己的身份而是以所扮演角色的身份进行活动。因而，表演游戏具有表演性。

表演游戏的游戏性和表演性并不是互相排斥的，而是相互统一的。游戏性是贯穿始终的，它应当体现在整个活动过程中。表演性是幼儿在游戏性基础上的进一步提升，是作为活动的结果显现出来的。

（二）幼儿表演游戏的作用

1. 培养幼儿良好的品质

幼儿富有创造性的表演，可以使幼儿更好地理解和掌握故事的主题与人物的思想感情，加深幼儿对是非的认识，培养幼儿良好的品质。例如，在"小熊请客"的表演中，幼儿都喜欢扮演憨厚、热情的小熊和懂礼貌的小猫、小花狗和小公鸡。

2. 培养幼儿良好的行为方式

幼儿在表演游戏过程中，能够学习人与人之间相处的行为方式，逐渐学会相互合作、帮助、尊老爱幼等。例如，在表演游戏"拔萝卜"中，通过小兔子、小花狗、小姑娘、老奶奶、老爷爷之间的配合，终于把萝卜拔出来。通过表演这个游戏，幼儿能够学会主动帮助别人。利用表演游戏，还可以使幼儿了解日常生活中的一些常识和规则。例如幼儿刚开始的时候对红绿灯的知识不是很了解，通过表演小动物们过马路时要一看、二站、三停，学会在日常生活中过马路时要根据红绿灯的变化或停或走。

3. 有利于发展幼儿的语言能力，激发幼儿对文学艺术的兴趣

表演游戏中有对白，对白可以推动整个表演继续进行。幼儿既可以按照既定的脚本表演，也可以自己创编。无论何种方式，都能够锻炼幼儿语言能力的发展。尤其很多表演游戏都是由文学艺术作品改编的，通过表演幼儿可以熟悉文学艺术作品，培养幼儿对文学艺术的兴趣。

三、幼儿表演游戏的年龄特征

幼儿园中经常进行的表演游戏通常是由文学作品改编的，因为表演游戏有动作、有对白，有时候要按照事先设计好的脚本进行表演，所以对小、中班的幼儿来讲，有一定的难度。大班幼儿通过教师的指导可以顺利完成表演游戏，甚至可以自主创编表演游戏。

（一）小班幼儿表演游戏的特征

受年龄特点的影响，小班幼儿的语言能力和行动能力达不到故事表演的要求。幼儿经常进行的表演游戏是在幼儿与成人之间展开的，例如，用各种玩具动作在桌面上进行游戏，利用木偶、手指等展开与幼儿之间的对话。

（二）中班幼儿表演游戏的特征

中班幼儿能够对表演游戏中的角色、情节、材料、动作和对白等进行协商。在有头饰的情况下，能够顺利地完成角色分配的任务，经过一段时间无目的的活动和嬉戏打闹后进入游戏。中班幼儿表演的目的性不强，更注重游戏中快乐的体验，有时候会因为准备材料和道具忘掉游戏的目的。受中班幼儿言语能力、移情能力等的影响，中班幼儿在表演游戏中的表现一般，不能生动、活泼地展现表现的内容。

（三）大班幼儿表演游戏的特征

大班幼儿有较强的表演意识，在分配好角色后会自觉等待上场。幼儿的理解能力和言语能力有了很大的提高，同伴之间能够相互提醒对白。表演中的幼儿会注意动作和对白与日常生活中的区别，会按照幼儿所理解的角色特征进行表演。在没有老师帮助和提醒的情况下，幼儿的一般性表现多，生动性表现少。经过教师的帮助和反复的排练，幼儿的生动性表现会有所增多。

四、幼儿表演游戏的指导

（一）教师为幼儿选择适合于幼儿表演的文学作品

教师为幼儿选择的文学作品要易于被幼儿理解，内容有教育意义；同时选择的童话和故事要有适当的表演动作，对话生动有趣，易于幼儿表演；童话和故事还要有起伏的情节，可以吸引幼儿专心进行表演。适合做表演游戏的童话、故事很多，如《小熊请客》、《拔萝卜》、《萝卜回来了》、《三只蝴蝶》、《冰房子》等。

（二）帮助幼儿理解作品的内容，掌握故事的情节和人物形象特点

教师生动形象地讲述故事，可以激起幼儿表演的兴趣。讲述故事之后，教师的提问可以帮助幼儿理解作品内容。教师可以组织幼儿共同讨论故事中人物的特点及表演方式。例如，在"小熊请客"的表演游戏中，教师可以让幼儿想一想狐狸有什么特点，应该用什么样的语气和动作去表现，可以让几个幼儿表演，让其他小朋友去评价谁表演得好，并说出为什么。

（三）帮助和支持幼儿进行游戏

教师要帮助幼儿准备简单的道具，如玩具、头饰、服装及布景，为幼儿提供必要的场地。教师要帮助幼儿一起商量分配角色，最开始可以让语言表达能力和表演能力强的幼儿当主角，以后应该让幼儿轮流担任主要角色。在幼儿游戏过程中，教师要表现出对表演游戏的兴趣，鼓励幼儿有感情地表演，对幼儿好的表演及时表扬，使幼儿的表演更自然、生动。

案　例

小猫钓鱼

实录一："猫妈妈"肩膀上扛着渔竿，"小猫"拎着小桶，两人静静地往河边走去。

指导：

教师："有谁和爸爸妈妈去钓过鱼？"（好多孩子举起了手。）"你们是怎么去的？"

幼一："爸爸骑车带着我和妈妈。"

幼二："妈妈在路上还给我讲，现在是春天了，小草都绿了，河里的冰都融化了，所以我们才能去钓鱼。"

幼三："我和妈妈还在去钓鱼的路上捉迷藏呢。"

教师：（拿起"猫妈妈"和"小猫"的头饰）"猫妈妈和小猫悄悄对我说：'原来小朋友去钓鱼的时候那么有意思，你们帮帮我们，让我们很有意思地去钓鱼吧。'"

实录二：

"猫妈妈"出门的时候，帮"小猫"整理整理衣服说："出门的时候要听话，等钓到了鱼，妈妈炖一锅鲜鱼汤给你喝，也好补补钙。"

"小猫"说："好，我喜欢吃鱼。"（两人开车出发了。）

"猫妈妈"在路上歪着头对孩子说："孩子，你来听，是什么声音？现在是春天，小燕子飞回来了，大树又穿上了绿衣裳，小草都变成了嫩绿的颜色，等一会到河边见着大人的时候要有礼貌啊！"

本案例改编自：《浅谈大班幼儿表演游戏的指导策略》［EB/OL］，2010－03－07，http: //smyd. fxjy. sh. cn/d14/print. asp? articleid = 148。

由于有了教师的引导，两次表演的情况已大不一样。在教师的启发性问题"有谁和爸爸妈妈去钓过鱼？你们是怎么去的？"之下，幼儿随即对生活经验进行回忆和讨论。在这个过程中，拓宽了幼儿的思路，间接丰富了游戏的情节，为游戏中幼儿间的合作打下了基础。随着幼儿生活经验的不断增加，大班幼儿的表演游戏除了模仿文学作品中的人物和情节之外，还可以根据自己的生活经验来增加或删去某些情节、对话，真正掌握表演技巧；而且也在不断创造的过程中，发展了口语表达能力。

本章回顾

⊙ 内容小结

- 本章主要介绍幼儿角色游戏、结构游戏、规则游戏、表演游戏的结构、特点与作用、年龄特征及教师指导。
- 角色游戏最适合幼儿身心发展需要，教师通过丰富幼儿生活经验，与幼儿一起创设游戏条件等指导幼儿游戏。
- 结构游戏是塑造工程师的游戏，不同年龄段的幼儿需掌握的建构技能不同，教师应帮助幼儿掌握结构游戏的基本知识和技能以促进其能力发展。
- 规则游戏能培养幼儿的规则意识，促进其智力和体力发展。教师应选择和

编制合适的游戏，并教会其玩法。
- 表演游戏是游戏性与表演性相结合的游戏，教师要选择适于幼儿表演的文学作品，帮助和支持幼儿进行游戏。
- 在幼儿园教育的各项活动安排中，教师既要创造条件保证幼儿有充足的时间、场地来开展自由的、自选的创造性游戏，同时也要有计划、有组织地进行规则游戏，为系统的正规集体教学服务，以游戏作为教学手段。游戏既可以作为幼儿园教育的内容，又可以作为幼儿园教育的形式或手段。

⊙关键词

角色游戏 结构游戏 规则游戏 表演游戏 游戏的结构 游戏的指导

⊙思考练习

一、名词解释

角色游戏 结构游戏 规则游戏 表演游戏

二、判断下面的观点是否正确

1. 游戏是幼儿主动的、自发的活动，不需要教师的指导。 （ ）

2. 表演游戏是幼儿根据故事和童话的内容，运用语言、动作、表演、扮演角色进行的游戏。 （ ）

3. 结构游戏是规则游戏的一种。 （ ）

4. "娃娃家"游戏是表演游戏。 （ ）

5. 规则游戏具有竞赛性。 （ ）

6. 结构游戏与角色游戏都是幼儿通过想象、创造性地反映现实生活的活动方式。 （ ）

7. 幼儿期最典型、最有特色的游戏是角色游戏。 （ ）

8. 智力游戏是"塑造工程师的游戏"。 （ ）

三、简答题

1. 幼儿角色游戏的结构是什么？

2. 幼儿结构游戏的年龄特征是什么？

3. 幼儿表演游戏的特点和作用是什么？

四、论述题

1. 以"丢手绢"为例，论述教师应如何指导幼儿规则游戏。

2. 请回顾以往所观察到的幼儿角色游戏，幼儿喜欢扮演什么角色？表现出什么样的行为？幼儿有怎样的心理体验？请举例说明。

五、案例分析

老师和小朋友一起熟悉《懒惰的蟋蟀》的故事后准备表演，老师请小朋友选择自己喜欢的角色，可是其他角色都有小朋友选了，就剩核心角色——"蟋蟀"没有人愿意扮演。老师问了好几遍，小朋友还是不愿意演"蟋蟀"。弋涵说："蟋蟀好吃懒做，我不想扮演蟋蟀。"伊翔撇着嘴说："蟋蟀没有东西吃，没有地方住，还要去讨饭，最后还要被饿死、冻死，我也不要当蟋蟀。"老师说："你们都不愿意当蟋蟀，这个游戏还怎么玩呀。你们是不是都不想玩了？"小朋友说："我们想玩。"老师看着坐在自己面前的陈川说："那我念到名字的小朋友先来当蟋蟀，等一下再轮其他小朋友来当蟋蟀。陈川，你先来当蟋蟀吧。"陈川低着头慢慢地走到老师面前拿了蟋蟀的头饰摆弄着，好久都没有把头饰戴上。

请结合角色游戏的指导策略，分析该教师的做法是否正确，并提出你的改进建议。

⊙ 推荐阅读书目

[1] 秦奕. 别把幼儿游戏当"儿戏" [N]. 中国教育报，2010-4-9 (4).

[2] 黄进. 论儿童游戏中游戏精神的衰落 [J]. 中国教育学刊，2003 (9).

[3] 吴云. 对幼儿游戏规则的探讨——兼谈幼儿规则游戏 [J]. 学前教育研究，2003 (1).

[4] 陈瑜. 幼儿角色游戏中教师介入的时机策略 [J]. 学前教育研究，2008 (8).

第六章

幼儿园玩教具的制作与利用

⊙**学习目标与要求**

　　1. 了解幼儿园玩教具的类型及特点。

　　2. 掌握幼儿园玩教具制作基本原则和方法。

　　3. 重点掌握幼儿玩具的利用。

⊙**学习重点与难点**

　　幼儿园玩教具的制作和利用。

⊙**学习建议**

　　本章主要内容包括幼儿园玩教具的类型、制作方法和利用。对玩教具类型的学习，可充分借助图书馆和网络，扩大知识面；在玩教具制作这方面，在学习中应注意联系实际，结合制作实例，掌握玩教具制作的原则和方法；对玩教具的利用，应通过对幼儿游戏活动中对玩教具操作行为的观察，掌握如何合理利用玩教具。

⊙**本章导读**

　　玩具是幼儿生活的伴侣，是幼儿学习和娱乐的工具。玩具对游戏起着重要的促进作用，是幼儿游戏的物质支柱，有无玩具或游戏材料是判断儿童是否在游戏的一个指标。在幼儿园教育活动中，玩教具指学前儿童在游戏和学习活动中使用的玩具和教具。玩教具对儿童具有极大的教育作用，不仅能促进幼儿感觉器官和智力的发展，还可以培养幼儿的艺术欣赏力。教师不仅要认识玩具的类型与作用，还要具有制作和利用玩教具的能力。

第一节　幼儿玩教具的类型及特点

　　游戏是幼儿生活的重要组成部分，幼儿的游戏通常需要借助一定的材料来进行。游戏材料是进行游戏的物品和玩具的总称，通常我们把成人专门为儿童制作的、供儿童游戏之用的物品称为"玩具"，以区别于自然的、非专门制作的游戏材料。① 玩具是儿童游戏的工具和物质支柱，是幼儿最基本的学习工具和"第一本书"。

　　追溯玩具的历史，我们可以发现，玩具从产生之日起，在娱乐儿童的同时，也让儿童从"玩"中获得一些粗浅的劳动知识、掌握一些生产和生活的实用技能。17世纪英国思想家洛克（Locke）尝试动手改造儿童玩具，制作了一套帮助儿童认识字母的积木，把玩具变成对儿童具有教育意义的材料，从此以后，"教育性玩具"逐渐受到重视。19世纪德国幼儿教育家福禄倍尔尝试把教育性玩具系统运用于幼儿园的教育实践之中。为了支持幼儿的游戏活动，使游戏活动更富于教育性，他专门为幼儿制作了一套名为"恩物"的玩具。在福禄倍尔之后，蒙台梭利也设计制作了一套"教具"，儿童通过操作这些"教具"获得感官、生活技能和读写算等方面的技能训练。随着教育思潮的不断变迁，教育性玩具的内涵也在不断拓展，它们承载着社会的价值观和社会文化习俗，也承载着社会和成人对儿童的期望。

　　国家教委教学仪器研究所在1992年颁布的《幼儿园玩教具配备目录》中首次使用了"玩教具"一词，旨在强调游戏是基本活动，玩具是教科书。玩教具实际上是一种将玩具与教具（和学具）功能合二为一的说法②，强调玩具的教育性，强调教具（和学具）的有趣性、可玩性。当幼儿成为使用者时，玩具具有教育性，教具也在一定程度上有了可玩性，它们符合教育性玩具所具有的娱乐性和教育性的基本特征。本节中所使用的"玩具"和"玩教具"二词含义相同，都包含在教育性玩具的含义中。

　　玩具品种繁多，性质和功能多种多样，分类的角度不同，内容也各不相同。常见的分类方式有以下几种。

---

① 刘焱：《儿童游戏通论》［M］，53页，北京，北京师范大学出版社，2004。

② 林茅：《重视对自制玩教具的研究》［J］，载《学前教育》，2008(3)，20页。

一、按玩具的结构性程度分类

按玩具的结构性程度进行划分，玩具可分为专门化玩具和非专门化玩具。

专门化玩具亦称成型玩具，是根据游戏的需要，专门设计制作的玩具，如各种交通工具、炊具、娃娃等。它们可直接充当游戏的成员或设备，有助于幼儿模仿成人的活动，激发幼儿游戏的兴趣和愿望。

非专门化玩具又称不成型玩具。可供幼儿游戏的废旧物品，如各种纸盒、木棍等，根据需要在游戏中可用来替代各种物品，它们的用途与功能在某种条件下大于专门化玩具，它们也可以与其他物体组合，形成一个新的物体。这类玩具能活跃和发展幼儿的想象和思维能力，满足幼儿创造性活动的需要。

二、根据玩具的功能和特点分类

根据玩具的功能和特点分类，可把常见的儿童玩具大体划分为以下几类。

（一）形象玩具

形象玩具（图6－1），又称主题玩具，是模仿物体原形制作的玩具，如各种人物、动物、生活用品等，其中"娃娃"是这类玩具的中心。常见的形象玩具有各种娃娃玩具、动物玩具、植物玩具、医院玩具、交通工具以及炊具、餐具等模拟日常生活用品的玩具，它们与现实生活中的物品非常相似。

图6－1　形象玩具

形象玩具的特点是形象逼真，惹人喜爱。它既能丰富幼儿的各种知识，又能引起幼儿生动具体的回忆和联想，还能激发他们模仿周围的事和成年人活动的兴趣。形象玩具是幼儿反映生活形象的游戏时不可缺少的物品。他们可以利用形象玩具扮演生活中的各种角色，活跃生活气氛，提高游戏的兴趣，并在游戏活动中锻炼和发展自己。

（二）智力玩具

智力玩具（图6-2）是指用以发展幼儿智力的玩具，包括各种图片、卡片和各种拼、插、套、镶嵌等材料。常见的智力玩具如穿珠、套塔等可以训练幼儿的手眼协调性、手指灵活性；拼图、图案积木等可以培养幼儿的想象力、记忆力和反应能力；接龙、计算盘等可以帮助幼儿理解数的概念；分类盘、跳棋等可以发展幼儿的思维能力；此外还有穿线板等可以随意变化的玩具。传统的七巧板、华容道、孔明锁、魔方、扑克以及各种棋类等都属于智力玩具的范畴。

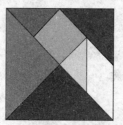

图6-2 智力玩具

七巧板，又称智慧板，是拼图玩具的一种。用一块正方形的薄板，分成形状、大小各异的七块小板，以此来拼成各种各样、变化多端的物体图形。操作七巧板的活动是一种发散式的思维活动，在操作过程中，幼儿可以通过对图形的分解、组合，认识整体与部分的关系，使他们的空间想象能力和知觉组织能力得到发展。类似的还有双圆七巧板、矩形七巧板、弧形七巧板以及各种不断被创造发明的七巧板变体。

（三）结构造型玩具

结构造型玩具（图6-3），如各种积木、积塑、泥、沙、雪等。由于这种玩具的玩法没有定型，幼儿根据自己的想象，可以利用这种玩具建造各种建筑物或者立体形象，对挖掘儿童智能，培养幼儿的创造力、想象力有着重要作用，此外还能提高幼儿动作的协调性和准确性，提高幼儿游戏的兴趣。

积木是用木料、竹子、硬纸或其他代用品制成的各种形体。种类有大、中、小型几何形体积木，大型实心、空心几何形体积木，动物积木、交通和构造积木等。幼儿用积木拼摆、尝试、发现，构成各种物体和建筑物，有助于幼儿掌握空间方位（关系）、对称、平衡等有关建筑、结构的基本知识与技能。

积塑，是用色彩鲜艳、不同质地的塑料，制作出各种形状的小巧积塑片、块、粒、棒等，供幼儿拼插、镶嵌，构成各种物体，可以锻炼幼儿思维和动手能力。积塑色泽鲜艳易于吸引幼儿，结实耐用，易于清洗消毒，轻便灵巧且易于玩耍。积塑变化多端，易于发展幼儿的想象力、思维能力和手的动作。

（四）音乐玩具

音乐玩具（图6-4）是指能够发出乐音的玩具。常见的音乐玩具包括各种模拟乐器（如小铃铛、小钢琴、铃鼓、木琴、小喇叭、锣、镲、沙锤、小鼓等）以及会发出乐曲声或歌声的娃娃、动物等。这些玩具有助于幼儿学会辨别不同的乐器声，区别音的强弱、远近，发展听觉感受性。

图6-3　结构造型玩具

图6-4　音乐玩具

（五）体育玩具

体育玩具（图6-5）是用以发展幼儿的基本动作和体力，幼儿进行体育游戏时所使用的玩具。体育玩具有大型、中型和小型三种类型。大型的体育玩具是指幼儿园的体育设备，如滑梯、跷跷板、攀登架、秋千、转椅等；中型的体育玩具包括木马、摇船、平衡木、脚踏三轮车等；小型的体育玩具包括各种球类、铁环、跳绳、沙袋等。

图 6 - 5　体育玩具

体育玩具对幼儿的身体发育，增强幼儿的体质，促进动作的发展有很重要的作用。如投掷和套环可提高幼儿动作的协调性及空间定向能力；皮球和跳绳可促进肌肉的发展；秋千、攀登架、滑梯等可培养幼儿的意志及勇敢精神。

（六）娱乐玩具

娱乐玩具（图6-6），又称趣味玩具，是模拟人和动物的滑稽造型和动作的玩具，如常见的不倒翁、胖阿福、鸡生蛋、猴爬绳等。娱乐玩具的特点是滑稽有趣、逗人发笑，能激起儿童愉快的情绪，对培养幼儿乐观活泼、积极向上的性格起着潜移默化的作用。

图 6 - 6　娱乐玩具

除了以上所介绍的六种常见类型之外，一些日常生活中的废旧物品、自然材料，如各种废旧包装盒、小瓶子、棍子、树叶等，经过教师和幼儿的加工，也可以制成各种玩具，即自制玩具，如用废旧的铁皮牛奶罐制作高跷等。自制玩具的相关内容将在本章第二节进行详细阐述。

三、根据儿童年龄阶段划分

根据《上海市学前教育机构装备规范（试行）》中对学前儿童不同年龄段玩教具的配置要求，将幼儿园玩教具划分为 0~2 岁的玩教具和 2~6 岁的玩教具。

（一）0~2 岁的玩具

1.0~6 个月婴儿的玩具

（1）促进婴儿感官发展的视觉玩具和听觉玩具，如床上玩具、发声玩具、光彩玩具等；

（2）促进婴儿运动能力发展的运动玩具，如抓握玩具、踢蹬玩具等；

（3）促进婴儿与人交流、反应的娱乐玩具，如熊打鼓、镜面玩具、拥抱型玩具等；

（4）促进牙齿萌出的牙胶玩具。

2.6~12 个月婴儿的玩具

（1）促进大肌肉动作发展的运动玩具，如车辆玩具、球等滚动玩具、隧道爬行玩具等；

（2）促进婴儿对物体感知和引发语言的认知玩具，如可拥抱摆动的形象玩具、可打开合并的操作玩具以及音乐玩具、图书玩具等。

3.1~2 岁幼儿的玩具

（1）促进熟练行走、蹲站跑跳平衡等动作发展和小肌肉精细动作发展的运动玩具，如推拉玩具、攀登玩具、平衡木、套叠玩具、穿绳玩具等；

（2）促进语言与认知能力发展的玩具，如形象玩具、交通玩具、图片、蜡笔、橡皮泥等；

（3）促进感知能力发展、促进丰富想象力和初步思考能力发展的认知操作性及发展社会性交往的互动玩具，如电动玩具、磁性玩具、音乐玩具、过家家玩具等。

（二）2~6 岁的玩具

（1）运动器械，如具有攀、爬、钻、滑、荡等功能单一和根据儿童智力和体力水平组合的多功能的组合运动器械，3 岁以下以单一功能运动器械为主。

（2）运动玩具，含不少于 4 种球类和车辆。3 岁及以下儿童应配备软球、大滚球、小推车、摇马等玩具。

（3）扮演玩具，如各种个性化娃娃、动物填充玩具，角色扮演中的工具性玩具以及场景类设施。

（4）构造玩具，如排列组合类、接插结构类、螺旋结构类、穿线编织类各种平面造型和立体造型的结构系列玩具，其中木制几何形积木是主要的结构玩具。

（5）音乐戏剧玩教具，如儿童歌舞表演、故事表演、童话表演、木偶戏和影子戏等的系列玩具（木偶、头饰、影人等）、服装（含成人服装）、道具和基本场景布置。

（6）美工工具材料，含美工架、绘画工具、手工工具、泥工工具和可进行艺术表演的材料。

（7）益智玩具，含用于发展儿童感知觉、发展观察、记忆、想象和发展比较、分类、配对、排序、判断、推理等思维能力的智力玩具以及用于形成儿童数、形概念的数形玩具、测量玩具等。

（8）阅读视听玩具，如不同材质的杂志、图书、声像读物、电子读物等阅读材料和阅读书架、丰富的多媒体资源和图片资料。

（9）科学探索玩具，指满足儿童的探索兴趣、发展动手能力和获得声、光、电、磁等自然现象知识的科学玩具和科学操作材料。但科学操作材料中不得使用易碎材料。

（10）玩沙玩水玩具。

四、按玩具的创作者和创作初衷分类

按玩具的创作者和创作初衷分类，可分为民间玩具与商业玩具。民间玩具是泛指一切劳动群众创作的为愉悦人生服务的玩具，包括自己制作、自己使用的玩具和个体制作并进入流通领域的玩具。这种玩具与一般商业玩具相比，具有浓郁的乡土气息和清新朴实的精神品格，同时又与中国民俗保持着密切的联系。多元文化思潮的冲击以及各地乡土课程的开发，使得越来越多的民间玩具进入了幼儿的视野。民间玩具按功能分，主要有以下几类。①

（1）节令玩具，指特定节日中的应时玩具。典型的节令玩具包括春节期间的鞭炮、

---

① 王连海：《民间玩具》［M］，2～3 页，石家庄，河北少年儿童出版社，2007。

烟花；元宵节期间的花灯、走马灯；清明节的风筝；端午节的香包、布老虎；中秋节的兔儿爷、兔子王等。

（2）观赏玩具，主要是供观赏的塑形玩具，通常具有较单纯的审美功能，并发挥装饰环境，渲染气氛的作用。这类玩具包括：各地泥人、面人、绢人、木雕、铁皮玩具等。

（3）音响玩具，指可以发出声响的玩具，具有较强的娱乐性和刺激性，适宜于低幼儿童，包括小锣鼓、陶哨、竹哨、埙、空竹、摇鼓等。

（4）益智玩具，以启发智慧、刺激大脑活动为主要功能，具有较强的逻辑性、数理性和竞技性，主要包括各种民间纸牌、民间棋类玩具、七巧板、九连环等。

（5）健身玩具，以户外活动起居为主，具有体育器械的功能，在娱乐、竞技中发挥着锻炼身体的作用，包括蹴鞠、跳百索、铁环、毽子、投壶、秋千等，空竹、风筝、陀螺等玩具也属于健身玩具。

（6）实用玩具，一些除玩具的娱乐功能之外，还兼有生活实用功能的玩具。

这类玩具可以当做服饰、卧具和食品来使用，如老虎枕、虎头帽、虎头鞋、吹糖人等。

长期以来，玩具在中国并没有成为一种规范的行业，有些民间玩具已面临失传的危险。玩具承载着文化，民间游戏与玩具的继承成为我国迫切需要解决的问题。

现代商业玩具的发展趋势主要体现为：由过去单纯的娱乐型玩具向智力型玩具发展，如磁性画板、各种材料的积木、拼图板等；由手拧的发条玩具、手推的惯性玩具向遥控电动玩具发展，如光控玩具、游艇、飞机等；由单个玩具向系列玩具发展，一系列玩具完成一个整体的系统的教育任务，如动物认知系列、建筑认知系列、生活认知系列。[①]

五、按玩具的教育性能分类

根据玩具在幼儿学习和游戏中的教育性能划分，可将玩具划分为以下几类。

（1）日常生活环境中的玩具材料。它有助于培养幼儿的学习兴趣与动手实践能力以及幼儿学习运用知识能力。

（2）适时添加的适当的辅助材料。它有利于激发幼儿的想象力与创造力。

---

① 李金娜，杨浑：《学前儿童玩教具制作》［M］，4 页，北京，科学出版社，2008。

（3）情境性玩具材料。它有助于增加活动的游戏性、自主性和趣味性。

（4）多样化的玩具材料。为幼儿进行多种方式、多种材料、多种角度的思考与操作提供可能，是利用玩具操作开展创造性学习活动的基础。

（5）变通性玩具材料。它是运用、迁移、延伸学习内容和学习策略的物质保证，主要是配合学习内容，提供可迁移学习策略或学习内容的材料，要具有与学习内容相一致的特点。

（6）元素化的玩具材料。它有助于展示知识结构，使幼儿掌握知识的实质，从而学会学习。

（7）多"向"（指同一平面上的多种方向）组合的玩具。有助于操作活动的开放性与思维的创造性，在多"向"组合的基础上拓展出的多"项"（多种方向上的组合）组合的玩具，有助于幼儿思维的灵活性、变通性的培养，能促进创造性学习活动的开展。

除了以上几种分类方法外，按玩具所使用的材料可将玩具划分为金属玩具、塑料玩具、毛绒玩具、竹木玩具、纸玩具、泥玩具、陶瓷玩具等；按玩具的动力和运动机制划分，可分为电动玩具、惯性玩具、发条玩具、声控玩具、无线电遥控玩具等。对玩具进行分类的角度很多，每一种分类都是相对的，是从不同角度对玩具的认识。

第二节　幼儿园玩教具的制作

在学前教育机构中，课程、教师、教育的设施设备是影响教育质量的主要因素。由于幼儿在游戏中生活、学习、成长，这就使得玩教具成为学前教育课程实施的重要载体，玩教具的制作过程成为教师儿童观、教育观、课程观等从理念向行为转变的重要工具。新的幼儿园教育理念和教育模式，如主题教育、生活化教育、环境教育、区域活动等都对教育的设施设备提出了更高的要求，而市场上的商品玩具不能完全满足这些要求，于是教师有必要动手自制玩教具。

自制玩教具是指非专门生产的玩教具，是和商品玩教具相对应的一个概念。它包括教师根据本地区、本园、本班的条件和需要，因地制宜，废物利用，按材料的性能制作的玩教具；也包括幼儿在教师的指导下，为游戏活动所制作的玩具（图6-7）。自制玩教具多采用一些废旧物品（用碎布、纸箱、包装纸、木头边角料、塑料盒、塑料瓶与旧轮胎等）以及一些自然物（如树叶、竹子、麦秆、贝壳、黏土、稻草等）材料来制作。自制玩教具在幼儿园有着非常广泛的使用，根据教育教学的需要来制作玩教具也是幼儿教师的基本功之一。

图6－7 自制玩具

一、幼儿园自制玩教具的意义

如今的商品玩具市场可谓琳琅满目，从价格低廉的到价格不菲的，从制作粗糙的到制作精美的，各种形状、质地、功能的玩具应有尽有。可是，有很多玩具很快就被幼儿冷落，仔细分析后不难发现，主要是玩具的"发展适宜性"有问题。这些玩具的种类有限，其中有很多玩具结构和功能固定、玩法单一，时间长了，幼儿就对其失去了兴趣。幼儿园自制玩教具能够很好地解决商品玩具市场中的质量低劣、价格昂贵、玩法单一等问题。

（一）满足幼儿园教育教学的需要

自制玩教具产生于幼儿游戏的需要，其构思、选材、制作符合幼儿游戏的特点，适合幼儿的智力和体力水平，具有个体化、灵活性与实用性的特点，弥补了商品玩教具的不足。

每个幼儿无论是知识经验还是气质、性格、需要、动机、兴趣等方面，都是独特的个体，每个班级都与其他的班级有着各种各样的差别，每个幼儿园的幼儿都带着各自的文化和特色的烙印，他们都是独一无二的，而每个独特幼儿教师每天与这些独特的个体在一起活动，成为幼儿成长过程中的"支持者、合作者和引导者"，"促进每个幼儿富有个性的发展"。而商品玩教具在生产的过程中，进行的是大规模的工业化的生产，关注的是玩具的普适性、大众化，忽略每个个体的特殊需要。为了弥补这个缺陷，自制玩教具应运而生，它们更符合幼儿和教师的需要。教师在组织教学和游戏活动的过程中，发现需要什么玩教具，就可以很快进行自制。幼儿在活动中对某些问题产生了浓厚的探究兴趣，教师和幼儿（甚至家长）也可以通过临时自制玩教具来促进幼儿探究行为的深入进行。自制玩教具的便捷、适用（符合幼儿的需要和年龄特征）给教师的教育教学和幼儿的学习游戏带来了极大的方便和独有的价值。

在一份关于自制玩具的调查中，研究者通过问卷调查发现，84.4%的幼儿园教师在"自制玩教具的原因"这一题中选择"为教师、家长及幼儿发展和课程建设服务及促进家园合作"，78.9%的教师选择"从幼儿园、教师、幼儿的实际出发并考虑经济与其他因素"。在"玩具资源不足"、"为满足教学活动需要"和"幼儿园环境布置"项分别有93.3%，88.90%以及82.8%的教师会选择自制玩教具。从这份针对不同层次幼儿园教师的调查中我们可以发现，自制玩教具有着非常实用的价值，那就是为幼儿园的教育教学服务，弥补商品玩教具的不足。

（二）幼儿参与玩教具制作可有效促进幼儿的全面和谐发展

有研究者在对1994—2003年自制玩教具的变迁所作的研究[①]中发现：在起初玩具制作中，教师是纯粹的玩具制作者，幼儿是玩具使用者；后来幼儿也部分或完全参与了玩具制作。从最初的教师完全包办到现在的师幼共同制作玩教具，体现了教师教育观念的变化，越来越多的教师认识到幼儿自身参与玩教具制作对其身心全面和谐发展有着重要的意义。

实践是第一性的，要自己动手，通过制作—思考—再制作，最终制作出令人满意的玩具来，从这一过程中体味到亲手制作玩具的乐趣，使你沉浸在揭示隐藏在自然界中的某些真理的无限喜悦之中。除了体会到自制玩教具的带来的成功和发现的乐趣之外，通过动手动脑，幼儿在精细动作的发展、观察、注意、思维、想象、意志、情感、审美能力方面均有较大的提高。在制作玩教具的过程中幼儿经历了发现问题—思考问题—解决问题的过程，获得一些粗浅的科学技术知识，通过自己的劳动丰富了游戏的种类，增加

---

① 王晓芬：《从幼儿教师自制玩具的演变看其教育观的变化》[J]，载《学前教育》，2005(12)，5页。

了生活体验。玩教具的制作过程也是一个不断地与同伴、教师合作，与环境和环境中的材料相互作用的过程，有利于幼儿的社会化。

美国莱特兄弟在《我们是怎样发明飞机的》一书中说：他们对飞机最早发生兴趣是在儿童时代。父亲曾给他们带回一个玩具，用橡皮筋做动力，可使它放飞空中，他们仿制了几个，都能成功地飞起来……一个橡皮筋木制玩具，在莱特兄弟幼小的心灵里播下了飞向天空的种子，促使他们为人类作出巨大贡献。幼儿通过自制、摆弄玩具，能够激发求知欲和动手动脑进行创造活动的兴趣，为其一生的发展奠定基础。

（三）有助于幼儿教师的专业发展

教师的专业发展是指教师个体在教育教学水平上的不断提高，它是一个自觉的有意识的过程，需要通过适当的活动和途径来实现，最终体现于教育教学水平的提高。对于幼儿教师来说，通过自制玩教具这个平台，他们对幼儿的学习和游戏进行了更深入的观察和思考，敏锐地发现幼儿游戏的需要，因而能制作出符合本班幼儿兴趣和需要的、适宜的玩教具。他们坚持"以游戏为基本活动"，注重幼儿生动活泼、主动的学习，注重环境的创设和游戏材料的投放等，在促进幼儿发展的同时，自己也获得了成长。在上述关于自制玩具的调查中，87.65%的教师认为自制玩教具"增进了教师对教育、幼儿及玩具的理解"，84.4%的教师认为"促进了教师的想象和创造力"，78.1%的教师认为"促进了教师与教师、家长、幼儿等他人的交流"，另有78.1%的教师认为"促进了动手操作能力"，92.2%的教师在自制玩教具的过程中会与其他教师交流和分享彼此的创意和成果，共同成长。

二、玩教具制作的原则

玩教具的制作是教师和幼儿有目的、有计划的活动，其主要功能是为幼儿的游戏和学习创设更好的条件。在自制幼儿园玩教具时，应遵循以下原则。

（一）安全性原则

安全性原则是指自制玩教具要符合国家的玩具安全标准和卫生标准。随着社会的不断发展进步，玩具的安全问题日益成为人们关注的对象，世界各国相继出台和更新了玩具的安全规范，我国也不例外，如 GB 6675—2003《国家玩具安全技术规范》、GB 5296.5—2006《消费品使用说明　第5部分：玩具》等。此外，国家还颁布了一些关于木制玩具、玩具娃娃、童车、充气玩具、发条玩具、惯性玩具、电动玩具等玩具的通用技术标准，以及毛绒、布制玩具安全与质量、儿童推车、电玩具等方面的安全要求标准。这些安全规范适用于所有设计或预定供 14 岁以下儿童玩耍的所有产品和材料，幼儿园的自制玩教具也应符合国家的各项安全标准，它是自制玩教具的基本原则之一。

玩教具本身的安全隐患主要来自设计、制作过程以及使用材料三方面。玩教具的设计应充分考虑幼儿的年龄特点，充分考虑幼儿的体力和认知发展水平，使玩教具的结构、大小、重量、声响等符合幼儿的能力水平，注意保护幼儿的视觉、听觉、嗅觉等感觉器官和神经系统的健康。玩教具的制作过程应精细，避免出现尖锐的棱角等对幼儿造成切伤、撕裂、擦伤等身体的伤害。由于自制玩教具的材料主要是一些自然物及生产、生活中的废旧物品，因此应避免选择容易发霉变质的物体，做好清洗、消毒工作。在选择制作材料时，还应注意所选择材料本身的性质，避免选择有毒、易燃的物品，如是否含有过量的对人体有害的可迁移的化学元素如铅、汞等，幼儿的皮肤柔嫩，抵抗力弱，容易受到这些有害元素的伤害，再如上海市规定不得使用泡沫塑料包装材料作为玩具，因为泡沫塑料的小颗粒容易被幼儿吸入体内。玩具的使用过程也可能存在一定的安全隐患，在设计、制作玩具时，还应充分考虑到可预见的、合理的、滥用的情况下的安全、卫生问题。在幼儿使用玩具时，教师和家长有监管的责任。

（二）艺术性与可玩性原则

艺术性与可玩性原则是指玩教具既要好看又要好玩。艺术性原则是指玩教具的色彩、造型等符合形式美的一般原则，符合幼儿的审美情趣。形象生动、色彩鲜明、夸张诙谐的玩教具是幼儿非常喜欢的，能激发他们的活动兴趣，在游戏中经常选择。

可玩性原则是指玩教具的操作过程有趣、好玩，幼儿能够持久地操作和玩耍；具有可探索性，有利于幼儿想象和创造，能引发幼儿对玩教具进行创造性活动。可玩性强调玩教具的好用、耐用，以及幼儿与玩教具的互动，操作方便，在玩法上具有层次性和可探索性，随着幼儿知识经验的不断丰富、能力的不断提高，玩教具也能逐渐变得复杂和有挑战性，以此激发幼儿主动学习，增长智慧与技能。最好能按照幼儿的意愿自由自在地改变玩具的姿态或形状，因为只有这样才能培养他们的独立见解和独创精神，培养他们成为支配生活的强者。要是幼儿总是被一些形态呆滞的玩具包围着，将会使他们的个性受到束缚，也不能培养幼儿敏捷的思维能力。

（三）科学性与教育性原则

玩教具的科学性原则表现在玩教具所蕴含的知识、概念和原理正确。如所涉及的科学原理的设计要精确，如比例、刻度、平衡等；所涉及的知识、概念要正确，如名称、方位等。一些科学技术玩教具、音乐玩教具等对科学性的要求相对较高。如有些教师花费了大量时间和精力自制的音乐玩教具，只是形似，其音色和音高远不能达到进行音乐活动的要求，这样的自制玩教具我们不推荐给幼儿使用。此外，在科学性原则中，还应考虑这些玩教具所承载的知识、概念和原理能否为这个年龄段的幼儿所理解和接受。

教育性原则是指自制玩教具以自身的基本性能为载体能够产生相应的教育作用，而这种教育作用必须符合《幼儿园教育指导纲要（试行）》的基本精神，以幼儿的发展为本，符合"以游戏为基本活动"的理念。这要求玩教具对幼儿具有极大的吸引力，能够引导幼儿自主探究不同的玩法，获得多种可能性经验；能够引导幼儿积极参与游戏活动，在符合幼儿身心发展特点和水平的基础上促进他们的身心健康发展；在幼儿与玩教具互动的过程中，发展幼儿的自我教育和自我发展的能力，促进幼儿的自主性成长。教育性原则是幼儿园自制玩教具的基本原则之一。

（四）经济性与可持续发展原则

经济性原则是指以最小的投入获得最大的效益，幼儿园自制玩教具的经济性原则表现在以下四方面。首先，取材容易，成本低廉。幼儿园的自制玩教具，其原料大多是废旧物品和一些在外采集的自然物品，可以根据不同的地区、不同的季节的特点选取方便易得的材料，在经济上花费最少。其次，制作过程简单，尽量减少教师在制作玩教具上花费的时间和精力，而把更多的时间和精力放在关注幼儿的学习和游戏中。再次，尽可能减少观赏性玩教具的数量，把时间和精力放在制作可供幼儿操作和探索的玩教具上，就幼儿的发展而言，后者能产生更大的价值。但是，制作过程简单，并不意味着可以粗制滥造，无论是从安全性还是艺术性、教育性等方面来看，制作过程应该细致认真，成品应该精细。最后，牢固耐用、使用期限长、容易推广普及也体现了自制玩教具的经济性。

可持续发展原则是指通过玩教具制作的活动，培养幼儿可持续发展的意识和态度，增进幼儿实践可持续发展的能力。自制玩教具的材料的重要来源是幼儿从家里带来的一些废旧物品，在生活水平日渐提高、物质变得不那么匮乏的今天，通过对这些废旧材料的再次利用，让幼儿意识到可以通过自己的行动来节约资源、保护环境、变废为宝，对幼儿和家长起到了潜移默化的教育作用。另外，在采集和使用自然物品作为原材料时，也应考虑自然环境的可持续发展的原则，不能随意采摘，尤其是收集动物标本时应注意物种的保护。在制作过程中，还应注意及时清理残留物，避免对环境造成二次污染。在

《上海市学前教育机构装备规范（试行）》中指出的学前教育机构中不提倡使用粮食作为玩具，就是可持续发展原则的一个体现。

（五）创新性原则

创新性原则是指构思新颖，包括完全的创新和对原有玩教具所进行的超越性改造。创新可以体现在新的功能上，如利用原有的玩教具实现新的教育价值；体现在新的方法上，用新的玩法来实现同样的教育价值会更有趣；采用新的材料，用新的材料实现原有玩具同样的价值；设计出全新的结构，或者对原有玩具的结构进行改造和重新组合，使之产生新的意义；运用新的科学技术，设计、制作出新颖的玩具等。如七巧板，最初只是一块正方形的薄板，被分成七块，后来七巧板产生了各种变体，人们制作出了圆形、矩形等各种形状和质地的巧板（图6-8）。

七巧板　　　　　　双圆七巧板　　　　十三巧板（龚永明）

图6-8　各种巧板

三、玩教具的制作

幼儿园玩教具的制作离不开制作材料和工具。常用的材料有纸、泥、布、竹木、金石、塑料、废旧物品及自然物品等不同材质，各种材料从形态上看有点状、线状、面状和块状等差异，在玩教具制作的实践中，可因地制宜、因时制宜地利用和开发身边的物品进行手工创作。常用工具有剪、刀、锯、钳子、榔头、烙（焊）工具、针或锥、夹子、笔、胶水等，在制作过程中根据需要采用。也可以自制一些必要的工具，便于更好地进行制作。常用的制作手法包括剪切、折叠、染色、粘贴、编结、雕刻、捏、拧、撕、缝、嵌、钉等，可根据各种不同的材料选用适当的制作方法。

（一）玩教具制作的一般过程

一件自制玩教具的问世，大致需要经历几个相互联系、相互制约的过程，而具体到每个玩教具，其制作过程又因设计、选材等不同而有着各自不同的特点。

第一步，立意，是指制作前在头脑中将想要制作的玩教具的用途进行思考。比如是放在活动室中配合主题活动做背景起装饰作用，还是教师在教学过程中进行演示，或是给幼儿操作或玩耍所用，也就是说想要做什么，其功能是什么。

第二步，构思，即根据"立意"来设计玩教具的具体形象。如对玩教具的结构、造型、色彩、使用方法等进行设计。

第三步，选材，也就是要根据自己的设计意图，选择在形状、质地等方面适合的材料。对于幼儿园玩教具的制作而言，还应该考虑所选材料的经济性、简便易得和便于加工等因素。

第四步，制作，即采用适当的加工方法、遵循具体的制作步骤对材料进行加工，将玩教具在脑中的"立意"和"构思"用实际材料体现出来，使其成为一个可视、可触的作品。

第五步，装饰。对自制玩教具进行装饰要符合幼儿审美要求，漂亮可爱的、吸引人的玩教具对他们有着极大的吸引力。在进行装饰的时候，也应注意做到符合形式美的一般规律。

（二）材料加工的常见方法

在各种不同质地的材料中，幼儿园玩教具制作中经常采用的主要是一些废旧物品和自然物品。在构思和选材时，可遵循两种思路，一种是"因意选材"，另一种是"因材施艺"。所谓"因意选材"是指根据制作者的设计意图，选择使用能够准确而充分表现这个形象的材料来进行创作。"因材施艺"是根据材料自身的质地、形状和特点进行观察和联想，经过一定的加工改造，创造出新的形象。在实际的制作过程中，两者可根据需要结合使用。

无论什么形状和材质的废旧物品和自然物品，其加工方式大致有以下几种。

1. 原型法

原型法就是充分利用材料的外形特点来设计和制作玩教具，保持所用材料的外形，只对其进行简单的加工和装饰。比如一个用过的纸杯，利用其原型，经过加工就变成了一个纸杯玩偶。可以选择一种彩色的卡纸，剪出要做的纸杯玩偶的头、眼睛、嘴巴、四肢、领结等形状，然后把剪好的各身体部分按比例粘贴在纸杯上，一个可爱的纸杯玩偶就制作完成了（图6-9）。

图6-9　纸杯玩偶

（引自：《小纸杯，大变身》，

http：//www.cnsece.com/news/7/1055.html。）

图6-10　高产鸡

（引自：《高产鸡》，

http：//www.yejs.com.cn/HtmlLib/20000.htm。）

2. 变形法

对于一些不能直接利用其外形来设计和制作玩教具的材料，可以在对主要材料进行充分观察和想象的基础上，对其做一些改变，最终设计并制作出独具一格的玩教具。改变的方法主要有"加一加"、"减一减"和"变一变"。

"加一加"是指通过粘贴、缠绕、串联、镶嵌、拼插等方式添加其他辅助材料来进行设计和制作。如图6-10所示的"高产鸡"。观察两块石头的形状，发现一块较大，适合做身子，另一块的形状尖尖的像母鸡的嘴巴，再找出几块辅助的小石子做鸡冠和尾巴，找到几颗白色近似圆形的小石子，用塑熔枪把各部分粘贴起来，用鲜艳的色彩勾画出母鸡的形象，一只下了很多蛋的母鸡就制作完成。

"减一减"是指通过削减、剔除等方法除去材料上与所要塑造的形象无关的部分。如用薯片罐制作"小老鼠"，先在罐身上画好小老鼠的外形，然后剪成小老鼠的嘴和身体，用即时贴贴上眼睛，剪出并粘贴胡须和尾巴，一只栩栩如生的小老鼠就出现在面前（图6-11）。

"变一变"是指通过弯曲、折叠、揉捏等方式改变材料的外形，使其符合设计和制作的需要，这种方法并不改变原有材料的大小，只改变其外部形态。"淘气的狮子"

（图6-12）是将一只薯片罐沿着罐身均匀地剪成长条，一直到靠近罐底的地方，然后将长条卷起来，变成了狮子的头发，再在罐底粘贴上狮子的眼睛、鼻子、嘴巴，一只栩栩如生的狮子就出现在眼前。

图6-11　"减一减"制作玩具

图6-12　"变一变"制作玩具

（引自：《薯片罐巧制作》，

http：//www. yejs. o-star. com. cn/HtmlLib/20268. htm。）

3. 组合法

有一些玩教具的制作需要利用多种不同材质、形状的物品，并且需要对这些物品进行搭配、组合。第一种方式，可将各种经过选择、加工（加、减、变形）的材料进行拼接组合，共同构成一个新的玩教具，如"架子鼓"（图6-13）。第二种方式，预先设计一个图案，将一些相互独立的不同物品按照一定的设计思路拼摆在一起，形成一个新的创意，如"走迷宫"（图6-14）。

图 6－13　架子鼓

（引自：《幼儿园玩教具制作：架子鼓》，

http：//www.yejs.com.cn/HtmlLib/31580.htm。）

图 6－14　走迷宫

（引自：《幼儿园玩教具制作：走迷宫》，

http：//www.yejs.com.cn/HtmlLib/21890.htm。）

　　以上三种方法是在幼儿园自制玩教具的活动中对制作材料进行加工时最常用的方法，在实际的制作过程中，应根据需要灵活选用恰当的方法，也应能举一反三，有所创新。另外，玩教具的制作还与美术、数学、科学等知识密切相关，自制玩教具的科学性和艺术性也应在设计和制作过程中得到关注。设计和制作玩教具，不应为了制作而制作，也不应只是为了观赏而制作，我们更应关注玩教具制作背后的想法即我们为什么制作这个玩教具，让玩教具的制作更好地为幼儿园的教育教学服务，为幼儿的健康成长提供必要的物质材料。

案 例

用瓶子做游戏

一、制作材料、工具

塑料饮料瓶，大可乐瓶，彩色即时贴，大纸箱，碎布片，剪刀。

二、制作方法

1. 教师用剪刀将塑料饮料瓶的底面剪去。

2. 幼儿用彩色即时贴包裹、装饰瓶身。

3. 教师将大纸箱下部剪成大嘴形。

4. 幼儿用彩纸、布片把纸箱装饰成可爱的纸箱娃娃。

三、玩法

玩法1　喂纸箱娃娃吃饭：将纸箱娃娃垫高，瓶子当"食物"，幼儿在纸箱1米以外处单手拿瓶子对准纸箱娃娃的大嘴巴进行投掷练习。此游戏适合小、中、大班幼儿，但需根据年龄段调整纸箱与幼儿间的距离。大班幼儿投掷的距离以不超过3.5米为宜。

玩法2　绕过障碍物：将已装饰的大可乐瓶在场地中间交错排列成曲线形，幼儿一个个绕过大可乐瓶走或跑到终点。此游戏适合中、大班幼儿。教师可连续设置多重障碍，鼓励幼儿连续向前走或跑。

玩法3　小兔跳跳：将瓶子间隔放在场地上排成一条小路，幼儿扮演小兔双脚并拢依次跳过一个个瓶子。此游戏适合小班幼儿。为了增加趣味性，教师可提供小动物服饰。

玩法4　越过小山。（略）

玩法5　过山洞。（略）

玩法6　小小足球射门员。（略）

本案例改编自：侯霞珍，王晓华：《用瓶子做游戏》[J]，载《幼儿教育》，2007（4）。

第三节 幼儿园玩教具的利用

一、幼儿园玩教具的配备

1992年，原国家教委（现教育部）颁布了《关于印发〈幼儿园玩教具配备目录〉的通知》及其附件《幼儿园玩教具配备目录》，其中规定幼儿园玩教具的具体内容有以下九大类。

第一，体育类。包括23种室内外大、中、小型体育器械和玩具，供幼儿练习走、跑、跳跃、平衡、钻爬、投掷和平衡能力。

第二，构造类。包括大、中、小型积木，插接构造玩具，螺旋玩具，穿编玩具，共6种。

第三，角色、表演游戏器具。包括角色游戏玩具、桌面表演游戏玩具、木偶、头饰、模型，共5种。

第四，科学启蒙玩具。包括进行常识和数形教育内容的可操作性玩具共29种。

第五，音乐类。包括串铃、响板、铃鼓、钢琴等在内共15种，其中包括教师教学用的乐器和幼儿使用的打击乐器。

第六，美工类。包括小剪刀、泥工板在内的7种用具。

第七，图书、挂图与卡片。包括幼儿读物、教育挂图、各种卡片，共3种。

第八，电教类。包括电视机、投影仪等电化教育的软件、硬件，共7种。

第九，劳动工具类。包括喷壶、小铲子等在内的供幼儿进行种植、饲养等活动的工具，共6种。

该文件还要求各地应结合自己的条件，量力而行，有计划、分期分批地达到配备要求。文件明确提出应当鼓励玩具生产厂和研究所，研制"安全卫生、坚固耐用、玩教合一的玩教具，供幼儿园选用"，并提倡"因地制宜、就地取材、自制玩教具"。

各级政府也根据自身实际制定了各自的规范，如《上海市学前教育机构装备规范（试行）》。从最初的全国配备"目录"到各级政府颁布的"规范"可以看出，对于装备的要求逐渐向灵活转变，表现为幼儿园有着更多的自主选择权，从侧重点来看，也逐渐呈现出从单一的强调配备"有什么"向配备与使用相结合的发展趋势，但在如何提供以及如何使用这些装备方面的研究还有待进一步研究。

二、幼儿园玩教具的管理

幼儿园玩教具的管理是幼儿园玩教具充分发挥其功能的重要条件。玩教具的管理涉及班级和幼儿园两个层面，每个层面有不同的侧重点。

（一）班级玩教具的管理

1. 建立玩教具使用的常规

班级玩教具的使用常规包括操作玩教具的时间、操作的规则、共同使用玩教具的规则以及玩教具的收放规则等。教师在介绍玩教具的时候应逐步向幼儿介绍这些规则，进行适当的指导，并经常检查规则的执行情况。幼儿园玩具使用常规主要有：根据自己游戏的需要有计划地拿取玩具，不多占或独占玩具；轮流使用玩具，或征得别人同意后使用别人手中的玩具；爱惜玩具，轻拿轻放，哪里拿的放回哪里；游戏结束后，对玩具进行分类整理；发现破损玩具应及时报告老师等。

2. 合理放置，便于幼儿取放

所有的玩教具应向全体幼儿开放，便于幼儿根据自己游戏的意愿和游戏的要求自由选择。玩教具应摆放在高度适宜的开放式的玩具架（柜）或容器中，存放玩具的容器应有明显标志，以便于幼儿找寻，如选择透明的容器或者在不透明的容器上贴上幼儿能识别的标签。各类玩具的摆放也应结合班级活动区域的划分，如安静区或运动区、室内与室外、相似的活动或相异的活动等，尽量减少因区域设置不合理而导致的幼儿冲突发生。玩具摆放的位置应相对固定。应注意玩具架（柜）或容器的安全性，以免在幼儿取放玩具时发生倾倒、破损，出现砸伤幼儿等意外。

3. 定期清洗、检修玩教具

玩玩具是幼儿的日常行为，在使用玩具的过程中不可避免地会滋生各种细菌、病毒，为防止细菌、病毒的传播，应对玩具进行定期的清洗和消毒（根据玩具的不同性质，有些可以采用日晒的方式，有的需要使用消毒液进行消毒）。幼儿园一般应每周至少对玩具进行一次清洗和消毒。教师还应做个有心人，及时发现破损的玩具，及时修理或拿走，以免破损的玩具对幼儿造成伤害，也可避免幼儿不珍惜玩具、破坏玩具的行为，培养幼儿爱惜玩具的品质。

4. 根据需要，及时增减玩具

玩具在日常的使用过程中，不可避免会有损耗，因此应及时补充。另外，可根据教育教学和游戏的需要，通过购买或者自制玩具的方式及时增添，保证玩具的数量，满足幼儿游戏的需要。对于一些不经常使用或幼儿不感兴趣的玩具，应考虑将其更换。

（二）幼儿园玩教具的管理

1. 全园统筹管理

幼儿园应派专人对全园的玩教具（含商品及自制玩教具）进行集中、统筹管理。条件较好的幼儿园可配合游戏活动设置专门的玩具室，全园各班级间统筹安排游戏时间。对于要发放到各班级的玩具，可进行分类，统一名称，按年级、班级幼儿的人数进行配备和发放，由各班级教师进行管理。各班级教师应及时对玩具的使用情况（如质量、幼儿的使用频率等）进行反馈，以便幼儿园及时调整玩教具的配备和采购情况。如表 6 - 1 所示为在幼儿园进行玩教具配备管理时可参考使用的表格。

表 6 - 1　玩教具配备管理表

_____活动区玩具材料汇总

名称＼玩法	一般玩法	扩展玩法	备 注
现有玩具材料	1. 2. 3. 4. …		
需增加的玩具材料	1. 2. 3. …		

引自：陈林华：《幼儿园活动区玩具材料的运用》[J]，载《当代教育论坛（校长教育研究）》，2008(5)。

2. 有效配备

在对全园玩教具的情况有全面的了解后，便很容易进行有效的采购，避免重复购买，或购买的玩教具不适用。在学期末，可根据玩具使用过程中的损耗情况，及时补充或更新。教师们根据教育教学和幼儿游戏情况自制的玩教具，如果使用效果非常好，也可以在其他班级推广，若建立了较为成熟的园本课程，这样的自制玩教具可以申请专利，请玩具制造商进行批量生产，制作成美观大方、材料精良、经久耐用的玩教具，以减少教师的重复劳动，也有利于积累教师的劳动成果。

3. 帮助社区建立玩具图书馆

"幼儿园应与家庭、社区密切合作，综合利用各种教育资源，共同为幼儿的发展创造良好的条件"，有条件的幼儿园可根据自身的情况，帮助社区建立玩具图书馆，这样幼儿在离园后也能享有丰富的玩具资源。图书馆的玩具来源可以多样，如已长大幼儿家庭的捐赠或一些家庭的暂时共享、交换等，在图书馆进行分类汇总后，按一定的手续借给需要玩具的社区婴幼儿。这样做可以提高每个家庭玩具的利用率，丰富每个婴幼儿可玩的玩具种类，还可以为那些经济条件不好的婴幼儿提供玩各种玩具的机会。幼儿教师作为专业人员，还可以为社区婴幼儿的家长提供一定的玩具玩法指导，真正做到为社区的婴幼儿服务，从各方面促进婴幼儿的健康成长。

三、幼儿园玩教具的利用

幼儿园玩教具的利用离不开幼儿的学习和游戏活动，离开了幼儿的学习和游戏活动，玩教具也就失去了其存在的价值。游戏环境的创设、玩具和游戏材料的提供，以及游戏的指导等，对幼儿游戏的性质和质量有着至关重要的影响。

（一）根据幼儿的年龄特点提供适宜的玩具

适宜的玩具是指符合幼儿的年龄特征以及本班幼儿的特点与需求的玩具。刘焱（1986）的实验研究表明，不同结构化程度的游戏材料不仅对幼儿的游戏本身有着不同的影响，而且对幼儿智力发展的作用也不相同。幼儿在使用低结构游戏材料游戏时，需要经历一个独特的建构象征的心理过程，所以有较高的心理发展价值。但低结构游戏材料需要幼儿使用自身的经验来驾驭，因而具有一定的年龄适用范围，较适合4岁以上的幼儿使用。邱学青在一次小型的对幼儿玩具需求的调查中发现，不同年龄的幼儿对玩具有着不同的喜好，在为游戏活动提供玩具时，应充分考虑幼儿的年龄偏好。如给小班幼儿提供玩具时，可提供数量充足的成型玩具，玩具的种类主要集中在与他们生活经验密切联系的玩具上。对于中班的幼儿，应为他们提供数量充足、内容丰富的玩具和材料，以满足他们不断增长的游戏愿望和需要。而对于大班幼儿，除了提供大量的成型玩具外，还应准备丰富多彩的半成品及废旧物品、自然物品，满足他们游戏的需求。

此外，教师还应充分考虑不同年龄段幼儿的体力与认知水平、操作玩具的特点和已有的操作经验，激发幼儿操作游戏材料的兴趣，有针对性地提出能落在幼儿最近发展区内的适当要求。

案 例

一盘珠子已经跟着幼儿从托班一直到大班，整整四年了，一直没被玩腻。在托班的时候，这盘珠子里放有两只透明的大口瓶，幼儿一会儿抓珠子放进瓶中，一会儿又把珠子从瓶里倒出来；后来教师放了小勺和小碗，幼儿会一勺一勺地把珠子舀到碗里；再后来教师又逐步用筷子取代了小勺。这盘珠子里还放过双层盒，幼儿要把上面的珠子从一个小洞滚落到下面的盒子里。到大班的时候，一个跳棋棋盘在盆里出现了。

本案例改编自：朱家雄等：《游戏活动》［M］，33 页，上海，上海教育出版社，2002。

（二）投放玩具和游戏材料时充分考虑玩具的数量、种类及其搭配

游戏材料的种类和数量影响儿童游戏的类型。美国学者比约克隆（Bjorklund）研究发现，当他改变玩具的品种，将其分为反应性玩具（摆弄后能发出各种声响和颜色）、组合性玩具（儿童要把玩具的有关部分按顺序排列好，如套环玩具）和象征性玩具（用甲物代替乙物）三种类型，把同等数量的三种玩具分别给予 12 个月、16 个月和 20 个月的幼儿，幼儿玩组合性玩具最久，并表现出更多的联系性动作（即把两个或更多的物体联系起来操作）。在使用这三类玩具时幼儿都很少出现象征性动作，即便出现，在这类玩具中出现的次数也是相等的。这个研究中象征性游戏出现得少与被研究的幼儿年龄小有很大关系，但也同样表明了幼儿的游戏行为受他们所能获得的游戏材料的影响。还有一些研究也表明玩具的新旧对游戏行为也有影响，新材料能更多引发探究性活动，而旧玩具引发的游戏行为更具有嬉戏性和自主性。一些对室内和户外游戏材料和设施数量的研究均表明，游戏材料及设施的数量与幼儿游戏的社会交往水平存在负向关系。当游戏材料或设施增加时，团体游戏会减少，而攻击性行为也会减少；当数量减少时，幼儿之间的正向交往会增加，而同时攻击性行为也会增加。

不同种类和数量的玩具相互搭配，也影响着幼儿游戏的性质和主题，但这种影响较为复杂。观察发现，给幼儿一个娃娃和多个娃娃，引发的游戏类型不同。只有一个娃娃时，倾向于玩"过家家"的游戏，而多个娃娃，可能会引发"托儿所"或"上课"等游戏。我国刘焱教授在研究中发现，如果只给幼儿用具玩具如餐具、炊具等，不给幼儿提供娃娃，对幼儿的游戏效果将产生较大影响。在出现娃娃前，游戏中占中心地位的是使用这些物品的游戏动作，而出现娃娃后，角色成为游戏的中心。因此许多研究者指出，在玩

具的搭配上应注重系列化、联系性，这种搭配对幼儿游戏及其智力发展有效。另外，在投放玩具和游戏材料时，应考虑到所提供的玩具和游戏材料自身是否成套和比例是否恰当，如娃娃家游戏中的锅碗瓢盆、蔬菜水果等的大小就应当成比例，否则幼儿无法炒菜烧饭。

（三）对幼儿进行玩具玩法指导

在没有成人引导的情况下幼儿周围环境中的很多事实和现象以及物体的特性就成为幼儿视野和知觉之外的东西。给幼儿游戏活动投放的玩具，既有幼儿已经熟悉的玩具，也有不熟悉的新玩具，一些教师经过观察发现，游戏前教师是否介绍新的游戏材料，将会影响幼儿对新材料的选择，教师介绍新材料的方法，也对幼儿使用新游戏材料的方法有较大影响。一种新的玩具出现，很多幼儿并不知道如何使用，教师可以激发幼儿进行探索，或在适当时机给予一定的玩法指导。

案　例

儿童自主探究玩法收获多

在玩具的制作和投放过程中，我曾利用空可乐瓶，顺底部向瓶口一半的地方剪下一弧线制成杯状的抛接杯玩具。刚刚投放在户外时，不少孩子都问："老师，这是什么呀？""这怎么玩呀？"我没有告诉他们玩法，而是说："这种玩具很神奇，有许多的玩法，但是需要和其他玩具一起玩，今天看看谁最聪明，想出好的玩法。"经过我的暗示说明，不少孩子开始兴致勃勃地拿起玩具尝试游戏。有的孩子开始一手拿抛接杯，一手拿沙包、小球等玩具，两手互相扔着玩；有的孩子把沙包向上抛，然后再很快地用抛接杯去接；还有的孩子们则两个人一组，一个人拿沙包，一个人拿抛接杯相互扔着玩，配合得非常默契。在游戏结束后，我把孩子们召集到身边，让他们自由地说说刚刚都想出了什么好办法来玩新玩具并让他们示范。孩子们纷纷争着说、表演。而我则对每个孩子说的方法加以肯定并鼓励他们下次想出更好的办法告诉大家。孩子们的积极性都很高，都说一定要想出更好的方法。在这次活动中，不仅发展了幼儿目测、抛接的能力，还使幼儿能主动参加活动发挥其自身的想象力、创造力，从而发挥了抛接杯一物多玩的实际价值。

本案例改编自：姜颖：《如何发挥自制玩具的多功能作用》[EB/OL]，2010 - 11 - 7，http://xbhbaby. com/news_show. asp? newsid = 544。

教师在对玩具玩法进行指导时，应注意以下几点。第一，把握玩具的教育功能，突出关键经验。教师在投放玩具前，应先对玩具的玩法进行探索，了解其玩法和玩法背后蕴藏的概念、原理和教育价值。以小班"娃娃家"玩具材料为例，大概可以分为娃娃、家具、电器、衣物、餐具、厨房用具、辅助材料等，教师要细致观察、研究每一样玩具材料的教育功能，看看除了一般的玩法之外，还可以有哪些玩法。第二，观察幼儿游戏过程，了解幼儿在活动过程中的表现和反应，敏锐地觉察到幼儿的需要，及时加强对玩具操作的过程指导。可综合采用提问、建议、示范、平行游戏等方式适时地进行介入指导，形成合作探究式的师幼互动。应注意，在进行玩具玩法指导时应密切联系幼儿的生活经验和知识经验，便于幼儿经验的提取。第三，引导幼儿对自己的玩具操作活动的经验进行及时总结和提升，帮助幼儿将零散的动作经验提升到概念层次，有助于经验的迁移和拓展。

（四）注重玩具教育意义的开发以及玩具玩法的效果评价

"玩耍本身并不需要花钱，而是需要常识加想象。"[①]在玩具资源有限的情况下，教师应注重对玩具教育意义的开发，对已有的玩具玩法的效果进行评价，提升自己使用玩具的能力和创意，对现有不完善的玩教具进行改造，与此同时设计和制作出对幼儿的发展更有价值的新的玩教具。教师在探索各类玩具的特点和玩法、开发玩具的教育意义时，应注意多向幼儿学习，从幼儿那里得到启发。

如结构玩具中积木的玩法。积木的基本玩法是排列堆积组合，而排列堆积组合的方法有延长、围合、对称、盖顶、堆高、加宽加高、阶梯结构排列、交叉围合、间隔排列等。为了实现积木的教育价值，可以采用多种玩法。比如玩法1感知空间，可以采用以下方式：第一，延长构造的方式，让儿童体会到空间在无限延伸；第二，围合构造，让儿童感受到空间是有一定范围的；第三，排列，在延长和围合中学习排序，使得儿童获得空间感。玩法2形成基本造型结构（如方形、阶梯形、圆柱形等）的构造活动。玩法3以主题情节表现物体之间关系的主题构造。玩法4为其他活动的需要进行结构活动。[②]在这个积木游戏中，教师开发了积木玩具的教育价值，物尽其用。通过教师的玩法指导，可以丰富和拓展幼儿的游戏内容，加深幼儿对游戏材料性能以及游戏背后所蕴藏的科学原理的理解，对丰富幼儿的知识、培养幼儿的思考能力和创新意识有很大促进作用。

---

① （美）斯苔芬妮·奥尔巴赫：《玩商——玩具博士教你如何巧妙地玩耍》［M］，徐培敏译，17页，上海，上海书店出版社，2002。
② 叶雁虹，陈庆：《学前教育装备指南》［M］，142～145页，上海，上海世界图书出版公司，2008。

案 例

体育类玩具的功能开发与玩法指导

一、主要内容

体育类玩具主要包括室内外大中小型活动器械，供幼儿练习走、跑、跳、钻、爬、攀登、投掷及平衡等动作。大型器械包括攀登架、滑梯、爬网、荡船、秋千、蹦床、平衡木、压板、体操垫、滚筒等；中小型器械包括小三轮车、小推车、高跷、拖拉玩具、拱形门、羽毛球、皮球、跳绳、沙包、小型投靶器、拉力器、滚铁环及体操器械（旗、圈、棒、铃）等。

二、功能开发

1. 由于体育类玩具多设在户外，幼儿经常玩耍，可以促进大肌肉动作，如走、跑、跳、爬、平衡、钻、攀登等能力的发展，增强体质。

2. 可以提高幼儿动作的协调性、灵活性、敏捷性，增强体能，提高身体的适应能力。

3. 可以激发幼儿学习的积极性，丰富幼儿的知识经验，培养规则意识与勇敢精神。

4. 可以培养幼儿正视困难（不敢玩、不会玩）的态度以及克服困难的勇气，有助于培养幼儿的自信心。

5. 满足幼儿好动的需要，使其产生愉快情绪，给幼儿心理上以满足与快乐。

三、玩法指导

第一，成人应带领幼儿认识大型户外玩具及中小型玩具、器械与材料，并介绍玩法。这一时期是丰富幼儿认知的好时机，教师可以带领幼儿感知玩具的外形、颜色等。

第二，可以通过讲解、请幼儿做示范、小组练习等使幼儿掌握正确玩法。玩大型户外玩具及中小型器械时，应注意教会幼儿正确的动作与玩法，以保证幼儿的安全。可以通过看有关滑梯的错误动作图片，使幼儿知道这些动作很危险，不能做这些动作，学会保护自己及他人。

第三，在幼儿玩的过程中，成人应加强观察，适时引导。对于没有玩的幼儿，应分析了解原因，是不想玩、不敢玩？还是有其他原因？针对具体情况，加强个别辅导，同时渗透情感教育。

第四，在指导幼儿玩滑梯时，还要引导幼儿清楚地表达自己的需要与情感。如果身体不舒服，应主动跟教师讲清楚，不要勉强参加活动。如果教师发现幼儿的危险动作，应及时制止，使幼儿明白，这样做是危险的，应学会控制自己，不做危险动作。教师还应利用小结活动表扬幼儿及时表达自己需要与情感的做法。

四、注意事项

1. 应定期检查大型玩具是否安全，发现破损及时修补，以保证幼儿安全。

2. 在玩大型玩具之前应将其擦拭干净，以免弄脏幼儿衣服。

3. 玩大型户外玩具时，成人的站位要合理，便于保护幼儿。如在玩滑梯时，成人应站在滑梯平台及滑梯入口处，以便对幼儿实施保护。

4. 组织幼儿玩中小型器械时，应提醒幼儿分散活动，避免相互干扰与碰撞。

5. 由于幼儿易疲劳，成人应掌握活动量，不宜让幼儿长时间玩大型玩具。

6. 有的成人（家长和教师）因为害怕幼儿发生危险而禁止孩子玩滑梯，这是不对的，应多给幼儿提供练习的机会，以提高其动作的灵活性。

本案例改编自：郑佳珍，朱炳昌：《幼儿玩具玩法指导》［M］，10～12 页，北京，高等教育出版社，2004。

本章回顾

⊙内容小结

- 本章主要介绍了幼儿玩教具的类型及其特点、幼儿园玩教具的制作和幼儿园玩教具的利用。

- 幼儿玩教具的种类繁多，分类角度各异，分类结果也各不相同。根据玩具的结构性程度，可划分为专门化玩具和非专门化玩具；根据玩具的功能和特点，可划分为形象玩具、智力玩具、结构造型玩具、音乐玩具、体育玩具、娱乐玩具、自制玩具；根据儿童年龄段划分，可分为 0 ~ 2 岁儿童的玩具与 2 ~ 6 岁儿童的玩具；根据创作者和创作初衷，可分为民间玩具和工业玩具，其中民间玩具的种类可进一步进行划分为节令玩具、观赏玩具、音响玩具、益智玩具、健身玩具和实用玩具。

- 幼儿园自制玩教具的原则有：安全性原则、艺术性与可玩性原则、科学性与教育性原则、经济性与可持续发展原则、创新性原则。幼儿园玩教具制作的常用方法有原型法、变形法和组合法。

- 幼儿园玩教具的管理可分为班级管理和幼儿园管理两个层面。在班级管理方面，应注意建立玩具使用的常规，合理放置玩具，定期清洗和检修以及根据需要及时增减玩教具。在玩教具的利用方面，应注意根据幼儿的年龄特点提供适宜的玩教具；投放玩教具时，应注意考虑玩教具的数量、种类及其搭配关系；对幼儿的玩具玩法要进行合理指导；注重玩具教育意义的开发以及玩具玩法的效果评价。

⊙关键词

玩具 玩教具 玩教具的制作 玩教具的利用

⊙思考练习

一、名词解释

专门化玩具 非专门化玩具 形象玩具 智力玩具 体育玩具 科学探索玩具 民间玩具 自制玩具

二、填空

1. 根据玩具的功能和特点分类，可将玩具分为形象玩具、＿＿＿＿＿＿＿＿、＿＿＿＿＿＿＿＿＿＿、音乐玩具、体育玩具和＿＿＿＿＿＿＿＿＿＿＿。

2. 民间玩具包括＿＿＿＿＿＿＿＿＿、观赏玩具、音响玩具、＿＿＿＿＿＿＿、＿＿＿＿＿＿＿＿＿和实用玩具等。

三、简答题

1. 简述幼儿园自制玩教具的制作原则。

2. 简述如何对班级的玩教具进行管理。

四、论述题

1. 结合实例，谈谈如何结合幼儿的年龄特点来投放游戏材料。

2. 分析自己所在幼儿园的玩教具管理与利用情况，提出改革建议。

五、综合应用题

为中班幼儿设计一个发展想象力的智力玩具，并说明材料和制作过程。

⊙ 推荐阅读书目

[1] 刘焱. 幼儿园自制玩教具活动的意义、指导思想和评价标准 [J]. 学前教育研究，2007（9）.

[2] 何全. 论蒙台梭利教具与玩具的区别 [J]. 科技风，2008（20）.

[3]《幼儿园玩教具配备目录》（1992）.

[4] 叶雁虹，陈庆. 学前教育装备指南 [M]. 林茅，审阅. 上海：上海世界图书出版公司，2008.

[5] GB 6675—2003《国家玩具安全技术规范》、GB 5296.5—2006《消费品使用说明　第 5 部分：玩具》.

附录1　《幼儿园玩教具配备目录》说明

一、本目录是依据《幼儿园工作规程》（试行）要求，对幼儿实施体、智、德、美全面发展的教育，促进其身心和谐发展，力求创设与教育相适应的环境，为幼儿提供活动和表现力的机会与条件，在一九八六年颁布《幼儿园教玩具配备目录》的基础上修订的。

二、鉴于我国各地区的经济发展不平衡，各地的办园条件差异很大，目录分为一、二、三类。二类为基本配备，经济条件好的可按一类配备，经济条件比较差的，按三类配备。目录中的注☆号的是价格比较昂贵的玩教具，可根据各园条件选配。

三、目录中的配备数量，是按一所幼儿园两个大班、两个中班、两个小班计算的最基本配备量。学前班按一个班配备。

四、本目录是指导性文件，各地区可根据自己的经济条件，因地制宜，量力而行，逐步达到配备要求。目录中的价格是参考价格，仅供内部核算参考，配备时应按市场价格计算。

五、提倡幼儿园参照本目录的内容，就地取材，利用各种无毒、安全卫生的自然安全和废旧材料自制玩教具。

六、本目录是由国家教委教学仪器研究所编制。

目录的具体内容略。

附录2 《学前教育装备指南》简介

《学前教育装备指南》由叶雁虹、陈庆主编，林茅审阅，2008年由世界图书出版公司出版。它是在对上海市学前教育机构装备现状进行深入细致的调查研究，以及对装备的配置使用开展行动研究的基础上，广泛收集了国内外学前教育装备情报资料，提出了学前教育机构装备配置的原则、内容，并对学前教育机构的实际使用给予了指导。它是学前机构管理者、学前教育工作者以及学前投资者的指南。

正文分上、下两编。上编"学前教育装备概述"共三章，阐述了学前教育装备与管理、学前教育装备与安全、学前教育装备与儿童发展等问题；下编"学前教育装备与应用"共十章，分别就运动设施设备、玩沙玩水设施设备、社会性游戏设施设备、美术活动设施设备、儿童音乐和戏剧表演游戏设施设备、结构游戏设施设备、数形玩具、科学活动设施设备、棋类玩具、生活情景模拟室的配置与使用进行了全面深入的论述。

它向广大学前教育工作者传递一种信息，即学前教育机构的装备对儿童行为与活动质量所产生的影响远远超出了我们所能有的预期，对这一教育方法论领域的不懈探索将是实现教育者从理念向行为有效转变的重要途径。

附录3 GB 6675—2003《国家玩具安全技术规范》简介

GB 6675—2003《国家玩具安全技术规范》于2003年10月9日发布，2004年10月1日实施，它将管理和技术要求相结合，对生产、销售和进口、安全认证等五方面做了具体规定，还规定了"法律责任"。GB 6675—2003技术要求等同于/等效采用最新国际玩具安全标准 ISO 8124"玩具安全"。以下是对本规范的简单介绍。

（1）规定了标准适用的范围，指出本标准适用于所有的玩具，即设计或预定供14岁以下儿童玩耍的所有产品和材料。（2）规定了燃烧性能所适用的玩具材料和部件。

（3）规定了特定元素的迁移所适用的玩具材料和部件。（4）指出本标准旨在最大可能地保护儿童的生命和健康，以保证玩具安全及卫生等性能，维护用户和消费者的利益。（5）指出市场上销售的玩具（含试用和免费赠送的玩具）都应保证儿童按预定方式和可预见的合理滥用时的安全。（6）规定了从新生婴儿至14岁儿童使用的不同年龄组玩具的基本要求。（7）要求在玩具本体或其包装上应有合适的使用说明和/或警示说明。（8）指出本标准不能、也不会免除家长选择合适玩具的责任。此外，在技术要求方面，谈到了机械和物理性能、燃烧性能、特定元素的迁移、使用说明等方面的要求，在标准的附录部分进行了详细的说明。

附录4 GB 5296.5—2006《消费品使用说明第5部分：玩具》简介

GB 5296.5—2006《消费品使用说明 第5部分：玩具》与 GB 6675—2003 有一定的衔接，明确玩具产品同时要符合"玩具安全"和"玩具使用说明"的强制性要求。GB 5296.5—2006《消费品使用说明 第5部分：玩具》规定了玩具使用说明的基本原则、标注内容、形式、安放位置及字体、字号的要求等。

基本原则包括：玩具产品的交付应包括使用说明，使用说明能使消费者正确安全地使用玩具；真实地说明产品的使用效果，不借助使用说明来掩盖设计上的缺陷；对使用中可能造成伤害的玩具，应有安全警示说明或警示标志；使用说明的编制等应符合 GB 5296.1的规定。

标注内容包括：产品名称、产品型号、产品标准编号、年龄范围、安全警示、毛绒布制玩具材质主要成分的名称和含量、安全使用方法及组装图、维护和保养、安全使用期限、生产者、经销者的名称和地址。

形式：根据玩具产品的特点，可采用以下一种或几种组合的形式：直接压印、粘贴在产品上；缝制或悬挂在产品上；置于产品包装上的使用说明。安全警示的标注应采用耐久性标签，并应永久地附在产品和/或包装上。

安放位置：产品上或包装上的使用说明宜置于便于识别的位置；毛绒布制玩具的安全警示标签宜缝制在产品上；同时采用几种形式的使用说明时，应保持其内容的一致性。

参 考 文 献

[1]蔡伟忠. 建立教玩具图书馆,科学管理教玩具[J]. 学前教育研究,2004(12).

[2]陈林华. 幼儿园活动区玩具材料的运用[J]. 当代教育论坛(校长教育研究),2008(5).

[3]陈美菊. 教师介入幼儿游戏的支持性策略[J]. 幼儿教育(教育科学版),2007(9).

[4]陈瑜. 幼儿角色游戏中教师介入的时机策略[J]. 学前教育研究,2008(8).

[5]邓佳. 玩教具的游戏规则与形态、功能设计[D]. 杭州:中国美术学院,2009.

[6]丁海东,韩云龙. 论游戏与教学的整合[J]. 学前教育研究,2007(12):50-53.

[7]丁海东. 论儿童游戏的教育价值——基于游戏存在的双重维度[J]. 幼儿教育(教育科学版),2007(2).

[8]丁海东. 学前游戏论[M]. 济南:山东人民出版社,2001.

[9]丁海东. 幼儿区域活动中的教育指导策略[J]. 教育导刊:幼儿教育,2005(11).

[10]韩绮君. 幼儿园游戏中教师指导的个案研究[D]. 郑州:河南大学,2006.

[11]何建闽. 幼儿操作性学习方法的具体运用[J]. 学前教育(幼教版),2007(11).

[12]何全. 论蒙台梭利教具与玩具的区别[J]. 科技风,2008(20).

[13]侯霞珍,王晓华. 用瓶子做游戏[J]. 幼儿教育,2007(4).

[14]华爱华. 幼儿游戏理论[M]. 上海:上海教育出版社,2003.

[15]黄进. 论儿童游戏中游戏精神的衰落[J]. 中国教育学刊,2003(9).

[16]教育部基础教育司组织编写. 幼儿园教育指导纲要[M]. 南京:江苏教育出版社,2002.

[17]酒井高男. 玩具与科学[M]. 王孝培,何大均,译. 重庆:重庆大学出版社,1992.

[18]李金娜,杨三军. 学前儿童玩教具制作[M]. 北京:科学出版社,2008.

[19]李珠志,卢飞跃,甘庆军. 玩具造型设计[M]. 北京:化学工业出版社,2010.

[20]林茅. 重视对自制玩教具的研究[J]. 学前教育,2008(3).

[21]刘焱. 在游戏中老师应当"教"还是"不教"[J]. 学前教育,2001(2).

[22]刘焱. 儿童游戏通论[M]. 北京:北京师范大学出版社,2004.

[23]刘焱．我国幼儿教育领域中的游戏理论与实践[J]．北京师范大学学报(社会科学版),1997(3).

[24]刘焱．幼儿园以游戏为基本活动的现代教育原理[J]．学前教育研究,1995(6).

[25]刘焱．幼儿园游戏教学论[M]．北京:中国社会出版社,2000.

[26]刘焱．幼儿园自制玩教具活动的意义、指导思想和评价标准[J]．学前教育研究,2007(9).

[27]吕晓,龙薇．维果茨基游戏理论述评[J]．学前教育研究,2006(6).

[28]皮亚杰,英海尔德．儿童心理学[M]．吴福元,译．北京:商务印书馆,1980.

[29]邱学青．学前儿童游戏[M]．南京:江苏教育出版社,2008.

[30]斯苔芬妮·奥尔巴赫．玩商——玩具博士教你如何巧妙地玩耍[M]．徐培敏,译．上海:上海书店出版社,2002.

[31]王滨．幼儿游戏的观察[J]．幼儿教育,2004(3).

[32]王海英．解读儿童游戏[J]．学前教育研究,2005(9).

[33]王连海．民间玩具[M]．石家庄:河北少年儿童出版社,2007.

[34]王维圣．试析幼儿玩具操作活动的指导策略[J]．教育导刊,2007(1).

[35]王小英．哲学视角下儿童游戏的意义[J]．河北师范大学学报(教育科学版),2004(3).

[36]王晓芬．从幼儿教师自制玩具的演变看其教育观的变化[J]．学前教育,2005(12).

[37]王晓莉．托班玩具材料的投放与引导例谈[J]．学前教育研究,2006(7);2006(8).

[38]吴云．对幼儿游戏规则的探讨——兼谈幼儿规则游戏[J]．学前教育研究,2003(1).

[39]谢宁．基于游戏共同体的幼儿园自制玩具研究[D]．南京:南京师范大学,2007.

[40]许政涛．幼儿园游戏与玩具[M]．北京:北京师范大学出版社,2001.

[41]亚德什科,索欣．学前教育学[M]．北京师范大学外国教育研究所,译．北京:人民教育出版社,1981.

[42]杨枫．幼儿园教育环境创设与玩教具制作[M]．北京:高等教育出版社,2006.

[43]杨姗姗．幼儿园结构游戏材料配备与使用的评价研究[D]．上海:华东师范大

学,2009.

　　[44]叶雁虹,陈庆.学前教育装备指南[M].上海:上海世界图书出版公司,2008.

　　[45]袁爱玲.当代外国幼儿教育[M].北京:农村读物出版社,1989.

　　[46]张美珍.幼儿结构游戏的指导[J].幼儿教育,2002(1).

　　[47]张星.让游戏融入教学与生活[J].教育艺术,2001(6):9－10.

　　[48]赵金珍,俞关英.指导幼儿深入开展角色游戏[J].儿童与健康,2007(2).

　　[49]郑佳珍,朱炳昌.幼儿玩具玩法指导[M].北京:高等教育出版社,2004.

　　[50]郑也夫.游戏人生[M].海口:海南出版社,1997.

　　[51]中国轻工业联合会综合业务部编.中国轻工业标准汇编:玩具卷[M].2版.北京:中国标准出版社,2006.

　　[52]朱家雄等.游戏活动[M].上海:上海教育出版社,2002.

　　[53]庄莉.玩具在游戏中的作用[J].云南教育,2001(22).

课程组名单

课程组长　胡若予

主持教师　胡若予

教学设计　胡若予　　　曾阳煊

主　　编　姚　伟

编写人员　姚　伟　　　张宪冰　　　崔　迪

　　　　　　李　雪　　　曹玉霞

幼儿游戏与玩具

形成性考核册

教育教学部　编

学校名称：＿＿＿＿＿＿＿＿＿

学生姓名：＿＿＿＿＿＿＿＿＿

学生学号：＿＿＿＿＿＿＿＿＿

班　　级：＿＿＿＿＿＿＿＿＿

形成性考核是学习测量和评价的重要组成部分。在教学过程中，对学生的学习行为和成果进行考核是教与学测评改革的重要举措。

　　《形成性考核册》是根据课程教学大纲和考核说明的要求，结合学生的学习进度而设计的测评任务与要求的汇集。

　　为了便于学生使用，现将《形成性考核册》作为主教材的附赠资源提供给学生，采用纸质形考的学生可将各次作业按需撕下，完成后自行装订交给老师。若采用**网上形考**或有其他疑问请咨询课程教师。

幼儿游戏与玩具作业1

一、章节测试（第一、第二章）（每章的章节测试占总考核分数的 5%：六章共占考核分数的 6×5% =30%）

第一章　游戏概述

单项选择题（将正确答案的字母填在题后括号内）

1. 在游戏中幼儿可以超越现实，按照他们的想象改变现实。他们可以一会儿是"妈妈"，一会儿是"教师"，一会儿是"炊事员"等，这体现了幼儿游戏的（　　　）。

    A. 主动性   B. 虚构性

    C. 兴趣性   D. 形象性

2. 游戏的（　　　）特点体现在游戏中的声、形、动、情之中。

    A. 主动性   B. 虚构性

    C. 兴趣性   D. 形象性

3. 游戏的（　　　）特点使游戏既能调动幼儿的积极性，又使游戏对幼儿有强烈的吸引力。

    A. 主动性   B. 虚构性

    C. 兴趣性   D. 形象性

4. 《幼儿园工作规程》指出："幼儿园应以（　　　）为基本活动"。

    A. 游戏   B. 教学

    C. 运动   D. 生活

5. 在游戏中，幼儿总能通过不断尝试，找到适合自己能力与兴趣的游戏内容和方式方法，获得满足感和自信心。在这个过程中，可见游戏让幼儿获得了（　　　）内部心理体验。

    A. 兴趣性体验   B. 自主性体验

    C. 胜任感体验   D. 幽默感体验

6. 在"医院"游戏中，扮演医生的幼儿要判断病人得了什么病，然后决定给病人吃什么药、打什么针。这反映了游戏可以促进幼儿（　　）。

    A. 游戏丰富幼儿的知识　　　　　　　B. 游戏促进幼儿思维能力的发展

    C. 游戏促进幼儿的社会性发展　　　　D. 游戏促进幼儿语言的发展

7. "寓学习于游戏"的最早倡导者是（　　）。

    A. 柏拉图　　　　　　　　　　　　　B. 亚里士多德

    C. 昆体良　　　　　　　　　　　　　D. 夸美纽斯

8. 世界上第一个系统研究儿童游戏，并把游戏作为幼儿园教育基础的教育家是（　　）。

    A. 夸美纽斯　　　　　　　　　　　　B. 洛克

    C. 福禄贝尔　　　　　　　　　　　　D. 杜威

9. 游戏与教学的实践关系中，"促进式"关系是指（　　）。

    A. 游戏和教学没有关系，教学是教学，游戏是游戏，互不相干，各自独立地发挥作用

    B. 在游戏中插入教学，在教学中插入游戏

    C. 人为地让游戏和教学在一个活动中，但两者没有交叉

    D. 游戏产生于教学中，或者游戏引发教学

10. 我国学者陈鹤琴认为，儿童之所以游戏与两方面的因素有关，一是与儿童的身体发展有关，二是与（　　）。

    A. 成人的引导有关

    B. 儿童好动的天性和游戏能够带来的快感有关

    C. 游戏的同伴有关

    D. 游戏的娱乐性有关

第二章　游戏理论

单项选择题（将正确答案的字母填在题后括号内）

1. 在人类历史上第一次严肃地思考并解释了儿童游戏的原因与意义的是（　　）。

    A. 精神分析学派的游戏理论　　　　　B. 经典的游戏理论

    C. 认知发展学派的游戏理论　　　　　D. 社会文化历史学派的游戏理论

2. 剩余精力说的代表人物是（　　）。

    A. 格鲁斯　　　　　　　　　　　　　B. 拉察鲁斯

    C. 席勒和斯宾塞　　　　　　　　　　D. 霍尔

3. （　　）否认游戏是独立的活动形式，认为游戏只是认知活动的衍生物。

    A. 精神分析学派的游戏理论　　　　　B. 经典的游戏理论

    C. 认知发展学派的游戏理论　　　　　D. 社会文化历史学派的游戏理论

4. 现代意义上的积木来源于（　　　）。
   A. 希尔地面积木　　　　　　　　B. 福禄贝尔的"恩物"
   C. 以原木制成的"单元积木"　　　D. 蒙氏教具中的积木

5. 游戏的元交际理论的代表人物是（　　　）。
   A. 贝特森　　　　　　　　　　　B. 伯莱因
   C. 弗洛伊德　　　　　　　　　　D. 霍尔

6. 从认知发展的侧面考察幼儿游戏发展的心理学家是（　　　）。
   A. 维果斯基　　　　　　　　　　B. 艾里康宁
   C. 贝特森　　　　　　　　　　　D. 皮亚杰

7. 在经典游戏理论中，拉察鲁斯和帕特里克提出的学说是（　　　）。
   A. 剩余精力说　　　　　　　　　B. 元交际理论
   C. 前练习说　　　　　　　　　　D. 松弛说

8. 维果斯基认为游戏创造了幼儿的（　　　）。
   A. 明显的想象情景　　　　　　　B. 隐蔽的规则
   C. 最近发展区　　　　　　　　　D. 隐蔽的想象情景

9. 皮亚杰的游戏发展阶段中，在前运算阶段占主导地位的是（　　　）。
   A. 规则游戏　　　　　　　　　　B. 象征性游戏
   C. 练习性游戏　　　　　　　　　D. 表演游戏

10. 带有明显的主观臆测倾向的游戏流派是（　　　）。
   A. 精神分析学派　　　　　　　　B. 认知发展学派
   C. 社会文化历史学派　　　　　　D. 游戏的元交际理论

二、学习活动（第一、第二章）

（考核说明：每章学习活动占总考核分数的 5%；六章共占考核分数的 6×5% = 30%）

第一章　游戏概述

学习活动

学习活动名称：什么样的游戏才是幼儿的游戏？

学习活动步骤：

步骤 1：认真学习本章中关于"幼儿游戏的特征"的内容。

步骤 2：仔细阅读下面这段材料。

幼儿园的活动室里，教师正在组织幼儿开展角色游戏。活动室被分割为不同的角色游戏区，有娃娃家、医院、饭店、糖果厂、商店、公共汽车站等。幼儿按照自愿报名的原则去了不同的游戏区。教师在做巡视指导，当她发现"医生"闲着无事的时候，就赶紧跑到"娃娃家"，提醒"妈妈"："宝宝生病了。"在教师的启发下，"爸爸""妈妈"赶紧抱上小孩，坐上"公共汽车"，去"医院"找"医生"看病。"糖果厂"的"小工人"用糖纸包完"糖果"（橡皮泥）以后，坐着发呆。老师不失时机地跑来，启发他们："今天是周六，该大扫除吧?"……整个游戏过程中，老师忙得不亦乐乎，从这个区到那个区，启发诱导。通过她的穿针引线，各游戏组之间发生了横向联系，成为一个整体。游戏场面显得热闹而壮观。当老师宣布"今天的游戏玩到这里，小朋友们可以自由活动"时，两个小男孩走到一起，"现在好了，老师的游戏玩完了，我们到外面去玩我们自己的游戏吧。"

步骤3：请用300字左右的篇幅写出"老师的游戏"是否符合幼儿游戏的特征，并说明什么样的游戏才是幼儿的游戏。

第二章　游戏理论

学习活动

学习活动名称：各种游戏理论的比较。

学习活动步骤：

步骤1：认真学习本章的各种游戏理论，选择三种游戏理论。

步骤2：请使用以下表格，用简短的语言对三种游戏理论进行总结和比较，并提交该表格。

理论名称	主要观点	三者不同点	三者共同点

步骤3：结合实践，对三种游戏理论强调的区别与联系进行思考。

答 题 纸

答 题 纸

幼儿游戏与玩具作业2

姓　　名:＿＿＿＿＿＿

学　　号:＿＿＿＿＿＿

得　　分:＿＿＿＿＿＿

教师签名:＿＿＿＿＿＿

一、章节测试（第三、第四章）（每章的章节测试占总考核分数的5%；六章共占考核分数的6×5% ＝30%）

第三章　幼儿游戏的分类与发展

单项选择题（将正确答案的字母填在题后括号内）

1. 按照幼儿的认知发展来分类，（　　）是2~7岁学前儿童最典型的游戏形式。

　　A. 感觉运动游戏　　　　　　　　　　B. 象征性游戏

　　C. 结构游戏　　　　　　　　　　　　D. 规则游戏

2. 幼儿各自玩各自的玩具，彼此没有交流，但是大家玩的玩具和玩法相类似。这是（　　）。

　　A. 独自游戏　　　　　　　　　　　　B. 平行游戏

　　C. 联合游戏　　　　　　　　　　　　D. 合作游戏

3. 幼儿根据故事、童话、舞蹈等文艺作品的内容，指导幼儿进行扮演的游戏。这是（　　）。

　　A. 表演游戏　　　　　　　　　　　　B. 结构游戏

　　C. 智力游戏　　　　　　　　　　　　D. 角色游戏

4. 幼儿会留心别人的游戏，会互借玩具，有时会加入对方的游戏中，并且相互交谈，但没有建立一致的游戏目标，也没有集体组织游戏的进行。这种情况表示幼儿的游戏处在（　　）。

　　A. 独自游戏阶段　　　　　　　　　　B. 平行游戏阶段

　　C. 联合游戏阶段　　　　　　　　　　D. 合作游戏阶段

5. 幼儿利用积木、积塑、橡皮泥、竹木制品或者金属配件材料等进行游戏，或者用沙、泥、雪等材料进行的游戏，这类游戏称为（　　）。

　　A. 表演游戏　　　　　　　　　　　　B. 角色游戏

C. 智力游戏 　　　　　　　　D. 结构游戏

6. 情景转变、以物代物、以人代人是（　　　）游戏的基本构成要素。

A. 感觉运动 　　　　　　　　B. 结构

C. 规则 　　　　　　　　　　D. 象征性

7. 游戏的内容主要反映的是社会生活和人们之间的社会关系，幼儿可以根据自己的兴趣和愿望来构思游戏主题，这是（　　　）幼儿游戏内容的特点。

A. 3~4 岁 　　　　　　　　　B. 2~3 岁

C. 5~6 岁 　　　　　　　　　D. 7 岁以后

8. （　　　）的幼儿在结构游戏中，更多的兴趣在于材料的运动过程，建构的目的性很不明确，往往先做后想，随时改变主意，不能按照一定的目的做下去。

A. 6 岁以后 　　　　　　　　B. 4~5 岁

C. 3 岁左右 　　　　　　　　D. 5~6 岁

9. 幼儿以集体共同的游戏目标为中心，活动有严格的组织，小组里有分工，而且常有明显的组织者和领导者。这是（　　　）。

A. 独自游戏 　　　　　　　　B. 合作游戏

C. 平行游戏 　　　　　　　　D. 联合游戏

10. 规则游戏大量出现在（　　　）。

A. 婴儿期 　　　　　　　　　B. 幼儿早期

C. 幼儿中期 　　　　　　　　D. 幼儿末期

第四章　幼儿游戏的指导、观察与评价

单项选择题（将正确答案的字母填在题后括号内）

1. 教师在幼儿附近玩与幼儿游戏相同或者不同材料的游戏，目的在于引导幼儿模仿教师。这是（　　　）。

A. 平行式介入法 　　　　　　B. 交叉式介入法

C. 垂直介入法 　　　　　　　D. 情感性鼓励

2. 当幼儿有教师参与的需要或教师认为有指导必要时，由幼儿邀请教师作为游戏中的某一角色或教师自己扮演一个角色进入幼儿的游戏，通过教师与幼儿之间的互动，起到指导幼儿游戏的作用。这里教师用了（　　　）。

A. 平行式介入法 　　　　　　B. 交叉式介入法

C. 垂直介入法 　　　　　　　D. 情感性鼓励

3. 当幼儿游戏出现严重违反规则或攻击性等危险行为时，教师直接介入游戏，对幼儿的行为进行直接干预。这里教师用了（　　　）。

    A. 平行式介入法   B. 交叉式介入法

    C. 垂直介入法   D. 情感性鼓励

4. 在游戏当中，幼儿因争抢玩具而发生打骂，或者玩一些"死""上吊""暴力"等内容的游戏时，教师可以使用（　　　）。

    A. 平行式介入法   B. 交叉式介入法

    C. 垂直介入法   D. 情感性鼓励

5. 在邮局游戏中，教师扮演"寄信人"却假装不知道要写地址或贴邮票，贴多少钱的邮票等，吸引邮局"工作人员"主动前来介绍，丰富了游戏中幼儿的角色对话。在这里教师使用了（　　　）。

    A. 平行式介入法   B. 交叉式介入法

    C. 垂直介入法   D. 情感性鼓励

6. 幼儿园美工区比较适宜设在（　　　）。

    A. 可设在角落与其他区域隔离，注意采光

    B. 适宜在较为安静的区域，最好接近后勤区

    C. 远离幼儿来往走动较多的地方，一般可设在不靠门的角落里

    D. 靠窗台、近水源，便于幼儿在活动中自由取、换水，更重要的采光要好，便于保护幼儿视力

7. 把美工游戏区的教育目标设定为"培养幼儿美观和动手操作能力"，在语言区设定的教育目标为"培养幼儿语言表达能力"，这些游戏目标的设定有什么问题？下面的表述最符合要求的是（　　　）。

    A. 这样的目标过于笼统、含糊不具体

    B. 这样的目标表述没有侧重幼儿发展的不同方面

    C. 这样的目标表述没有体现目标的长期性和稳定性

    D. 这样的目标表述没有体现幼儿的成长规律

8. 教师在对幼儿游戏进行评价时，要做到一切从实际出发，采取实事求是的态度，尽量减少主观臆断和个人因素的影响。这体现了游戏评价的（　　　）原则。

    A. 描述性   B. 客观性

    C. 形成性   D. 差异性

9. 在游戏中，不同的幼儿会呈现出不同的发展水平，即使发展程度相同，不同的幼儿也会因为个性偏好和独特的人格显示出不同的行为，因此，在进行评价时，要注意不同的幼儿进行不同的评价。这体现了游戏评价的（　　　）原则。

    A. 描述性   B. 客观性

C. 形成性   D. 差异性

10. 教师事先确定一到两个幼儿作为观察对象，幼儿走到哪里，教师就追随到哪里，这使用的是（　　）观察方法。

A. 定点   B. 扫描

C. 追踪   D. 轶事

二、学习活动（第三、第四章）

（考核说明：每章学习活动占总考核分数的 5%；六章共占考核分数的 6 × 5% = 30%）

第三章　幼儿游戏的分类与发展

学习活动

学习活动名称：从幼儿社会性的发展对游戏进行分类

学习活动步骤：

步骤 1：在认真学习本章关于"按照幼儿的社会性发展分类"部分的基础上，阅读下面的材料。

美国教育家 M. 帕顿发展了幼儿社会性游戏的思想，把幼儿的社会性游戏分为六种：（1）非游戏行为。幼儿 0~2 岁时，没有同任何事物或任何人进行游戏，在房间里闲荡或跟随成人。（2）旁观游戏。幼儿 2 岁以后开始观看其他幼儿的游戏，他的兴趣集中在别人的游戏上，而没有参与到游戏中去。（3）独立游戏。2 岁半以后幼儿能自己玩玩具，进行游戏，不参与别人的游戏，似乎没有意识到其他幼儿的存在。（4）平行游戏。2 岁半至 3 岁半以后的幼儿，在其他幼儿的旁边游戏，也许选择一个和旁边幼儿一样的玩具、材料和活动，虽然把主要精力放在自己的游戏上，但其游戏的方式却类似于其他幼儿。（5）联合游戏。3 岁半到 4 岁半以上的幼儿，在小组里与同伴交换材料，一起游戏，但事先没有确定游戏的目的。（6）合作游戏。4 岁半以上的幼儿，在小组中大家共同游戏，有预期的目的和目标，如要搭建一个城堡或比赛谁跑得更快。

步骤 2：根据上面的材料，按照年龄段画出幼儿游戏的社会性发展图，并标注出每种游戏类型的社会性表现。

步骤 3：根据材料和自己画的游戏社会性发展图，总结 3 - 6 岁的幼儿主要是玩哪些游戏类型。

步骤 4：将以上任务的答案用 word 文档提交。

第四章　幼儿游戏的指导、观察与评价

学习活动

学习活动名称：游戏的观察

学习活动步骤：

步骤1：阅读下面的游戏定点观察记录。

大一班的娃娃家区域里有锅、碗、杯子和勺子。一段时间以来，在这个游戏区域的活动一直比较平淡。这天，在大一班幼儿进行分组游戏时，欣欣和云云又跑到了娃娃家区域。欣欣拿起杯子和勺子，用勺子在杯里搅拌，一边搅拌一边喊道："卖豆浆了！卖豆浆了！谁喝热豆浆？"

云云走近他，问道："你在干什么？"

欣欣回答："我在熬豆浆呢。"

云云说："豆浆也不好喝啊？"

欣欣说："豆浆可有营养了，小朋友都得喝。"

云云说："你做火锅吧。火锅里有肉还有菜也有营养。"

欣欣说："好吧，我给你做火锅。"

欣欣于是拿起锅放在炊具台上，一边做一边说："可是没有菜啊！我去买菜去。"说完就离开了娃娃家区域。

这时宁宁走过来，看见炊具台上有锅，就问："这是谁做的菜啊？"

云云回答说："我们在做火锅呢。"

"哦，那我来拌调料吧。"宁宁高兴地拿起一个小碗拌起了调料。

好一会儿，欣欣都还没回来。云云于是去找他，原来欣欣被理发店的游戏吸引住了。在排队等着理发呢。云云叫上欣欣去找了些蔬菜（绿色的玩具），回来将这些蔬菜倒进了锅里，云云又找来了肉片（红色的纸片）放到锅里，还对两个同伴说："这是羊肉片，可好吃了。"说着就要捞起来吃。欣欣这时拦住了她，说："还不行，水还没开呢。"

又过了大约两分钟，宁宁说："可以吃了，我都闻到香味了。"

于是，三个小朋友就"吃"了起来。小玉和鹏鹏也来到了娃娃家区域，欣欣、云云和宁宁热情地邀请他俩参加，五个小朋友一起像模像样地涮起了火锅。

步骤2：分析活动情况，写出观察结论。

步骤3：将以上任务的答案用 word 文档提交。

三、案例分享（占总成绩的 10%）

第四章　案例分享

请提供自己在日常工作和学习中的指导游戏的案例，要求和知识内容结合起来。可以用文字描述清楚游戏的类型、如何进行指导，可插入相应的幼儿游戏和自己指导的图片；也可以直接以视频的方式提供，视频要求图像清晰、语言清楚。提供符合要求的案例分享可以获得总成绩的 10% 的分值。

幼儿游戏与玩具作业3

姓　　名：_____

学　　号：_____

得　　分：_____

教师签名：_____

一、章节测试（第五、第六章）（每章的章节测试占总考核分数的 5%；六章共占考核分数的 6×5%＝30%）

第五章　幼儿游戏的分类指导

单项选择题（将正确答案的字母填在题后括号内）

1. （　　）是幼儿期最主要、最典型、最有特色的游戏。
   A. 角色游戏　　　　　　　　　　B. 结构游戏
   C. 规则游戏　　　　　　　　　　D. 表演游戏

2. 角色游戏是幼儿以模仿和想象，通过扮演角色，（　　）反映现实生活的一种游戏。
   A. 客观地　　　　　　　　　　　B. 创造性地
   C. 如实地　　　　　　　　　　　D. 虚构地

3. 角色游戏的实质即幼儿通过自己的（　　）、面部表情和言语等来塑造某一特定的角色。
   A. 想象　　　　　　　　　　　　B. 理解
   C. 形体动作　　　　　　　　　　D. 想法

4. （　　）是角色游戏的主要特点。
   A. 创造和想象　　　　　　　　　B. 模仿和创造
   C. 假想和模仿　　　　　　　　　D. 模仿和想象

5. 在角色游戏中，幼儿会以物代物，一根小小的冰糕棍，幼儿可以想象成吃饭的筷子、喝汤的勺子、炒菜的铲子等，这体验了角色游戏的（　　）特点。
   A. 假想性　　　　　　　　　　　B. 主动性

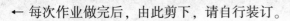

C. 创造性　　　　　　　　　　　　D. 模仿性

6. 中班幼儿在角色游戏中会（　　）。

A. 不是按需要使用玩具，而是凭兴趣使用玩具

B. 会按照角色需要使用玩具，能够按照角色要求行动，做出符合游戏角色身份所需要的动作

C. 会创造性的使用玩具，或者为游戏自制玩具

D. 有明确的角色意识，能够相互协调角色之间的关系

7. （　　）年龄段的幼儿以无意注意为主，角色游戏随意性较强，主题没有明确的目的，会随时转换自己的游戏角色。

A. 大班　　　　　　　　　　　　　B. 中班

C. 小班　　　　　　　　　　　　　D. 托班

8. 对于幼儿来说，在表演游戏中（　　）。

A. 游戏性优于表演性　　　　　　　B. 表演性优于游戏性

C. 游戏性和表演性同样重要　　　　D. 游戏性和表演性都不重要

9. （　　）年龄段的幼儿在角色游戏中有明确的角色意识，能够相互协调角色之间的关系，在行动上能与同伴相互配合，持续地进行同一个游戏。

A. 大班　　　　　　　　　　　　　B. 中班

C. 小班　　　　　　　　　　　　　D. 托班

10. 在结构游戏中，（　　）年龄段的幼儿结构目的比较明确，对搭建的动作和过程感兴趣，同时也能关心游戏的结果，游戏的时间一般能持续 20 分钟。

A. 大班　　　　　　　　　　　　　B. 中班

C. 小班　　　　　　　　　　　　　D. 托班

第六章　幼儿园玩教具的制作与利用

单项选择题（将正确答案的字母填在题后括号内）

1. 我们在选择玩具时，要注意选择的玩具对幼儿来说，都应该在某种程度上促进幼儿某一个方面如身体、智力或情感上的发展。体现了玩具选择的（　　）原则。

A. 符合幼儿的发展水平　　　　　　B. 符合艺术、卫生和安全的要求

C. 应经济适用　　　　　　　　　　D. 具有教育性

2. 19 世纪德国幼儿教育家（　　）专门为幼儿制作了一套玩具，并把这套玩具命名为"恩物"。

A. 福禄贝尔　　　　　　　　　　　B. 埃里克森

C. 皮亚杰   D. 蒙台梭利

3. 我们在幼儿园中常见的拼插玩具属于（   ）。

    A. 非智力玩具   B. 智力玩具

    C. 形象玩具   D. 音乐玩具

4. 对于0～2岁的幼儿来说，以下哪种玩具不适合？（   ）

    A. 发声玩具   B. 推拉玩具

    C. 图书玩具   D. 童话表演玩具

5. 如果我们想要促进2～6岁幼儿感知觉的发展，我们可以选择（   ）类型的玩具。

    A. 扮演玩具   B. 运动玩具

    C. 数形玩具、测量玩具   D. 音响玩具

6. 幼儿园的自制玩教具，取材容易，成本低廉，还可以使用一些自然物品。这体现了幼儿园自制玩教具的（   ）原则。

    A. 经济性   B. 艺术性

    C. 科学性   D. 教育性

7. 一件自制玩教具的产生，一般需要经历几个相互联系、相互制约的过程。第一个过程是（   ）。

    A. 构思   B. 选材

    C. 立意   D. 制作

8. 在充分利用材料的外形特点来设计和制作玩教具，保持所用材料的外形，只对其进行简单的加工和装饰。这在玩教具的制作中，使用的是（   ）加工方法。

    A. 变形   B. 原型

    C. 组合   D. 创新

9. 幼儿园一般应多长时间至少一次对玩具进行清洗和消毒？（   ）

    A. 四周   B. 三周

    C. 二周   D. 一周

10. 在自制玩教具的过程中，让幼儿意识到可以通过自己的行动来节约资源、保护环境、变废为宝，这体现了幼儿自制玩教具过程中（   ）原则。

    A. 艺术性   B. 科学性

    C. 可持续性发展   D. 教育性

二、学习活动（第五、第六章）

（考核说明：每章学习活动占总考核分数的5%；六章共占考核分数的 $6 \times 5\% = 30\%$）

第五章　幼儿游戏的分类指导

学习活动

学习活动名称：请对下面的游戏进行指导

学习活动步骤：

步骤1：在认真学习本章关于"幼儿角色游戏的指导"部分的基础上，阅读下面的材料。

扮演"菜贩子"的几个幼儿对"农贸市场"的游戏已经不感兴趣了，他们便收拾"摊位"，准备关门下班。但是"娃娃家"的"爸爸""妈妈"听到后很生气，他们不让"菜贩子"下班，因为今天是"宝宝"的生日，娃娃家要请客，如果"菜贩子"下班了，就没有地方买菜了，怎么请客呢？所以孩子们就吵了起来。如果你是教师，你会如何指导？

步骤2：根据上面的材料，回答下面的问题：

如果您是教师，您会怎样对上面的角色游戏进行指导？

步骤3：将以上任务的答案用 word 文档提交。

第六章　幼儿玩教具的制作

学习活动

学习活动名称：让我来做一个玩教具。

学习活动步骤：

步骤1：自己动手制作一个幼儿园的玩教具。

要求制作简单、符合 3~6 岁幼儿的年龄特点，有一定的娱乐性和教育意义。

步骤2：用 word 文档将制作过程和玩教具的玩法写下来。

需要包括以下几部分内容：一、制作材料和工具；二、制作方法；三、玩法；四、玩具适合的幼儿年龄段。

步骤3：将自己的文档提交至指定位置。

三、案例分享（占总成绩的 10%）

第六章　案例分享

请学习者分享自己制作的三件玩具，供大家相互观摩、交流和学习。自制的玩具要求符合所学的知识内容。可以用文字描述清楚玩具所使用的材料、制作方法和玩法，并插入相应的图片；也可以直接以视频的方式提供，并配有讲解，视频要求图像清晰、语言清楚。提供符合要求的案例分享可以获得总成绩的 10% 的分值。

答 题 纸

幼儿游戏与玩具作业 4

（共 2 小题，每题 10 分，共 20 分，占总形考成绩的 20%）

1. 结合工作实际，举例论述如何理解和实现"幼儿园以游戏为基本活动"。

2. 从认知发展的维度，具体论述幼儿象征性游戏发展的特点。

答　题　纸

答　题　纸